Louis COUDURIER

Une Ville
sous le régime
collectiviste

HISTOIRE DE LA MUNICIPALITÉ BRESTOISE
(1904-1908)

AUX ÉLECTEURS MUNICIPAUX DE 1908
CE LIVRE EST DÉDIÉ

LIBRAIRIE PLON

UNE VILLE

SOUS LE RÉGIME

COLLECTIVISTE

UNE VILLE
SOUS LE RÉGIME
COLLECTIVISTE

Histoire de la Municipalité Brestoise

(1904-1908)

Par Louis COUDURIER

Rédacteur en Chef de la *Dépêche de Brest*

Imprimerie commerciale de la " Dépêche de Brest ", 25, rue de la Rampe

1908

Aux Électeurs Municipaux de 1908...

Certains intellectuels enseignent à la jeunesse française que le socialisme collectiviste et révolutionnaire est le dernier mot du progrès humain et prépare aux générations futures un nouvel âge d'or.

Cette opinion, toute poétique, ne repose sur aucune donnée scientifique et ne procède d'aucune règle précise, d'aucune expérience acquise; elle est donc au moins discutable.

En attendant qu'il se montre vraiment rénovateur et vraiment régénérateur, le socialisme collectiviste et révolutionnaire produit surtout le mal, sème la ruine, enfante l'anarchie.

Les citoyens brestois viennent de faire une cruelle expérience. A la veille des élections générales municipales de 1908, narrer leur infortune est œuvre nécessaire et nous considérons comme un devoir d'en mettre le tableau sous les yeux de tous les électeurs français, des contribuables de toutes les villes de France à qui pareille calamité peut advenir demain.

A mesure que l'Idée Socialiste se propage chez un peuple, on constate, du même coup, l'amoindrissement des énergies, la chute des caractères et, comme conséquence, le tarissement des sources de vie natio nale : commerce, agriculture, industrie, armée, marine.

En France, les excès des révolutionnaires de 93, premiers champions du socialisme moderne, provoquèrent le 18 Brumaire et firent apparaître le Sabre de Napoléon salué alors par les populations terrorisées comme un symbole de résurrection et d'affranchissement. En 1848, même cause et même effet : Napoléon apparaît bientôt comme le sauveur de la société menacée.

Héroïquement, mais inutilement, de bons républicains se font tuer sur les barricades du 2 décembre qui eussent agi plus efficacement pour la conservation de la République en barrant la route aux démagogues, auteurs responsables du deuxième coup d'Etat bonapartiste.

De nos jours, après 37 ans de République, est-il exagéré de dire que les progrès considérables de la Sociale marquent un recul certain de l'idée Républicaine et que deux forces se trouveront bientôt en présence sur le champ clos des batailles intestines :

La révolution, la réaction ?

Exposer l'œuvre néfaste d'une municipalité collectiviste-révolutionnaire comme celle de Brest, c'est apporter un sérieux élément d'appréciation à l'étude de ce problème général, de cette question si grave dont l'opinion ne peut manquer de se préoccuper très vivement désormais.

Nul ne saurait nier aujourd'hui les ravages du socialisme collectiviste et révolutionnaire sur l'ensemble du territoire où il s'est étendu comme le phylloxera entamant, pourrissant jusques au plus bas de leurs racines les plants autrefois vigoureux de notre grande et forte nationalité.

Voici les résultats d'une expérience partielle notée jour par jour. Nous allons suivre les sillons du champ de démonstration où a poussé en toute licence la mauvaise herbe socialiste ; résumer l'œuvre d'une municipalité et d'un conseil municipal issus du Socialisme ; montrer en même temps que l'affreuse tromperie des promesses électorales, la faillite complète du programme, le néant des résultats pratiques ; puis, dépeindre les ruines accumulées, accuser les déficits et les pertes, énumérer les désastres.

Il importe, n'est-ce pas ? que l'histoire de la Municipalité Aubert et Cie passe à la postérité, — et que la leçon profite aux électeurs de toute la France.

Il faut que les Brestois de plus tard, ceux qui viendront après les Brestois d'aujourd'hui, soient mis à même de connaître, par le menu, ces quatre années de folie municipale qui, certes, marqueront dans ce que l'on appelle les « annales » de leur cité ; mais tous les citoyens français sont intéressés au même degré à en être instruits.

Ce fut un temps d'arrêt certain, indiscutable désormais, dans les transformations d'hygiène et d'embellissement utilitaire dont une ville moderne peut à bon droit se montrer jalouse, surtout lorsqu'elle compte plus de 80.000 habitants dans sa population agglomérée, et près de 120.000 si l'on considère que les communes suburbaines de Lambézellec, de Saint-Marc et de Saint-Pierre-Quilbignon, bien qu'administrativement autonomes, mêlent leur existence quotidienne à la vie brestoise elle-même, respirent le même air, boivent la même eau, sont unies par les rails d'acier du même tramway, véhicule incessant de voisinage et d'intimité.

L'heure des élections approche ; elle sonnera bientôt par tout le pays.

Répandre l'histoire véridique de la gestion municipale brestoise depuis le mois de mai 1904 jusqu'à ce jour est le moyen le plus pratique, le plus sûr de préparer les citoyens aux luttes électorales prochaines ; ceux qui ont pâti à une revanche éclatante du bon sens, de la raison, de la vérité ; ceux qui seraient tentés d'essayer du Socialisme, à une prudente manœuvre de stoppage.

Certains faits de la plus extrême gravité, ceux, notamment qui remontent à la première et à la deuxième année de cette période néfaste à tant d'intérêts, sont déjà oubliés.

Les politiciens rouges qui en furent les auteurs responsables, et comme les metteurs en scène, comptent sur cet oubli ; espèrent ainsi retaper leur popularité à jamais compromise, puis se représenter, demain, devant les électeurs en des attitudes d'agnelets innocents et doux.

Nous nous efforcerons de mettre en vive lumière toute cette sombre comédie, de ne négliger aucun incident, de reprendre par le menu les actes de ces exploiteurs de crédulité populaire.

Depuis leur entrée à l'Hôtel de Ville, nous avons suivi ces messieurs de très près et rien de ce qu'ils ont fait ne nous a échappé. Tour à tour, ils nous sont apparus violents sectaires, inconscients, absurdes, comiques ; ils ont mis parfois le comble au grotesque et leur administration restera longtemps légendaire sur les deux rives de la Penfeld, par toute la Bretagne, par toute la France et même à l'étranger où ils ont excité la verve du caricaturiste et du chroniqueur.

Le malheur a voulu que par un calcul politique dont le sens nous échappe, dont le but nous fuit, le gouvernement de M. Combes, d'abord, puis celui de M. Clemenceau, aient consenti à couvrir de leur protection officielle une assemblée tintamarresque guettée par Guignol et digne surtout du théâtre de maître Polichinelle.

La presse du monde entier a gémi des scandales déplorables dont, grâce à cette collaboration inexplicable de deux ministères radicaux avec des gens de désordre et de révolution, la ville de Brest fut longtemps troublée.

Cette connivence aujourd'hui évidente de deux cabinets successifs avec la municipalité socialiste-révolutionnaire brestoise se manifesta de la façon la plus choquante par l'exécution inique, inqualifiable, de hauts fonctionnaires militaires et civils qui eurent le tort d'accomplir jusqu'au bout leur difficile devoir.

Ce fut une indignité.

Lorsque des bandes hurlantes traversaient les rues de la ville, brisant portes et fenêtres à coups de cailloux, braillant l'*Internationale*, conspuant les amiraux, démolissant les propriétés privées, assiégeant les hôtels et les maisons particulières, la municipalité refusa de requérir les troupes et il fallut priver le citoyen-maire Aubert de son droit de réquisition.

Il fallut lui enlever, en même temps, ses pouvoirs de police.

Dès lors, le maire devait être impitoyablement frappé, révoqué.

On n'en fit rien ; au contraire !

Au milieu de l'anarchie générale déchaînée et menaçante, deux hommes eurent cependant le courage d'assumer des responsabilités : M. Collignon, préfet du Finistère et M. Tourel, sous-préfet de Brest. M. Clemenceau leur fit payer cher cette intrépidité. Nous aurons à revenir sur ceux-là dans les pages qui vont suivre. Le chef du gouvernement se rendit coupable en cette circonstance d'une très mauvaise action contre laquelle nous ne cesserons de protester ; il obéit aux rancunes inavouables d'individualités plutôt négligeables et qu'il pouvait briser d'un geste, à la grande joie de tous les bons citoyens brestois.

Retrouverons-nous à la veille du scrutin où doivent logiquement sombrer les socialistes cette complicité gouvernementale et verrons-nous encore une fois des ministres tendre une perche secourable aux tristes administrateurs élus, on peut le dire, « en un jour de malheur » ?

Jusqu'à présent, jusqu'au moment où ce livre est remis aux mains de l'imprimeur, l'œuvre municipale se résume en deux mots : NÉANT, RUINE.

Aucun des grands projets de travaux devenus pressants n'a pu aboutir.

Le régime des eaux signalé comme pernicieux par les autorités médicales les plus autorisées n'a pas été modifié (1).

---

(1) Un rapport du directeur en chef du service de santé du IIe corps d'armée, M. Annesley, en date du 22 avril 1904, constate que sur les dix sources ou réservoirs qui alimentent la ville de Brest, six sont contaminés. La présence du « bacterium coli » a été constatée, notamment, dans les trois réservoirs de Stangalar, qui envoient les eaux à la caserne du Château, où, chaque année, d'ailleurs, éclate la fièvre typhoïde.

Les fortifications qui devaient tomber sous le souffle puissant de la trompette socialiste sont encore debout. Pas une porte de ville n'a été élargie.

L'hospice, où les malades sont littéralement entassés, n'a subi aucune amélioration.

Le théâtre aurait été mis en faillite si la caisse des contribuables n'avait été là pour venir au secours d'une direction annihilée par l'ingérence incessante et impérative de conseillers municipaux ignares et prétentieux entre les mains desquels la dernière des baraques foraines eut périclité.

Les impôts triplent, quadruplent, pour toutes les catégories de contribuables.

Une crise immobilière sans précédent réduit au chômage une armée d'ouvriers, et l'industrie du bâtiment subit un arrêt complet.

Sous couleur d'humanitarisme, les maîtres collectivistes révolutionnaires mettent littéralement le budget au pillage.

Des subventions pécuniaires sont votées, sans vergogne, pour toutes les entreprises de grève et d'action directe signalées aux édiles brestois par la Confédération Générale du Travail.

La caisse publique se transforme rapidement en vache à lait, et l'on voit, de toutes parts, affluer les sollicitations les plus invraisemblables.

Sans examen, de parti pris, et pour le seul plaisir de conspuer et de taquiner l'infâme bourgeois et le non moins affreux capitaliste, les révolutionnaires de l'Hôtel de Ville suppriment les fêtes traditionnelles comme le concours hippique, où le commerce local trouvait auparavant de gros profits ; ils expulsent les officiers d'un immeuble qui leur était affecté gratuitement pour le cercle militaire ; ils s'en prennent même aux sociétés de gymnastique sous prétexte qu'elles sont des pépinières de « patriotards ».

Et ce sont de perpétuels conflits non seulement entre les Amiraux préfets maritimes et la Mairie, mais encore entre la municipalité et l'administration préfectorale et sous-préfectorale.

Bref, de quelque côté que l'on porte les yeux, lorsque l'on considère l'ensemble de cette période déplorable, au cours de laquelle la ville de Brest fut considérée comme la cité sainte de l'incohérence et de l'anarchie, on n'aperçoit que désastres matériels et ruines morales.

Et tout cela dépasse bien, n'est-ce pas ? le périmètre de l'enceinte fortifiée de la cité, car Brest est avant tout un grand arsenal maritime, une vaste usine de défense nationale, une réserve de bateaux de guerre et de munitions ; c'est dans ses eaux, au pied de son château séculaire que, depuis Louis XIV, les forces navales françaises du Ponant se construisent, se ravitaillent, recrutent leurs équipages.

Or, quel patriote soucieux de la sécurité nationale, quel citoyen honnête peut, sans effroi, songer à cette énormité, à ce contre-sens, à ce scandaleux et pénible spectacle qu'un port de guerre soit transformé en école d'anti-militarisme, de révolution sociale, de collectivisme et d'action directe ?

Quelle confiance le pays peut-il avoir dans ses forces défensives lorsqu'il sait que le drapeau rouge a été adopté comme emblème sacré par ceux dont la mission toute spéciale est d'assurer la garde du drapeau tricolore ?

Hervé, l'homme du drapeau dans le fumier, est un

brestois. Il compte ses plus fervents adeptes dans la municipalité et dans le conseil municipal au sein desquels, d'ailleurs, l'ouvrier et le commis de l'arsenal règnent en maîtres ; le citoyen Goude, adjoint au maire, célèbre par d'innombrables frasques antimilitaristes et révolutionnaires, est commis du port de guerre ; son compagnon Vibert, autre adjoint, est simple ouvrier dans le même établissement maritime ; mais l'ouvrier vaut bien le commis au point de vue des idées de chambardement social et de propagande collectiviste ; puis, autour d'eux, d'autres ouvriers, d'autres commis, grands parleurs et violents meneurs. Nous les verrons à l'œuvre, tout à l'heure.

Cet exposé préliminaire a seulement pour but de montrer l'intérêt de ce livre non pas seulement au point de vue particulier de la ville de Brest actuellement contaminée, — mais encore et surtout au point de vue du pays tout entier.

Pour garantir les individus bien portants du mal qui court, la méthode préventive est employée avec succès par le médecin habile et perspicace ; pour préserver les villes encore indemnes du fléau collectiviste révolutionnaire, rien ne vaut le document, le fait irréfutable, l'anecdote authentique, la peinture d'après la nature même, le croquis pris sur le vif au bon moment, et enfin l'exposé pur et simple des situations.

C'est à quoi tend notre effort en ce travail.

Nous procéderons par ordre :

Avant de décrire les effets, nous rechercherons les causes ; avant de récapituler les résultats, nous remonterons aux sources mêmes et aux origines, car une telle calamité ne s'abat pas sur une ville comme un coup de tonnerre. Il est toujours, en pareille occurrence, des signes avant-coureurs de l'orage et de la tempête. L'anarchie est, la plupart du temps, le produit direct de fautes accumulées par les adversaires les plus résolus de l'anarchie.

Lorsque nous connaîtrons les causes de la catastrophe, nous aurons, du même coup, appris ce qu'il faut faire et ce qu'il importe de ne pas faire pour en éviter le retour.

Nous aborderons, aussitôt après, l'histoire anecdotique d'une expérience socialiste et collectiviste poussée à fond dans une des grandes cités françaises, dans notre principal port de guerre.

A la veille des élections municipales, notre œuvre vient à son heure, et l'exemple de Brest doit servir aux autres villes de la République.

CHAPITRE Ier

Les causes de la crise

Il est bien entendu que, dans ce livre écrit surtout pour l'édification des masses, nous nous efforcerons de montrer les hommes et les faits sous leur jour réel.

Il n'entre point dans nos intentions de produire un pamphlet et l'impartialité la plus absolue doit guider notre plume en ce labeur où la vérité seule, dégagée de tout ressentiment politique, comme de toute mesquine préoccupation de popularité, doit apparaître.

C'est pourquoi, dès le début, et sans hésitation aucune, nous considérons qu'il serait souverainement injuste de faire retomber toutes les responsabilités sur la classe ouvrière.

La classe ouvrière, c'est toujours elle qui paie — mais il nous sera facile de démontrer qu'elle paie plus cher lorsque ses prétendus amis, les socialistes, collectivistes et révolutionnaires, sont au pouvoir et tiennent en mains la direction des affaires, les finances et ce que l'on appelle vulgairement « la queue de la poêle ».

Le caractère particulier de la ville de Brest a été

défini par ce voyageur qui, pénétrant pour la première fois à l'intérieur de la vieille cité bretonne, s'écria soudain :

— C'est une population d'ouvriers !

En effet, et dès l'abord, ce qui frappe l'étranger fraîchement arrivé c'est *l'aspect ouvrier* de la rue brestoise. Nulle part ailleurs, même dans les grandes villes industrielles et manufacturières du Nord, cette impression n'est aussi forte.

Et si du trottoir, le passant lève les yeux vers l'architecture des demeures, il est immédiatement fixé sur l'absence presque absolue du luxe, du confortable, du modernisme, corollaire naturel de l'absence de richesse et de la rareté de l'aisance.

Des officiers, des fonctionnaires, des soldats, des ouvriers, — voilà le gros de la population. Le commerce se débat en ce milieu et subit des alternatives de bons et de mauvais jours suivant les circonstances, suivant les caprices du moment, les occasions, les hasards ; ses bénéfices ne sont pas toujours très brillants.

Quant à l'industrie, on peut dire qu'elle n'existe guère qu'à l'état embryonnaire et se réduit au strict minimum : on aurait grand'peine à découvrir une demi-douzaine d'usines tant à Brest que dans ses environs.

La seule industrie, la seule usine vers laquelle tous les regards se tournent, toutes les mains se tendent, toutes les sollicitations s'empressent : c'est l'arsenal.

Depuis Richelieu, Brest vit de et par la marine.

Il en résulte que les fils de la Bourgeoisie caressent un idéal unique : devenir officiers de vaisseau, ou médecins, ou commissaires ou agents quelconques de la marine de guerre, — et que les enfants du peuple veulent tous devenir soit des matelots, soit des ouvriers du port. L'initiative commerciale et industrielle ne saurait trouver parmi ceux-là que de très rares champions.

Voilà donc, n'est-ce pas ? le terrain le meilleur pour la semence socialiste, collectiviste et révolutionnaire.

La population est pauvre, — les salaires sont bas. Ils sont bas depuis des siècles et l'histoire locale apprend que dès 1709 les ouvriers du port brisaient à coups de pierre l'huis des personnages civils et des autorités militaires afin d'obtenir quelque menue amélioration. On sait que cet usage s'est perpétué à travers les âges et jusqu'à nos jours et qu'il est encore pratiqué à Brest toutes les fois que par une « manifestation » le prolétariat croit devoir rappeler aux bourgeois l'existence du socialisme.

Sous la Révolution — la première — Brest tint à honneur de se placer dès le début en vive lumière rouge.

Le douzième couplet de la *Carmagnole* est consacré aux Bretons :

> Oui, je suis sans culotte, moi,
> En dépit des amis du roi
> Vivent les Marseillais
> Les *Bretons* et nos lois.

Bretons est ici mis pour *Brestois*, car c'est surtout à Brest que sévit la tourmente révolutionnaire, et cela avec une rare intensité. Il suffit, pour s'en convaincre, de relire les écrits du temps. Malgré leur imprécision, en dépit de la hâte avec laquelle ils furent rédigés, on y retrouve cependant le tableau très réaliste des scènes les plus violentes, les plus odieuses.

Brest n'eut alors rien à envier à Paris, ni à Nantes, en fait d'atrocités sanguinaires.

Dans les treize couplets de la *Carmagnole* vous chercheriez vainement d'autres provinciaux mis au premier plan de la gloire. Les « Marseillois » et les Bretons sont seuls à cet honneur ! Il convient de dire que le 20 juillet 1792 la division des volontaires du Finistère arrivait sous les murs de Paris avec les fédérés marseillais, et que Bretons et Provençaux fraternisèrent immédiatement.

Dès 1791, une scène d'une sauvagerie inouïe se déroulait en pleine ville de Brest sur ce champ de bataille illustré depuis par tant d'exploits révolutionnaires. C'était le 23 juin, jour de la Fête Dieu, de jeunes officiers étaient réunis dans un café militaire de la rue Saint-Yves. Des caricatures avaient été dessinées sur les glaces de ce café ; l'une d'elles représentait « l'autel de la Patrie » sous un croquis bizarre. C'était une simple plaisanterie. Mais on ne badinait pas, à cette époque ! La foule s'ameute, envahit le café. Les autorités interviennent trop tard, comme toujours. Bref, un officier du régiment de Poitou, M. Patris, voyant ses camarades menacés d'être écharpés par le peuple en fureur, a l'héroïque courage de se déclarer l'auteur du dessin incriminé et d'en prendre toute la responsabilité. En cinq minutes il est saisi, terrassé, assassiné, décapité. Le cadavre est jeté par une fenêtre dans la rue ; puis, la tête est portée en triomphe au bout d'une pique autour de la ville... Ce n'est qu'un an plus tard que l'infortunée princesse de Lamballe subissait un sort semblable à Paris.

Bien auparavant encore, Brest s'était mis en vedette. A la suite de la publication du nouveau Code maritime, des équipages s'étaient révoltés, qui avaient menacé de mettre la ville à feu et à sang et de massacrer la population. La nouvelle des événements du 14 Juillet 1789 avait surexcité les esprits au plus haut point. Un Conseil général de la commune, investi de pouvoirs dictatoriaux et qui était composé d'éléments bourgeois et militaires, avait été formé qui tenta, bien vainement, d'ailleurs, d'arrêter l'anarchie naissante. Ce Conseil était présidé par M. Branda, maire. En décembre 1789, le Conseil général de la commune cessait son administration et était remplacé par une Assemblée régulière, présidée par le maire Malmanche, lequel fut, plus tard, guillotiné. Les troupes, surtout celles de la Marine, étaient fortement travaillées par la propagande révolutionnaire: le 22 avril 1790, les sous-officiers des cinq divisions du corps royal des canonniers-matelots signèrent un pacte contre leurs officiers, « horde aristocrate qui, semblable à l'hydre, veut infecter par ses odieux propos la liberté naissante. »

Le militaire-citoyen apparut dès lors dans toute sa splendeur. L'indiscipline était favorisée par le Conseil général, dont l'émulation révolutionnaire était entretenue avec un soin jaloux par la Société des *Amis de la Constitution*, sorte de syndicat de la délation, dans le genre de celui que la France vit fleurir de nos jours. Le 14 juillet 1790, les soldats et les matelots portèrent à travers les rues des pancartes injurieuses, menaçantes pour leurs chefs, pour les nobles et les ecclésiastiques. C'était d'un bien mauvais augure. Une grève des ouvriers de l'arsenal éclate le 29 août suivant ; les grévistes jettent des pierres sur la femme de l'intendant, Mme Redon, qui, pour préserver son mari menacé, avait essayé de calmer les perturbateurs. Le 6 septembre, quinze cents matelots mutinés débarquent des vaisseaux l'*América* et le *Majestueux* et se rendent à l'Hôtel de Ville pour protester contre le nouveau code pénal ; puis, ce fut le tour de l'équipage de la frégate la *Fidèle*. L'insubordination gagne tous les vaisseaux de la rade : les officiers sont obligés de quitter leur bord sous la huée de leurs hommes !... Finalement, les révoltés triomphent et le Code pénal est réformé par l'Assemblée nationale. Résultat : le 6 octobre 1791 on constatait que cinq capitaines et deux cent huit lieutenants de vaisseau avaient abandonné l'escadre !

En pleine Terreur, Brest compte environ 24.000 habitants. L'anarchie est partout. Les équipages des vaisseaux sur rade sont en perpétuelle mutinerie. En février 1794, la guillotine est dressée au centre de la ville, et fonctionne sans arrêt. Le 20 mai, dans la même journée, en moins d'une heure, les vingt-six administrateurs du Finistère sont exécutés sans qu'il s'élève de la foule, témoin de cet horrible massacre, un seul cri de protestation.

... Ce court préambule historique montre bien la nature du terroir ou devait, un siècle plus tard, germer magnifiquement la graine socialiste, collectiviste et révolutionnaire.

En des temps plus rapprochés, au cours des années qui précédèrent immédiatement le triomphe municipal des collectivistes, d'autres événements se produisirent qu'il eût été facile, sans doute, de prévenir. Un peu d'énergie, un peu de clairvoyance de la part des *bourgeois* qui avaient alors la direction et la responsabilité des affaires eût probablement entravé l'essor révolutionnaire.

Est-ce scepticisme ? Est-ce crainte d'une impopularité fatale pour des scrutins futurs ? Est-ce simple pusillanimité ? Il nous serait difficile de l'établir, mais il est bien certain, et nous devons à la vérité de le dire, que la faiblesse des pouvoirs publics, et nous parlons ici aussi bien des administrations civiles que des administrations militaires, fut la cause principale et directe, la préparation normale et bénévole des événements qui s'épanouirent au scrutin du 8 mai 1904.

Ce jour là, suivant l'expression du député radical Isnard, alors chargé des intérêts législatifs de la première circonscription et l'un des auteurs responsables de la catastrophe : « BREST RUGIT BIEN ».

M. Isnard ne se doutait pas que le rugissement révolutionnaire aurait pour premier effet de le mettre à la porte du Palais Bourbon. C'est pourtant ce qui advint, et cet honorable représentant éprouvait, deux ans plus tard, en mai 1906, la désagréable surprise de se voir honteusement battu, après avoir été renié de la façon la plus brutale par ceux qu'il avait toujours flattés, par les gens dont il avait sans cesse encouragé les passions subversives. Admis depuis lors à la retraite parlementaire, l'ex-député peut méditer à loisir sur les dangers de certaines compromissions, sur le péril de certaines concessions. Ce n'est pas tout de hurler avec les loups, il importe de se garer de leurs crocs.

Donc, M. Isnard, député radical de la 1re circonscription de Brest depuis 1898 jusqu'à 1906, peut être considéré comme l'un des artisans principaux de la victoire collectiviste révolutionnaire de 1904. Il en avait étourdiment préparé les voies, au mépris, du reste, de toute reconnaissance vis-à-vis du conseil municipal républicain précédent dont la majorité des membres était plutôt de tendances radicales et avait, en toutes circonstances, favorisé sa réélection.

Ministériel toujours et quand même, aussi bien avec Waldeck-Rousseau qu'avec Combes et Sarrien, M. Isnard l'eût encore été avec M. Clemenceau si le suffrage universel capricieux et volage n'avait interrompu brusquement le cours de ses exploits.

Ce ministérialisme constant et immuable inspirait aux amis du député radical une sainte confiance. Ceux qui faisaient partie des corps élus voyaient en ce fidèle blocard l'intermédiaire tout indiqué entre eux et les ministres. C'est en vain que, déjà, l'anarchie la plus violente se manifestait, non pas seulement dans le tumulte de réunions privées, mais encore dans la rue même où, depuis 1902, il n'était pas rare de voir de scandaleuses promenades de révolutionnaires, marchant, en colonnes serrées, drapeau rouge déployé, et chantant tout ce qu'il devrait être défendu de chanter en un pays civilisé, répandant partout cette impression qu'il n'existait plus aucune autorité capable de maintenir l'ordre et d'imposer le respect de la libre circulation — le député inspirait confiance à tous, et l'on se montrait certain que, tôt ou tard, grâce à ses relations, grâce à son « influence bien établie au Parlement » il y aurait moyen d'arranger les choses et de réconcilier une fois de plus, la chèvre socialiste et le chou radical.

N'était-il pas l'ami de M. Pelletan, ministre de la marine ?

Le 15 mai 1903, M. Isnard crut devoir amener M. Camille Pelletan parmi ses électeurs.

Ce jour-là, le ministre de la marine du Cabinet Combes fit, à Brest, une entrée solennelle.

La municipalité, que présidait alors avec une grande probité M. Charles Berger, maire, n'aperçut pas le piège qui lui était tendu; elle y donna tête baissée en favorisant par de larges subsides la réception triomphale de M. Camille Pelletan. Très honnête, elle vit seulement que son devoir était d'être courtoise et de traiter l'hôte de Brest de la façon la plus aimable.

Celui-ci demeura trois longs jours parmi les Brestois. Nous ne rappellerons point tous les nombreux incidents de ce voyage ministériel. Ses caractéristiques furent les suivantes: à son arrivée à la gare de l'Ouest, vers sept heures le samedi matin, le ministre aperçut, derrière les amiraux Gourdon, préfet maritime, et de Courthille, commandant en chef de l'escadre du Nord, une belle bannière rouge déployée : celle du Syndicat (illégal) des ouvriers du port de guerre; le lundi soir, au départ, ce fut encore le drapeau rouge de l'arsenal qui, flottant au-dessus d'un peuple immense accouru pour acclamer M. Camille Pelletan, salua une dernière fois, par-dessus la tête des amiraux et des généraux tout chamarés d'or, l'éminent désorganisateur de la marine française.

— C'est tout simplement odieux ! gémissait tristement un vieux républicain du Finistère, membre du Sénat depuis de longues années, et qui refusa de se mêler au cortège officiel.

Odieux ! le spectacle l'était, en effet, au plus haut degré, mais beaucoup refusaient d'en convenir. Le maire de Brest, M. Charles Berger, avait adressé au ministre un discours de bienvenue des plus corrects : « Aux acclamations qui vous ont accueilli à votre arrivée, lui disait-il, vous avez pu vous rendre compte des sentiments de notre population et de son vif désir de vous recevoir : c'est qu'elle vous est reconnaissante des améliorations matérielles et morales que vous avez apportées dans la situation du personnel maritime et ouvrier ».

Cette reconnaissance se traduisit, pendant le séjour ministériel, par d'innombrables beuveries et banquets. M. Camille Pelletan et son secrétaire M. Tissier prononcèrent de copieux discours et firent toutes les promesses les plus risquées à leur clientèle socialiste et à celle du député Isnard...

Leur visite fut aussi le triomphe de l'apéritif.

Un témoin oculaire raconte que des bouteilles et des verres d'absinthe ornaient constamment les tablettes intérieures des fenêtres dans les salons d'honneur de la Préfecture maritime.

D'autre part, la liqueur verte coula en flots pressés dans maintes coupes prolétariennes ignorantes du champagne.

L'absinthe détraqua certainement quelques estomacs, mais le véritable apéritif, celui qui eut les conséquences les plus funestes, ce fut l'augmentation de salaire solennellement promise à toute une armée de travailleurs et jamais accordée; ce fut le mirage de situations améliorées offert à des auditeurs confiants et d'ailleurs intéressants, mais dupés une fois de plus.

M. Camille Pelletan, sur les pas de qui le peuple chantait la *Carmagnole* et l'*Internationale* à la barbe étonnée des amiraux et des généraux, partit de Brest, dans une incroyable apothéose. Son départ nous rappela celui du général Boulanger, quittant, en pleine ivresse de popularité la ville du Mans où il était venu, il y a quelque vingt ans, faire de la propagande et recruter des partisans.

Durant tout son séjour à Brest, M. Camille Pelletan avait été plutôt l'hôte du Syndicat rouge de l'arsenal, présidé à ce moment par le citoyen Vibert, devenu depuis premier adjoint, qu'il n'avait été celui du Préfet maritime ou de l'amiral commandant en chef l'escadre du Nord.

Les égards que le ministre de la marine avait témoignés à ce syndicat indiscipliné et toujours agité, donnèrent immédiatement une force énorme au parti révolutionnaire. Le citoyen Vibert prit de l'importance. Il se campa tout de suite candidat à la mairie.

La bannière rouge du Syndicat de l'arsenal avait été pourvue d'une frange d'or, afin de conserver à cet emblème les apparences syndicalistes.

Les Brestois apprirent, à leurs dépens, à de fréquentes reprises, que la frange d'or n'était là que pour la frime: toutes les fois que l'étendard sortait, accompagné de plusieurs milliers de manifestants, c'étaient des carreaux cassés à coups de pierre, des chants de guerre sociale, des passants trop bien vêtus bousculés et injuriés, des bagarres, et, nous allons le voir bientôt, des émeutes assez graves.

M. Pelletan était venu au mois de mai.

Or, voici ce qui se passait bientôt après :

C'était à l'époque de l'agitation relative aux bureaux de placement. Pour Brest, où ce genre d'établissement n'existait pas, le motif n'était pas sérieux ; mais le citoyen Vibert, fort de l'appui officiel du gouvernement, s'empara de cette revendication plutôt parisienne et mit tout à l'envers.

Vint le camarade Lévy de la Confédération général du Travail.

La municipalité républicaine d'alors, toujours trop confiante, accorde la salle de la Bourse du Commerce, pour une conférence qui a lieu le samedi soir 5 décembre 1903, devant une assistance énorme.

Ce fut une soirée mémorable.

Surexcités, galvanisés par le discours de Lévy, les auditeurs sortent vers dix heures, formés en colonne serrée. Des cris sauvages retentissent bientôt. Les manifestants ont évidemment des projets d'action directe et immédiate. Ils veulent envahir l'hôtel de la *Dépêche de Brest*, mais le personnel est armé ; on renonce à cette invasion. Des mesures de sécurité notoirement insuffisantes avaient été prises, et, bientôt, soldats et agents sont débordés.

Le maire de Brest, M. Charles Berger, dînait à ce moment chez le Préfet maritime, en compagnie de M. Tourel, le nouveau sous-préfet de Brest et de M. Denier, procureur de la République. On vint avertir ces messieurs de ce qui se passait et que l'hôtel de ville était sérieusement menacé par une forte troupe d'émeutiers.

En effet, la police luttait depuis quelques instants contre les socialistes conduits par Lévy à l'assaut de la mairie.

Il y avait de part et d'autre de nombreux blessés.

Le commissaire central, M. Sénac, avait dû déjà tirer sept coups de revolver.

Les commissaires de police Dupuis, Lefebvre et Martin, sont contusionnés. Les vitres du poste de la mairie volent en éclats sous les cailloux lancés à toute volée.

Le combat dure depuis plus d'une heure.

Parmi les blessés, on compte : MM. Brusq, chef de la sûreté ; Jean-Marie Le Pape, sous-brigadier ; Le Hir, sous-brigadier ; Hervé Le Guen, Yves Cornec, Delaval, Jean Le Gall, André Gall, Jacq, Bray, Blaise, agents, ce dernier a les vêtements traversés de part en part d'un coup de couteau. Le gendarme Stéphan, a également reçu des blessures.

Dans le poste, on apercevait un énorme moellon du poids de 800 grammes lancé de l'extérieur.

Lorsque vers minuit, M. Tourel, sous-préfet, arriva, en compagnie du procureur de la République, les émeutiers étaient bien près d'être maîtres du terrain. Le représentant du gouvernement fut accueilli par des cris hostiles et des sifflets.

Il fallut finir par où l'on aurait dû commencer : en cinq minutes, l'infanterie coloniale eut déblayé le terrain...

On pense bien que le citoyen Vibert et son syndicat de l'arsenal n'allaient pas laisser passer une pareille occasion de flétrir les autorités brestoises pourtant si indulgentes.

Le placard reproduit ci-dessous fut affiché.

La lecture de ce document donnera une idée de l'état d'anarchie qui, six mois après le passage de M. Camille Pelletan et six mois avant les élections municipales, régnait déjà dans la ville et surtout dans le port de guerre.

Voici cet échantillon de la prose du citoyen Vibert, ouvrier du port, et secrétaire-président du Conseil d'administration du Syndicat de l'arsenal :

A BAS LES ASSASSINS

Brest a eu sa journée sanglante.

La date du 5 décembre restera gravée dans l'esprit de tous ceux que révoltent l'injustice et le crime.

Les brutes policières, commandées par les commissaires de police, suivant les ordres du maire, **ont provoqué et assommé** *des ouvriers, des citoyens dont le seul crime était de manifester, par esprit de solidarité, leur haine et le dégoût de ces institutions d'exploitation et de vol :* **les bureaux de placement.**

Les baïonnettes, les coups de poing américains, les cannes plombées, les cailloux même dont se servaient les sauvages représentants de l'ordre, ne leur ont pas suffi : il leur a fallu faire usage du revolver.

Leur fureur ne connaissant plus de bornes, ils ont frappé des passants.

Et le sang a coulé.

Le commissaire central, la Dépêche *et l'*Ouest-Eclair *font chorus : on publie les noms de douze agents blessés. Oh ! Pas grièvement : l'un d'eux a simplement ses vêtements troués, sans doute par l'emploi de la baïonnette.*

Mais le nombre des manifestants blessés ?

*Les manifestants blessés, ça ne compte pas. Des ouvriers !... Des ouvriers ?... Non, un ramassis de voyous, dit l'*Ouest-Eclair.

Et la presse réactionnaire de nous insulter et de faire un compte rendu absolument faux et voulu tel, de l'inique attentat du 5 décembre.

Les défenseurs de la bourgeoisie et de l'autorité sont dans leur rôle.

Point n'était besoin de ces nouveaux mensonges pour

fixer le prolétariat brestois ; cela l'affermira dans l'idée qu'au 20° siècle et en République, le travailleur, le pourvoyeur de tous ces parasites, n'obtient d'eux que des insultes et des coups lorsqu'il s'avise de vouloir dire bien haut ce qui est son droit, sa pensée.

Les Brestois sauront qu'en République, lorsqu'il s'agit de manifestants criant : « Vivent les Sœurs ! » et lançant sur les représentants de l'autorité des matières infectes, on prend bien soin de ne pas les bousculer, et que lorsque ce sont des ouvriers réclamant la disparition d'officines convaincues publiquement de vol, **on les assomme !**

De telles injustices soulèvent l'indignation de tous les gens de cœur.

La répression inique n'a jamais servi que ceux qui la subissaient : nous sommes certains du succès final. Nous continuerons la lutte malgré l'acharnement que met la police à défendre ses agents de renseignements, les placeurs.

A bas les bureaux de placement !
A bas les assassins !

Le conseil d'administration du Syndicat
des travailleurs réunis du port.

En présence d'une pareille provocation lancée par des ouvriers de l'Etat, presque des militaires, un gouvernement soucieux de sa dignité avait une mesure bien simple à prendre : il ne la prit pas, et pour cause. Le syndicat de l'arsenal était soutenu par le député Isnard et par le ministre de la marine Camille Pelletan. La personne du citoyen Vibert était sacrée.

Or, le conseil d'administration du Syndicat de l'arsenal se montrait désormais le grand metteur en scène de tous les scandales de la rue dont Brest pâtissait depuis deux ou trois ans déjà. Il était le maître de la situation.

Il proclamait, nous venons de le voir, sa certitude du « succès final ». C'est à retenir.

Quelques jours avant l'émeute du 5 décembre,

l'hôtel Continental avait été littéralement assiégé par une bande d'individus parmi lesquels la présence du citoyen Vibert avait été remarquée. Des journalistes de cette « presse réactionnaire » dont parle le factum reproduit plus haut, avaient été obligés de se réfugier dans l'hôtel; ils y restèrent, bloqués.

La presse locale, pourtant, avec une générosité plutôt naïve, accueillait toutes les communications du Syndicat, croyant, en toute loyauté, servir les intérêts des ouvriers du port, alors qu'en réalité, elle contribuait, par sa publicité, à étendre l'anarchie et à la populariser en quelque sorte. Elle n'hésita jamais, d'autre part, à faire son devoir et ne manqua, dans aucune circonstance, de flétrir les procédés sauvages des socialistes, lorsqu'ils s'attaquaient aux propriétés et aux individus.

Jusqu'au 5 décembre, malgré tant de carreaux brisés non seulement aux vitrines des journaux, mais à celles des cafés où l'absinthe est pourtant impartiale, mais encore aux fenêtres des demeures particulières de certains officiers de marine, à celles des presbytères et aux vitraux des églises; malgré vingt saturnales signalées le lendemain, racontées tout au long dans la presse, les autorités, confiantes, rassurées, aveugles, s'en allaient, disant :

— Il n'y a rien eu... Il ne se passe rien. Ce sont des histoires de journalistes. La police doit être de mèche avec la presse pour faire assassiner le prolétaire.

Mais la presse tint bon; elle continua sa campagne de protestation.

Le péril socialiste apparaissait chaque jour plus

menaçant ; le flot montait qui allait submerger la ville et tout renverser.

Les événements brestois avaient attiré l'attention de la presse parisienne. M. Emile Berr envoyé sur les lieux, rendait compte de sa visite, le 16 novembre 1903, aux lecteurs du *Figaro :*

Il existe à la mairie, écrivait M. Emile Berr, un bureau de placement *gratuit*, fondé il y a une quinzaine d'années par M. Delobeau, alors maire de Brest, aujourd'hui sénateur, et qui réalise exactement le type de l'office municipal réclamé — là où il n'existe point — par les socialistes. En sorte que l'abus dont les Brestois ont si bruyamment réclamé la suppression depuis quelques semaines est un abus qui n'existe pas chez eux, et qu'ils savent n'y point exister.

— Alors quelle raison ont-ils de mettre cette ville sens dessus dessous, et d'y promener le drapeau rouge ?

— Ils disent (voici leur dernière affiche) qu'ils font cela par esprit de solidarité. Ils blessent à coups de pierres ou à coups de bâton les agents de la police de Brest, afin de rappeler au gouvernement qu'il se passe à Limoges, à Carcassonne ou à Paris des choses qui ne les regardent pas, mais qui tout de même ne devraient pas s'y passer. Si vous ne comprenez pas cela, c'est que vous êtes tout à fait fermé à la notion de la solidarité ouvrière...

Le ton d'ironie de mon interlocuteur cachait un fond de mauvaise humeur qu'il m'eut vite découvert.

— Je plaisante, dit-il, et il n'y a pas de quoi plaisanter. Nous vivons ici en pleine anarchie, et l'esprit de solidarité dont se vantent nos syndiqués n'est que de l'esprit d'indiscipline et de désordre. Il peut y avoir une solidarité affirmée, pratiquée entre ouvriers de condition *quelconque*, contre un employeur à l'égard de qui aucun contrat particulier ne les lie. Mais l'ouvrier d'Etat est-il un ouvrier comme un autre ? Un contrat formel ne le lie-t-il point à son « employeur », qui est l'Etat, c'est-à-dire la nation elle-même ? Vous connaissez la situation des ouvriers de nos ports. C'est un personnel privilégié ; l'ouvrier d'arsenal (il y en a cinq mille à Brest) est une sorte de fonctionnaire, qu'aucun des aléas de l'industrie libre ne menace.

On le voit, ce n'était pas là seulement une affaire brestoise.

La France tout entière s'intéressait forcément à ces événements qui agitaient l'un des deux principaux ports de guerre nationaux.

Les journaux socialistes donnaient naturellement leur note spéciale, tout en faveur des émeutiers. Relatant la soirée du 5 décembre, la *Petite République* disait ceci :

> Les agents tombent sur nous à coups de nerf de bœuf plombé, de coup-de-poing américain, à coups de baïonnette, les gendarmes à coups de sabre ; ceux-ci ne frappaient que du plat de leurs lattes : les soldats, la baïonnette croisée, empêchaient ainsi de partir du côté de la rue d'Aiguillon. Nous nous défendons comme nous pouvons, n'ayant pour armes que celles que la nature nous donna en naissant : nous recevons plus de coups que nous ne pouvons en donner.
>
> . . . .
>
> En face la mairie une lutte terrible s'engage ; plus de 60 personnes tombent frappées de coups de nerf de bœuf plombé, de baïonnette, etc. Le citoyen Desert a l'épaule traversée d'un coup de baïonnette, et tombe d'un coup de sabre porté au cou. Un agent, le n° 74, le laboure de coups de pied, le voyant ainsi à terre, et très courageusement lui crie : « Sauve-toi donc, fainéant, voyou, etc. ».
>
> Deux consommateurs qui sortaient d'un café sont étendus à terre par le nerf de bœuf d'un agent de la sûreté. Des passants attardés, des femmes sont là couchés dans la boue.

Voilà qui allait un peu à l'encontre de l'optimisme administratif et qui établissait bien la gravité des événements de décembre 1903.

M. Pierre Ciais de l'*Echo de Paris* venu à Brest trois ans plus tard recherchait les responsabilités de cette anarchie, et il les faisait remonter, d'abord à l'inertie bourgeoise, puis à la complicité gouvernementale incarnée par M. Camille Pelletan.

Il émettait l'opinion que voici :

Les incidents succédaient aux incidents. Les meneurs se montrèrent agressifs et grossiers. D'un mot, le ministre pouvait tout faire cesser. Il suffisait d'un exemple. Mais le ministre, c'était M. Pelletan. Et M. Pelletan assura, sans hésiter, la victoire des révolutionnaires en signant la fameuse circulaire par laquelle il enjoignait au préfet maritime de reconnaître le syndicat des ouvriers de l'arsenal, syndicat fondé, semble-t-il, plus pour outrager les chefs que pour défendre le droit des ouvriers. Dès lors, le syndicat devenait tout puissant. Il le montra bien. Le drapeau rouge parut, un peu honteux d'abord. Puis, dans les rues de Brest, on le vit circuler, précédant ces foules bruyantes et inconscientes qu'un geste peut pousser aux pires excès.

M. Pelletan vint à Brest en mai 1903. Le syndicat s'en fut, drapeau rouge en tête, le recevoir à la gare. Et c'est sous les plis de l'emblème séditieux, tandis qu'amiraux et officiers étaient tenus à l'écart, que le ministre entra dans la ville. Le soir même, le chef de la marine française s'en allait dans une salle de bal, décorée encore de drapeaux rouges, recevoir les acclamations des révolutionnaires enthousiastes. Un punch avait lieu, dans la chaleur communicative duquel M. Pelletan PROMIT AUX SYNDIQUÉS DE LES PROTÉGER ENVERS ET CONTRE TOUS LES « GALONNÉS » *(le mot fut prononcé par le ministre).*

Jusque-là, les gens raisonnables que comptait, que compte toujours l'arsenal, avaient refusé de s'enrôler sous la bannière de la révolution. L'exemple du ministre les décida. C'était d'ailleurs pour eux le seul moyen d'éviter désormais des brimades de plus en plus cruelles. Peut-on leur en vouloir beaucoup ?

Le syndicat, maître du port, maître de l'arsenal, groupait tous les ouvriers de l'Etat lorsque, en mai 1904, eurent lieu les élections municipales.

Donc, le terrain était merveilleusement préparé. La semence révolutionnaire avait trouvé l'humus le plus favorable à sa germination.

Nous allons voir, dans les chapitres suivants avec quelle rapidité ce fléau prit son entier développement.

CHAPITRE II

Les élections de 1904. — Composition du Conseil municipal socialiste. — 22 fonctionnaires sur 36 conseillers

Le résultat du scrutin municipal du 8 mai 1904 donnant la victoire définitive à la liste socialiste-collectiviste, fut une surprise pour ceux-là seuls qui n'avaient pas noté au jour le jour, depuis quelques années, les progrès incessants de l'idée révolutionnaire propagée méthodiquement par le syndicat rouge des ouvriers de l'arsenal et autres groupements politiques et adoptée, rapidement, par la masse besogneuse (1).

A vrai dire, les candidats que le hasard des conciliabules secrets ou des meetings bruyants avait mis en présence, étaient venus au combat électoral, les uns pleins d'une confiance stupéfiante en leur bonne étoile bourgeoise, les autres pleins d'ardeur combative mais sans grand espoir de succès.

Les candidats républicains, commerçants, industriels, médecins, homme de loi, retraités de la

---

marine ou de la guerre avaient pour la plupart fait partie du précédent conseil municipal, — mais leur liste était décapitée par la disparition de M. Charles Berger, maire sortant, qui ne sollicitait pas sa réélection. De plus, et comme ils refusaient absolument même d'entrevoir la possibilité d'un échec ils n'eurent aucune organisation préalable. Il semblait qu'il ne manquât pas un bouton de guêtre à leur fourniment électoral, si profonde était leur assurance, si complète leur tranquillité. Il faut reconnaître que la coutume était établie d'agir ainsi, ou plutôt de ne pas agir. Auparavant, la liste formée par les républicains lors de chaque renouvellement municipal passait comme une lettre à la poste, sans concurrence sérieuse, sans l'ombre d'un péril. Pourquoi n'en eut-il pas été ainsi, cette fois ? Pour quelle raison ce qui s'est toujours fait ne se fera-t-il pas encore ? On connaît la formule.

Et il se produisit ceci, c'est qu'endormis sur les lauriers qu'ils n'avaient point encore cueillis, les républicains laissèrent passer l'heure du réveil et n'entendirent pas le bruit fait aux abords de leur trop tranquille demeure.

Durant que les républicains mal renseignés s'assoupissaient de la sorte en un fâcheux farniente tout s'agitait autour d'eux.

Le contraste était frappant, dès les premiers jours de la période électorale, entre l'activité fébrile des socialistes, leur hâte d'assembler les foules en leurs réunions multipliées dans tous les quartiers, la violence de leurs discours, la fureur de leur combat et la quiétude béate des républicains.

D'un côté, c'était le mouvement perpétuel, la mache, la course ; de l'autre, l'immobilité, le désir immodéré du repos et de la paix.

De plus, les républicains commettent, dès le début de la période électorale, la lourde faute de se diviser. Au lieu d'une liste, ils en forment deux. Après la défaite, les candidats des deux listes se rejettent mutuellement la pierre. En réalité, les responsabilités demeurent égales, car, en présence du péril menaçant, le moyen le meilleur est toujours l'entente et cette entente devient surtout indispensable lorsque les mêmes intérêts sont en jeu. Or, devant l'effort socialiste, la défense bourgeoise doit être UNE. C'est de la prudence élémentaire.

La question cléricale, agitée à tort et à travers, à une époque où elle devrait être reléguée au tout deuxième plan, fut, au fond, le seul motif de scission entre les républicains, — ceux-ci tenant à passer pour des parangons d'anti-cléricalisme et refusant toute alliance avec des candidats soupçonnés de quelque accointance avec le parti catholique, — ceux-là, trop obstinés peut-être dans leur résolution de passer outre et de tenter quand même les chances d'un combat plein d'imprévu. Le grand, le suprême principe de la défense sociale contre l'invasion révolutionnaire prévalut au second tour, mais il fut trop tard : les troupes dispersées, désorientées, ne surent pas marcher au feu et beaucoup de partisans de l'ordre, par un calcul absurde, passèrent à l'ennemi collectiviste, pensant que de l'excès du mal sortirait le bien. Ceux-là payèrent eux-mêmes et firent payer cher à leurs concitoyens cette aberration électorale.

Nous ne saurions trop engager tous nos lecteurs, non pas seulement ceux de Brest, mais ceux des atres villes, à suivre de près la genèse de cette crise abominable. Tel cas semblable peut se présenter demain chez eux, dans leur cité. Qu'une fois pour toutes, ils renoncent aux classifications mesquines, aux querelles de famille à famille, aux nuances trop multipliées, et qu'ils se disent ceci : c'est qu'en face d'une armée révolutionnaire, il faut aligner une armée d'ordre, bien unie, bien compacte et que ce n'est pas avec un bloc fêlé d'avance que l'on pourra jamais entamer un bloc sain, solide, résistant, tout d'une pièce comme l'est toujours le bloc socialiste au moment d'une lutte électorale quelconque.

Voici donc, d'après les documents, de quelle façon, s'ouvrirent les hostilités électorales avant le premier tour de scrutin municipal du dimanche 1er mai 1904 où deux listes républicaines étaint opposées à une liste socialiste :

A la dernière séance du conseil sortant, qui eut lieu le 21 avril, M. Charles Berger, maire, saluait en termes émus ses collègues et disait à ceux qui allaient affronter de nouveau les chances du combat :

« Vous pouvez, *sans crainte*, briguer les suffrages de vos concitoyens. Ils ont vu que vous avez beaucoup travaillé et ils sauront reconnaître vos services en vous accordant encore une fois leur confiance. »

Ce « sans crainte » était le mot d'ordre. Personne ne craignait, ne prévoyait un échec qui semblait à tous impossible. La liste, à laquelle M. Berger prédisait un succès certain, prit l'enseigne de « *Liste de concentration Républicaine* ». Elle fut complète à

36 noms dès le premier jour. Son programme, pas méchant, s'inspirait de la confiance ambiante. Il parut le 24 avril. Rien de particulier ne s'y trouvait concernant le danger du moment. Les signataires parlaient des travaux accomplis par la municipalité sortante et de ceux à entreprendre par la municipalité future. Au point de vue politique une seule phrase, celle-ci :

« Profondément et sincèrement républicains, nous avons choisi dans la grande famille républicaine des personnes d'opinions connues et éprouvées, écartant tous ceux qui pouvaient être suspects de réaction et de collectivisme. »

Le 26 avril, deux listes nouvelles apparaissaient : L'une se disant : « *républicaine progressiste des intérêts commerciaux et démocratiques* » était composée de 24 noms seulement. Les candidats se proclamaient respectueux de toutes les convictions et résumaient leur idéal politique dans cette phrase du Président Loubet :

« La République a ses origines dans les conceptions les plus hautes de la conscience et elle ne peut pas démentir ses origines. Tolérante, respectueuse de toutes les croyances, amie de la libre discussion et de la libre pensée, passionnée pour la justice et pour la liberté, gardienne infaillible de la loi, de l'ordre public, elle est le gouvernement du pays par tous et pour tous. »

On le voit, la liste de concentration républicaine

et la liste républicaine progressiste étaient bien faites pour s'entendre. Elles avaient, certainement, le même idéal politique, étaient composées des mêmes éléments, car on trouvait dans l'une comme dans l'autre des avocats, des médecins, des commerçants, des propriétaires. Le malheur fut que cette chose si simple ne fût comprise par personne — sauf cependant par les agitateurs socialistes du cru qui aperçurent tout de suite la bonne affaire.

En effet, le jour même, une troisième liste, celle-ci comprenant également 24 noms, venait solliciter les suffrages des électeurs : c'était alors, et ce n'était que la *Liste d'action républicaine et sociale*. Il n'y avait dans cette enseigne rien de terrifiant ; mais, au dessous, apparaissaient immédiatement les promesses les plus alléchantes :

1° Création d'une Bourse de Travail ;

2° Relèvement de tous les salaires ;

3° Gratuité des fournitures scolaires ;

4° Suppression de la taxe mobilière pour tous les loyers de 200 francs et au-dessous.

5° Présentation dans les congrès municipaux des revendications ouvrières, etc., etc.

Tout cela était nouveau... L'énoncé seul de ces « réformes » eut dû donner à réfléchir aux candidats des deux autres listes. Ils pensèrent que le spectre de la Bourse du Travail suffirait seul à éloigner les électeurs des candidats de l'action républicaine et sociale. En quoi ils se trompaient.

Voilà donc les programmes connus. La bataille est engagée. Chacun a pris position. On sent, dès le début, que la lutte est circonscrite entre deux partis et non entre trois : le parti républicain d'ordre, et le parti collectiviste affublé d'un faux nez et caché sous le masque de l'action républicaine et sociale.

De plus, alors que les deux listes républicaines étaient composées des éléments constitutifs ordinaires et normaux, celle des collectivistes apparaissait nimbée de l'auréole fonctionnariste. Sur vingt-quatre candidats, 13 étaient fonctionnaires de l'Etat en activité, et quelques autres fonctionnaires en retraite.

Le jeudi 28, alors que les candidats républicains continuaient d'attendre le scrutin d'un cœur serein et ignorant l'inquiétude, les collectivistes commençaient leurs réunions publiques. Ils se montraient agressifs :

Le citoyen Aubert qui, bientôt, devait être maire de Brest, fait valoir du haut de la tribune que lui et ses amis sont seuls à réclamer la création de la Bourse du Travail ;

Le citoyen Goude, commis de l'arsenal, celui-là même qui, bientôt, deviendra adjoint et se rendra illustre par de mémorables exploits, s'écrie : « que la lutte qui vient de s'ouvrir est celle du travailleur contre l'exploiteur, son éternel ennemi » ;

Le citoyen Vibert, ouvrier de l'arsenal, prévoyant ses destinées prochaines de premier adjoint au maire, dit textuellement ceci :

« Tous ceux qui ne voteront pas pour moi sont libres d'agir à leur guise. Je ne tiens pas à être conseiller... Je m'en f... pas mal ! (*sic*). Je suis et je reste révolutionnaire. C'est dans ces conditions que je me présente. »

On vit aussitôt s'avancer vers la tribune, le député

radical socialiste, M. Isnard, pour lire une déclaration invitant tous les électeurs à faire triompher les citoyens Aubert, Goude et Vibert — lequel parle si correctement !

L'apparition de M. Isnard en ces circonstances était un signe des temps. Oublieux, à ce moment, de tous les services électoraux que lui avaient rendus les républicains, le député Blocard marchait contre eux, résolument. Il prévoyait le succès socialiste et, déjà, se ménageait de solides appuis dans la place. Par sa main complaisante, le radicalisme ouvrait encore une fois les voies au collectivisme.

L'heure du scrutin approche.

Les réunions socialistes se multiplient. Il y en a chaque soir.

L'avant-veille, la veille, et le matin même du 1er mai, des meetings bruyants et nombreux sont tenus.

La tribune sert de tremplin aux candidats ardents de la liste socialiste.

Le commis de marine Mornu, s'écrie :

« **En nous élisant, en nous faisant entrer à l'Hôtel de Ville, ce sera la fin du régime de la calotte, du règne du « Gésu ».**

Le candidat Mornu semblait, lui aussi, faire de la question cléricale le pivot de la politique collectiviste.

Or, à la vérité, et la suite le démontrera surabondamment, c'est surtout, c'est uniquement la question *bourgeoise* qui préoccupe les candidats de l'action républicaine et sociale. De telle sorte que, alors

que par peur du cléricalisme, les républicains d'ordre se dévorent entre eux, les collectivistes déclarent que le seul moyen d'en finir avec la calotte est de se débarrasser, d'abord, des républicains !

L'ironie est ici plutôt amère.

Le résultat du premier tour de scrutin allait être un sévère avertissement, une déjà dure leçon.

Les résultats en furent les suivants :

Liste de concentration républicaine

MM. Allain (Louis)	3.529 voix
Bergot (Jean-Marie)	2.899 —
Bothorel (François)	2.848 —
Bourdeau (Paul)	3.255 —
Brunelat (Pierre)	3.174 —
Clausse (Jean)	2.912 —
Clavier (Charles)	3.266 —
Créach (Auguste)	3.232 —
Daniel (Aimé)	3.313 —
Daudin (Georges)	2.907 —
Demillier (Ernest)	2.955 —
Déniel (Paul)	3.540 —
Dumont (Paul)	3.375 —
Dupuis (Joseph)	2.976 —
Gargam (Armand)	3.122 —
Grall (Edouard)	3.247 —
Grall (Jean-Louis)	2.597 —
Guézennec (Eugène)	3.323 —
Hélot (Adolphe)	2.964 —
Lacroix (Alfred)	2.953 —
Launay (François)	2.902 —
Laurent (Edouard)	3.156 —
Le Caër (Hyacinthe)	3.008 —
Léon (Jean)	2.980 —
Lullien (Eugène)	3.376 —
Marécal (Eugène)	2.999 —
Moisan (Gustave)	2.997 —
Nény (Sébastien)	3.438 —
Omnès (Louis)	3.073 —
Paillet (Ollivier)	3.255 —
Piton (Alain)	3.576 —
Pochard (Augustin)	3.126 —
Rolland (Alexis)	3.497 —
Rolland (Louis)	3.024 —
Rolland (Jean)	3.224 —
Vardon (Jean-Baptiste)	3.172 —

Liste républicaine progressiste des intérêts commerciaux et démocratiques

Bodet (Louis)	2.277 voix.
Borvo (Henri)	1.843 —
Bossé (Hippolyte)	2.157 —
Castel (Pierre)	1.738 —
Dardis (Joseph)	1.905 —
Déthieux	1.800 —
Erard (Alexandre)	2.263 —
Feillard (Ernest)	2.576 —
Fonferrier (Alexandre)	2.040 —
Gautier (Victor)	1.213 —
George (François)	2.892 —
Guiavarch (Albert)	2.143 —
Houdart (docteur)	2.234 —
Kernéis (Louis)	2.179 —
Langlais (Martial)	1.808 —
Le Cloirec (Théophile)	1.832 —
Le Guen (Hippolyte)	1.860 —
Lyaudet (Hippolyte)	1.787 —
Pilvin (Tanguy)	2.011 —
Rochaix (Narcisse)	1.819 —
Taillefer (Jean-Baptiste)	1.858 —
Thésée (Victor)	2.322 —

Liste d'action républicaine et sociale

Aubert	4.220 voix
Brillat	3.672 —
Fouquet	3.627 —
Goude	3.657 —
Grosset	3.638 —
Hirlam	3.494 —
Jeannic	3.522 —
Kermarec	3.673 —
Le Tréhuidic	3.605 —
Le Bras	3.587 —
Le Ray	3.501 —
Lescouarch	3.463 —
Moigne	3.580 —
Martin	3.521 —
Masson	3.738 —
Mornu	3.649 —
Novince	3.674 —
Omnès	3.548 —
Rouzaut	3.514 —
Thoury	3.527 —
Tillet	3.605 —
Toullec	3.526 —
Vibert	3.870 —
Vauthier (Edmond)	3.734 —

Le ballottage était général.

La stupeur des Brestois fut grande lorsque, le matin du 2 mai, ils constatèrent que le citoyen Aubert tête de liste arrivait bon premier sur les 84 jouteurs de la veille. Le socialiste l'emportait de 644 voix sur le candidat le plus favorisé de la liste de concentration républicaine qui était le docteur Piton — un nouveau venu dans la politique considéré comme le meilleur appoint de popularité de ses compagnons de lutte.

Le citoyen Aubert, ouvrier horloger, de barbe vénérable, n'en croyait probablement pas ses yeux, et la fortune électorale, venant ainsi sur le tard, le surprendre agréablement, trouvait en lui le champion de la rencontre décisive qui allait se livrer le 8 mai sur le dos des républicains.

Ces derniers n'auraient, désormais, plus qu'une seule liste à présenter. En effet, dès le lendemain, du premier tour, les journaux publiaient l'avis suivant :

« Les candidats de la liste républicaine progressiste des intérêts commerciaux et démocratiques remercient bien sincèrement les nombreux électeurs qui les ont honorés de leur confiance en leur donnant leurs suffrages à l'élection du 1ᵉʳ mai.

Le comité a décidé de ne pas présenter de liste au scrutin de ballottage de dimanche prochain. »

C'était court. Mais l'un des candidats le plus en vue de la liste progressiste, M. Feillard, avocat, lequel avait obtenu 2.576 voix, complétait ce désistement trop laconique par une lettre publique en date du vendredi 6 mai, dans laquelle il disait ceci :

En me présentant dans la liste républicaine progressiste, j'ai voulu apporter mon concours aux affaires communales avec mon adhésion absolue au programme de la Fédération républicaine.

Personne n'ignore que le grand parti des républicains progressistes est en opposition bien nette avec la politique du bloc ministériel.

C'est donc créer une équivoque fâcheuse, bien plus, me mettre en contradiction avec mes précédentes déclarations, que de venir affirmer qu'en face de la liste républicaine ministérielle, je puis m'abstenir.

Devant le péril qui nous menace, je tiens, au contraire, à affirmer que, par principe, je voterai pour la liste de concentration républicaine, et j'invite les électeurs qui m'ont honoré de leurs suffrages à suivre mon exemple.

La liste républicaine ministérielle à laquelle le progressiste M. Feillard faisait allusion était la liste socialiste devenue *ministérielle* par suite de l'adhésion solennelle du député radical Isnard qui, sentant le bon vent venir, s'était rallié au camp Aubert, était devenu candidat, à son tour, et, grâce à un rappel savamment battu, avait entraîné à sa suite une demi-douzaine de nouveaux fonctionnaires, parmi lesquels deux professeurs agrégés du lycée de Brest, deux professeurs de l'Ecole d'Industrie, un instituteur, un sous-inspecteur des enfants assistés, etc., etc.

Le député Isnard publiait un appel vibrant en faveur de la liste socialiste désormais complétée à 36 noms :

Notre liste ! Elle est, en réalité, une concentration de noms, de programmes et d'idées.

C'est la véritable concentration ! Elle est à l'image de cette majorité parlementaire qui habitue le pays, pour son bien, aux ministères de longue durée, et les Chambres au travail utile et fécond.

La liberté ! Mais c'est notre devise même !

L'Ordre ! Mais qui donc oserait !

Ce sont les bases de notre état démocratique.

L'avenir est à gauche, et soyez-en convaincus, avec le respect dû à toutes les opinions.

Oui ! Nulle force ne peut arrêter l'élan merveilleux de notre démocratie !

Comme l'Idée, le Progrès social est incompressible !

Si ce n'est pas aujourd'hui qu'il triomphe, ce sera, sûrement, inéluctablement, demain !

Pourquoi perdre quatre années ? c'est énorme dans la vie d'une cité !

Allons ! amis ! un bon coup d'épaule ! encore un effort !

Nous ferons grâce au lecteur des réunions aussi nombreuses qu'agitées tenues par les socialistes durant la semaine qui précéda le ballottage. Les nouvelles recrues donnaient en grand. Les professeurs agrégés du Lycée, Litalien et Havel, faisaient assaut d'éloquence avec le député Isnard. C'était du délire.

Au cours de l'une de ces veillées des armes, le professeur de rhétorique Havel s'écriait :

Entre les travailleurs manuels et les travailleurs de la pensée, il y a des sympathies.

Nous ne sommes pas des bourgeois, comme on nous en accuse.

Les membres de l'Université ont été les adversaires les plus résolus de l'inégalité, de l'injustice sociale, de la paresse, du mensonge.

Mon programme est celui du Bloc.

Tout ce dont je puis vous assurer, c'est le dévouement que j'apporterai à la cause des travailleurs.

Je termine en criant : « Vive Brest! Vive la République démocratique et sociale! »

Les électeurs étaient empoignés, grisés, électrisés.

Afin de bien montrer le désintéressement des socialistes, le citoyen Goude déclarait solennellement ceci, à la réunion du 5 mai, salle de Venise :

« *Jamais, citoyens, jamais, je le dis pour couper court à certains bruits, le conseil municipal ouvrier ne votera 6.000 francs de traitement au maire... Il ne votera pas, non plus, d'émoluments aux adjoints.* »

On verra plus loin que le premier soin du conseil municipal *ouvrier* fut de voter une *indemnité* annuelle de neuf mille francs au citoyen Aubert devenu maire : 6.000 francs pour frais de représentation ; 2.000 francs pour frais de voyage ; 1.000 francs pour actes de bienfaisance (?).

Les appuis, les encouragements venaient de toutes parts aux socialistes, et dans sa dernière affiche le comité de l'*action républicaine* pouvait annoncer que les *Bleus de Bretagne*, amiral Réveillère en tête, marchaient dans la combinaison (1).

Et, pendant ce temps-là, que faisaient les républicains ?

Ils attendaient de pied ferme une victoire dont ils ne doutaient point. La veille du scrutin où ils allaient sombrer, ils faisaient insérer par la presse locale une note très sage, très modérée, tout sucre et miel — avec un peu de vinaigre cependant pour le député Isnard, le conseiller de l'ancienne municipa-

(1) Journal l'*Avenir Brestois* du samedi 7 mai 1904.

lité, lui qui se « mettait précédemment à la tête des différentes délégations municipales envoyées à Paris pour faire aboutir les graves questions intéressant la cité brestoise », lui qui ne dédaignait même pas, dit-on, de prendre une large part aux fins déjeuners offerts par le maire dans les meilleurs restaurants du boulevard — ce lâcheur enfin qui, maintenant, passait à l'ennemi avec armes et bagages !

Le 8 mai vint.

Les électeurs brestois eurent à choisir entre les deux listes reproduites ci-dessous avec les noms et professions des candidats. L'indication des professions de chacun est intéressante pour marquer dès maintenant la prédominance de l'élément « fonctionnaire » sur celle qui va triompher :

Liste de concentration républicaine

MM.

Louis ALLAIN, docteur-médecin, conseiller général, conseiller sortant.

Jean-Marie BERGOT, président du Syndicat de la boulangerie.

François BOTHOREL, entrepreneur de peinture.

Paul BOURDEAU, pharmacien.

Pierre BRUNELAT, propriétaire, conseiller sortant.

Jean CLAUSSE, commerçant, conseiller sortant.

Charles CLAVIER, pharmacien, conseiller sortant.

Auguste CRÉACH, chevalier de la Légion d'honneur, adjoint principal faisant fonctions d'ingénieur, en retraite.

Aimé DANIEL, chevalier de la Légion d'honneur, lieutenant de vaisseau en retraite.

Georges DAUDIN, négociant.

Ernest DEMILIER, négociant.

Paul DENIEL, chevalier de la Légion d'honneur, lieutenant de vaisseau en retraite, ancien conseiller.

Paul DUMONT, négociant, conseiller sortant.

Joseph DUPUIS, industriel, conseiller sortant.

Armand GARGAM, chevalier de la Légion d'honneur, chef d'escadron d'artillerie en retraite.

Edouard GRALL, pharmacien.

Jean-Louis GRALL, chevalier dela Légion d'honneur, 1er maître en retraite.

MM.

Eugène GUÉZÉNEC, négociant, conseiller sortant.
Adolphe HÉLOT, chirurgien-dentiste, conseiller sortant.
Alfred LACROIX, propriétaire, rue Kérivin, 30.
François LAUNAY, chef surveillant aux subsistances, **conseiller sortant.**
Edouard LAURENT, officier de la Légion d'honneur, mécanicien en chef de la marine en retraite.
Hyacinthe LE CAER, marchand-boucher.
Jean LÉON, commerçant, conseiller sortant.
Eugène LULLIEN, négociant, conseiller sortant.
Eugène MARÉCAL, propriétaire, conseiller sortant.
Gustave MOISAN, entrepreneur de peinture.
Sébastien NÉNY, officier de la Légion d'honneur, colonel d'infanterie de marine en retraite conseiller sortant.
Louis OMNÈS, propriétaire, conseiller sortant.
Ollivier PAILLET, négociant, conseiller sortant.
Alain PITON, chevalier de la Légion d'honneur, docteur-médecin.
Augustin POCHARD, pharmacien.
Alexis ROLLAND, président du tribunal de commerce, conseiller sortant.
Louis ROLLAND, avoué, conseiller sortant.
Jean ROLLAND, directeur d'école communale en retraite.
Jean-Baptiste VARDON, propriétaire, conseiller sortant.

Liste d'action républicaine et sociale

MM.

AUBERT, horloger, président du conseil des prud'hommes.
BOUTET, employé de commerce.
BRILLAT, capitaine en retraite, receveur buraliste, *fonctionnaire* (contributions indirectes).
CHOUANIÈRE, commis de comptabilité à l'arsenal, *fonctionnaire* (ministère de la marine).
COUPRIE, compositeur de musique.
FOUQUET, typographe, juge prud'homme.
GERBAULT, opérateur mécanicien.
GOUDE, commis des directions de travaux de la marine à l'arsenal *fonctionnaire* (ministère de la marine).
GOURIVAUD, médecin-inspecteur des enfants assistés, *fonctionnaire* (ministère de l'intérieur).
GROSSET, dessinateur à l'arsenal, *fonctionnaire* (ministère de la marine).
HASCOET, professeur à l'école de commerce et d'industrie *fonctionnaire*, (ministère du commerce).
HAVEL, professeur au lycée, *fonctionnaire* (instruction publique).
HIRLAM, ouvrier à l'arsenal, *fonctionnaire* (ministère de la marine).
ISNARD, député de Brest, avocat.

MM.

JEANNIC, ébéniste.

KERMARREC, employé des contributions indirectes, *fonctionnaire*

LE BRAS, commerçant à Kerjean-Vras.

LE GALL, instituteur, *fonctionnaire* (instruction publique).

LE RAY, ouvrier à l'arsenal, *fonctionnaire* (ministère de la marine).

LESCOUARCH, ouvrier à larsenal, *fonctionnaire* (ministère de la marine).

LE TRÉHUIDIC, menuisier, juge prud'homme.

LIGONNIÈRE, professeur à l'école d'industrie et de commerce *fonctionnaire* (ministère du commerce).

LITALIEN, professeur au lycée, *fonctionnaire* (ministère de l'instruction publique).

MARTIN, ouvrier à l'arsenal, *fonctionnaire* (ministère de la marine).

MASSON, commis des postes et télégraphes, *fonctionnaire* (ministère du commerce).

MOIGNE, ébéniste, juge prud'homme.

MORNU, commis des directions de travaux de la marine, *fonctionnaire* (ministère de la marine)).

NOVINCE, répétiteur au lycée, *fonctionnaire* (instruction publique).

OMNÈS, dessinateur à l'arsenal, *fonctionnaire* (marine).

ROBERT, chef surveillant technique en retraite, *fonctionnaire en retraite*, (ministère de la marine).

ROUZAUT, commerçant à Recouvrance.

THOURY, lythographe.

TILLET, imprimeur.

TOULLEC, 1er maître en retraite, *fonctionnaire en retraite* (marine).

Ed. VAUTHIER, teinturier.

VIBERT, ouvrier à l'arsenal, *fonctionnaire* (marine).

Les électeurs se pressèrent aux urnes : le dimanche précédent, leur nombre avait été de 8.647 ; le 8 mai, il fut de 9.367. Jamais pareil empressement n'avait été constaté par les scrutateurs. Il y avait évidemment de la poudre dans l'air. Or, voici quels chiffres furent proclamés le soir, quelques minutes avant minuit :

Liste de concentration républicaine

Allain (Louis)	4.532 —
Bergot (Jean-Marie)	4.204 —
Bothorel (François)	4.132 —
Bourdeau (Paul)	4.438 —
Brunelat (Pierre)	4.280 —

Clausse (Jean)........................... 4.210 voix
Clavier (Charles)....................... 4.341 —
Créach (Auguste)....................... 4.294 —
Daniel (Aimé)............................ 4.405 —
Daudin (Georges)...................... 4.292 —
Demillier (Ernest)...................... 4.286 —
Déniel (Paul)............................ 4.511 —
Dumont (Paul).......................... 4.406 —
Dupuis (Joseph)........................ 4.239 —
Gargam (Armand)..................... 4.313 —
Grall (Edouard)......................... 4.353 —
Grall (Jean-Louis)...................... 4.353 —
Guézennec (Eugéne).................. 4.364 —
Hélot (Adolphe) .... 4.220 —
Lacroix (Alfred)........................ 4.267 —
Launay (François)..................... 4.233 —
Laurent (Edouard)..................... 4.367 —
Le Caër (Hyacinthe)................... 4.239 —
Léon (Jean)............................. 4.327 —
Lullien (Eugène)....................... 4.424 —
Maréchal (Eugène)..................... 4.289 —
Moisan (Gustave)...................... 4.217 —
Nény (Louis)............................ 4.311 —
Omnès (Louis).......................... 4.130 —
Paillet (Ollivier)....................... 4.330 —
Piton (Alain)........................... 4.535 —
Pochard (Augustin).................... 4.402 —
Rolland (Louis)........................ 4.334 —
Rolland (Alexis)....................... 4.481 —
Rolland (Jean)......................... 4.302 —
Vardon (Jean-Baptiste)................ 4.352 —

Liste d'action républicaine et sociale

Aubert................................... 5.466 voix
Boutet................................... 4.778 —
Brillat................................... 4.905 —
Couprie.................................. 4.820 —
Chouanière.............................. 4.758 —
Fouquet.................................. 4.829 —
Gerbault................................. 4.742 —
Goude.................................... 4.848 —
Gourivaud............................... 5.124 —
Grosset.................................. 4.655 —
Havel.................................... 5.075 —
Hascoët.................................. 5.080 —
Hirlam................................... 4.628 —
Isnard................................... 5.140 —
Jeannic.................................. 4.720 —
Kermarrec............................... 4.910 —
Le Tréhuidic............................ 4.774 —

Le Bras	4.883	voix
Le Gall	4.607	—
Le Ray	4.633	—
Lescouarch	4.890	—
Litalien	5.033	—
Ligonnière	5.178	—
Moigne	4.602	—
Martin	4.084	—
Masson	4.871	—
Mornu	4.872	—
Novince	4.860	—
Omnès	4.698	—
Robert	4.774	—
Rouzaut	4.731	—
Thoury	4.765	—
Tillet	4.785	—
Toullec	4.752	—
Vibert	4.768	—
Vauthier (Edmond)	5.077	—

Les socialistes étaient élus !

Le citoyen Aubert, premier des socialistes, obtenait 934 voix de plus que M. Allain, conseiller général, premier des républicains.

La ville de Brest était désormais représentée par un conseil municipal socialiste — plus que socialiste : collectiviste — plus que collectiviste : révolutionnaire ; plus que révolutionnaire : anarchiste.

Et ce conseil était composé de 22 fonctionnaires sur 36 membres.

« *Voter pour la première liste, disait la veille du scrutin une affiche de leurs adversaires, c'est vouloir la paix, la liberté et la prospérité de notre ville;*

« *Voter pour la deuxième (celle des vainqueurs du 8 mai), c'est vouloir la Révolution avec toutes ses conséquences désastreuses... »*

Les citoyens brestois avaient fait leur choix : Ils avaient choisi la révolution. Ils voulaient marcher avec leur siècle.

Sur les cinq ports de guerre de France, Brest était le seul qui ne fût pas encore pourvu d'une municipalité dans le mouvement : voilà qui était fait et nos cinq grandes villes maritimes étaient maintenant aux mains du parti de M. Vibert.

L'année précédente, à Cherbourg, à la suite d'un conflit sur la question de l'adduction des eaux de source, vingt et un membres du conseil municipal de cette ville avaient donné leur démission. Des élections partielles avaient eu lieu pour compléter le conseil.

Deux listes étaient en présence : l'une patronnée par M. Mahieu, socialiste, ancien conseiller d'arrondissement, et l'autre formée des membres démissionnaires de l'ancien conseil municipal à la tête desquels se trouvait M. Renault, ancien maire.

La liste socialiste, composée de vingt-trois membres, passait tout entière au premier tour.

M. Mahieu arrivait en tête avec 3.251 voix contre 2.191 données à M. Charles Renault, ancien maire.

A ce propos, on écrivait de Cherbourg :

On commente beaucoup, dans notre ville, le succès de la liste municipale socialiste qui a passé tout entière aux élections complémentaires de dimanche dernier.

La liste socialiste, dont la majeure partie est formée d'ouvriers du port et de professeurs de l'Université a obtenu près de mille voix de plus que la liste républicaine.

On estime que cette élection, dont le résultat a été accueilli, le soir du vote, par les chants réglementaires de la *Carmagnole* et de l'*Internationale*, consacre ici le triomphe du socialisme collectiviste qui, depuis longtemps, s'agitait autour de l'hôtel de ville.

L'événement devait se produire tôt ou tard, et il n'était au pouvoir de personne de l'empêcher. Les progrès intenses du socialisme sont niés seulement par les gens de l'espèce autruche ; ils sont aussi évidents que la lumière du jour. Pour les arrêter, il faudrait d'autres combatifs que les politiciens bourgeois qui en sont encore à se chamailler sur des pointes d'aiguille, alors que le péril les enserre, les menace de toutes parts, eux et leurs capitaux — car c'est contre le capitalisme seul que se forment les armées socialistes et collectivistes.

Ces armées sont de plus en plus nombreuses, de plus en plus disciplinées ; elles marchent au doigt et à l'œil d'après un mot d'ordre. Elles s'emparent des municipalités, des sièges législatifs et autres. Partout leur action se manifeste avec d'autant plus de succès qu'elle ne trouve généralement devant elle que de pauvres résistances, soit que leurs adversaires naturels pactisent avec l'ennemi pour décrocher telle ou telle misérable timbale et assouvir de vieilles ambitions, soit que la débandade et le désarroi règnent dans ces camps, où la victoire ne pourrait entrer qu'avec une entente parfaite et une cohésion absolue de toutes les bonnes volontés et de tous les courages.

La France tout entière est intéressée au récit qui va suivre des exploits municipaux brestois. Nous pensons avoir fait œuvre utile et patriotique en le dédiant aux électeurs qui, au cours de l'année 1908, auront à réélire leurs municipalités.

CHAPITRE III

Le Conseil municipal en action. — Ces messieurs
s'amusent. — L'ère des réformes est ouverte

On a vu, plus haut, que le député radical-socialiste
Isnard avait été le principal artisan de la fortune
collectiviste. Ce concours était-il désintéressé? Non.
Le député avait rêvé de cumuler Palais-Bourbon et
Hôtel de ville : une écharpe ne lui suffisait pas, il en
voulait deux, celle de parlementaire et celle de maire.
Il s'était dit que, toujours, dans le royaume des
aveugles, les borgnes sont rois et avait pensé qu'au
sein d'une assemblée dont les membres occupaient
pour la plupart une situation sociale plus que modeste, il avait les chances les plus sérieuses d'être
« tabou ». Et pour mieux préparer ses voies, il
s'était montré durant la période électorale plein de
flatteries pour les candidats collectivistes aux côtés
de qui il combattait. On l'avait entendu approuver,
au cours d'une réunion de la salle de Venise, les premières attaques du commis de l'arsenal Goude contre
les amiraux, ses chefs, et trouver à cette occasion des accents dithyrambiques qui avaient ému jusques aux larmes son innombrable auditoire :

Notre camarade Goude, s'était-il écrié, vous disait, tout à l'heure parlant des inégalités sociales, qu'on n'avait jamais vu un amiral mettre sa main dans celle d'un travailleur.

Eh bien, je fais appel à vos souvenirs historiques.

On a vu un roi, François Iᵉʳ, ramasser le pinceau d'un peintre, du Titien ; on a vu le grand roi Louis XIV inviter à sa table un écrivain, notre immortel Molière.

Et qu'il me soit permis de réparer un oubli. Je connais un amiral qui, non seulement a serré la main d'un ouvrier, mais l'a embrassé dans cette salle. (Cris : « Réveillère ! »)

L'amiral, c'était Réveillère ; l'ouvrier, c'était Aubert! »

Ceci se passait le samedi 7 mai.

Or, le dimanche 15 mai, c'est-à-dire huit jours après, le nouveau conseil municipal étant réuni pour nommer la municipalité, une scène d'un comique intense se déroulait devant le public haletant. On ne saurait mieux raconter ce lever de rideau qu'en reproduisant la petite allocution que le malheureux Isnard, désabusé, prononça d'une voix émue :

Vendredi soir, dit-il, le conseil municipal a tenu une séance privée pour la désignation des candidats aux fonctions de maire et d'adjoints.

Au début de la séance, j'ai demandé à mes collègues de s'engager sur l'honneur à ne pas divulguer le secret de nos délibérations.

Or, une indiscrétion a été commise par l'un de vous, et dans ces conditions nous devons la vérité au suffrage universel. La voici : au début de la séance, M. Aubert a dit qu'il ne se sentait pas assez capable pour remplir les fonctions de maire, que cette charge serait trop lourde, mais que, cependant, un ami lui avait dit : vous êtes désigné.

J'ai dit à M. Aubert que si, par modestie, ses paroles démentaient sa pensée et qu'il manifestât le moindre désir d'avoir l'écharpe de maire, il veuille bien nous le dire ; et j'ai ajouté, n'obtenant pas de réponse, les paroles suivantes : « Je ne veux pas non plus les fonctions de maire. Je ne suis pas partisan du cumul des mandats. Cependant, si mon concours vous paraît utile, je pourrai, pendant les grandes vacances, m'occuper activement, et quand la machine sera mise en marche, à l'époque de la rentrée de novembre, je démissionnerai pour reprendre mes travaux à la Chambre. »

Après cette déclaration, nous sommes sortis, Aubert et moi, de la salle des délibérations, et quand nous y sommes revenus, on nous a fait savoir, sans nous faire connaître les résultats du vote, que M. Aubert était désigné.

Vous deviez, ce matin, messieurs, en témoignage de sympathie, m'élire maire de Brest et reporter ensuite vos voix sur M. Aubert, au deuxième tour.

Je ne peux m'associer à une manifestation ridicule et donner le change à l'opinion publique.

J'ai 25 ans de bons et loyaux services rendus à la démocratie, et je sais trop le respect que je dois au suffrage universel pour diminuer sa dignité et celle du mandat que j'ai l'honneur d'exercer.

Je vous ai fait connaître les raisons qui m'empêchaient d'accepter un cumul de mandats.

Je remercie profondément les électeurs qui m'ont donné leurs suffrages.

Je remercie les huit amis qui ont cru mon concours utile, et je crois de mon devoir de donner ma démission de conseiller municipal.

Donc, huit jours à peine s'étaient écoulés et déjà le radical Isnard était jeté à la mer par ses amis de la veille.

Il y resta, et de cet instant son rôle politique était terminé. Aux élections législatives, deux ans après, il était écrasé dès le premier tour.

Nous n'irons pas jusqu'à dire qu'il n'avait pas mérité cette fin misérable.

Débarrassés de leur député radical, nos collectivistes procédèrent dès lors à l'élection de la municipalité, qui fut composée de la façon suivante :

Maire : le citoyen Aubert, ouvrier horloger ;

Premier adjoint : le citoyen Vibert, ouvrier de l'arsenal ;

Deuxième adjoint : le citoyen Gourivaud, médecin, sous-inspecteur des Enfants assistés ;

Troisième adjoint : le citoyen Litalien, professeur agrégé au Lycée de Brest ;

Quatrième adjoint : le citoyen Goude, commis aux écritures à l'arsenal ;

Cinquième adjoint : le citoyen Le Tréhuidic, compagnon menuisier.

Soit quatre fonctionnaires sur six membres de la municipalité.

Ces six citoyens furent élus membres de la municipalité naissante durant qu'une musique scolaire, dirigée par un instituteur, vomissait par tous les pavillons de ses cuivres enthousiastes l'*Internationale*, reprise en chœur par la foule massée aux abords de l'antique masure qui sert d'hôtel de ville aux Brestois et dont les murs entendirent, depuis 1756, l'éloge de tous les régimes : royauté, empire, république, et, maintenant, socialisme-collectiviste, en attendant mieux...

Sans perdre une minute, le conseil vote les trois adresses curieuses que voici :

M. Combes, président du conseil, Paris.

Le conseil municipal socialiste de Brest, réuni à l'occasion de son installation, adresse au président du conseil et aux membres du gouvernement l'expression de sa profonde sympathie.

Il fait des vœux pour le succès des réformes poursuivies par le ministère Combes, et notamment pour que les retraites ouvrières, l'impôt sur le revenu, la loi de deux ans, aboutissent sans retard.

Ministre de la Guerre, Paris

Confiant dans les sentiments de bienveillance et d'équité du ministre de la Guerre, le conseil municipal socialiste de

Brest, prenant ses fonctions, tient à lui exprimer toutes ses sympathies.

Ministre de la ~~Guerre~~ *Marine*, Paris.

En entrant à l'hôtel de ville, le conseil municipal socialiste de Brest salue, dans le citoyen Pelletan, le ministre réformateur, ennemi des vieilles routines et souhaite que l'œuvre entreprise par lui puisse être achevée, pour le plus grand bien des travailleurs des arsenaux.

Puis on vit aussitôt ce spectacle nouveau : le conseil municipal tout entier, maire en tête, se met en marche à travers la ville et, précédé de la musique scolaire qui vomit toujours l'*Internationale*, se rend... devant la maison de l'amiral Réveillère pour lui donner une aubade... Nous savons déjà que, depuis le voyage de M. Camille Pelletan, c'est avec ce refrain que l'on salue les grands chefs de la marine.

Et encore une fois, l'amiral embrassa le citoyen Aubert. On dit que, depuis, le bon amiral a quelque peu regretté ces témoignages de sympathie — mais nous ne saurions l'affirmer.

La prise de possession est désormais complète et nous allons voir, dès la première séance, quel usage les collectivistes entendent faire du pouvoir remis entre leurs mains inexpertes par le suffrage universel.

C'est le mardi 24 mai.

Le citoyen-maire y va, naturellement, de son petit discours d'ouverture, dont la caractéristique est une erreur de calcul phénoménale, l'orateur prétendant que la municipalité précédente n'a laissé comme reliquat disponible qu'une somme de 11.269 fr. 16, alors que, en réalité, le crédit absolument libre déposé dans la caisse du receveur municipal est de 462.842 fr. 88.

Déjà, la rue est en ébullition.

Des grèves ont éclaté dans plusieurs corporations.

Or, loin de se préoccuper de cette situation de jour en jour, d'heure en heure plus périlleuse, sait-on sur quelle question les collectivistes font porter tout l'effort de leur discussion ?

Ah ! il s'agit bien des boulangers qui bouleversent les pétrins, des dockers qui commettent d'importants dégâts au port de commerce !

Ces messieurs ont d'autres soucis : ils tiennent, par dessus tout, à manifester sans retard leur anticléricalisme irréductible et, pour ce, décrètent, quoi ? la suppression du port du viatique aux mourants !...

Comme début, c'était trouvé.

Une discussion inénarrable s'engage sur ce sujet.

La proposition émanait du conseiller Mornu, commis de l'arsenal ; le professeur Litalien la combat.

Lisez ceci :

M. Litalien. — Je demande la parole comme anticlérical assez connu.

C'est là, à mon avis, une des manifestations d'un anticléricalisme qui n'est pas le mien.

Il y a plusieurs espèces d'anticléricalisme : l'anticléricalisme d'action et l'anticléricalisme superficiel ou de façade.

Pour terrasser la puissance cléricale, il n'y a que deux points sur lesquels on puisse l'attaquer : la question d'enseignement et la question d'assistance.

Toutes les fois que l'on élève l'enseignement laïque on fait brèche dans l'Eglise ; toutes les fois que l'on organise l'assistance on fait également brèche dans l'Eglise.

Ce que vous voulez faire aujourd'hui, c'est un simple geste qui ne peut faire de mal à l'Eglise ; ce geste n'est qu'un anticléricalisme de façade.

J'avoue que cette procession du viatique m'est révélée par les auteurs de la proposition.

J'habite Brest depuis plusieurs années. J'ai souvent rencontré cette procession du viatique et jamais je n'en ai été offusqué.

Il faut faire une grande différence entre la procession de la Fête-Dieu, par exemple, et la procession du viatique.

La procession de la Fête-Dieu, c'est une exhibition solennelle du cléricalisme prenant possession de toute une ville pour établir sa puissance.

La procession du viatique, au contraire, c'est tout simplement la manifestation extérieure du sacrement catholique.

Il y a des gens en très grand nombre encore qui ne veulent pas mourir sans avoir ce qu'ils appellent le viatique. C'est une chose sacrée pour eux.

Quelques personnes rencontrant ce viatique s'agenouillent ; d'autres, et je suis de ce nombre, passent sans se découvrir.

Mais je déclare que ma liberté n'a jamais été offusquée.

Supprimer la procession du viatique, ce n'est faire nul mal à l'Eglise, au contraire.

Ce n'est qu'un geste, et bien des gens qui nous attendent pour nous juger diront : « C'est cela qu'ils font ! »

C'est un geste irrévérencieux et taquin, rien de plus. (Mouvement.)

M. Mornu. — M. Litalien se trompe quand il dit que mon anticléricalisme est de façade.

M. Litalien. — Je ne fais pas de personnalités. Je parle en général.

M. Mornu. — C'est une manifestation qui, pour moi, est la même que les grandes processions.

Il n'y a pas de persécution. C'est une manifestation extérieure du culte.

Tout le prestige du cléricalisme réside dans les manifestations extérieures et il faut les supprimer.

M. Litalien. — La procession de la Fête-Dieu, oui ; mais il faut bien, au nom de la liberté, laisser libre la procession du viatique.

M. Mornu. — On peut le mettre dans un sac (sic). Vous voyez un parasol sous lequel se trouve un bonhomme habillé en bonze ; il y a une clochette. On dirait une manifestation de Chinois.

Ce n'est pas une manifestation que je veux faire ; je m'en fiche pas mal, des persécutions !

Il est toujours utile de combattre ces gens-là et tous les moyens sont bons pour les combattre.

M Litalien. — Un sacrement, dit M. Mornu, ça se met dans un sac.

Un drapeau rouge aussi, ça se met dans un sac.

A Paris, lorsque la police fait enlever le drapeau rouge, les socialistes ne sont pas contents.

Les catholiques peuvent ne pas l'être, non plus ; surtout qu'ici la liberté et les socialistes n'ont rien à gagner.

D'autre part, je proteste hautement contre la théorie de M. Mornu.

Quand on est socialiste, on ne doit combattre personne par tous les moyens.

Il y a des moyens bons et des moyens malhonnêtes. On ne doit jamais employer les moyens malhonnêtes.

Si nous avons reproduit la sténographie de cette discussion en réalité bien puérile, c'est pour montrer l'esprit qui désormais va présider à toutes les délibérations de ces messieurs.

Le conseiller Mornu, employé de l'arsenal, et le professeur agrégé Litalien sont en apparent désaccord — au fond ils s'entendent : l'un proclame tous les moyens bons pour abattre l'ennemi ; l'autre fait quelques manières pour en arriver là — mais, en fin de compte, le port du viatique est supprimé, *il est mis dans le sac...*

Dans le sac, on mettra bien d'autres choses encore que nous allons dire.

Nos conseillers collectivistes, même les plus instruits, les plus diplômés comme l'universitaire Litalien, ne brillent pas toujours par la suite dans les idées, par la logique. Ainsi, l'orateur qui, au sujet du viatique, prononçait des paroles si courageuses et si inattendues étant donné le milieu auquel elles étaient destinées, sera, plus tard, le plus ardent promoteur de la suppression des libertés de la rue pour les funérailles. Après avoir défendu le port du viatique, le conseil votera la défense d'exhiber les emblèmes religieux aux enterrements. Et, cette fois, loin de protester, le faux libéral Litalien poussera de toutes ses forces à l'exécution d'une mesure aussi absurde que vexatoire. Les moribonds et les morts sont les premières victimes des municipaux !

Les jeux des conseillers collectivistes commençaient ainsi et l'ère des réformes fameuses, où Brest allait s'illustrer, était ouverte.

L'effet produit par ces débuts fut désastreux. Le geste des nouveaux maîtres de l'hôtel de ville avait été maladroit parce qu'il atteignait profondément les croyances, et portait un coup d'une brutalité inouïe aux usages séculaires.

On sait que la Bretagne est l'une des provinces françaises où les catholiques ont le plus longtemps et le plus résolument conservé leurs traditions et le cérémonial cultuel. A Brest, malgré le renouvellement continu de la population active composée de marins, de fonctionnaires, de militaires venus des quatre points cardinaux du pays, habitants qui restent s'ils se sont mariés et ont fait souche, et qui repartent pour leur contrée d'origine lorsqu'ils n'ont pas trouvé à s'établir définitivement, la plupart des familles ont à cœur les pratiques religieuses. Dans les maisons ouvrières, on tient à fêter la première communion des enfants avec tout l'éclat possible Les enterrements et les mariages civils sont l'exception, et l'exception à un degré tel que l'on peut dire qu'il n'y en a jamais.

Dans ces conditions, les élus du peuple étaient bien mal inspirés lorsque pour commencer l'œuvre de régénération sociale, ils s'attaquaient à des coutumes dont un philosophe rationaliste peut critiquer l'existence en son for intérieur, mais que tout homme d'idées larges doit respecter, afin de ne point froisser les consciences.

La proposition du citoyen Mornu, lequel est d'ailleurs un ancien élève des écoles chrétiennes, fut votée ; elle eut pour résultat de porter le premier coup à la popularité des collectivistes. Peu après, le même Mornu ayant posé sa candidature au conseil d'arrondissement contre un républicain progressiste, M. Ch. Lamarque, fut battu à plates coutures.

Il se passait, du reste, des événements qui allaient bientôt mettre tout à l'envers. La procession du viatique allait être remplacée par d'autres processions d'un caractère plus gênant pour la paix publique.

Une quinzaine de jours à peine s'étaient écoulés depuis le scrutin.

Déjà le tumulte était dans la rue.

Nous verrons, d'autre part, au chapitre spécialement consacré à l'histoire des grèves, l'importance extraordinaire que prit en très peu de temps le mouvement révolutionnaire.

La grève des ouvriers boulangers venait de se déclarer. En quelques jours, elle avait pris un développement très inquiétant. Le soir du 22 mai, c'était un dimanche, après avoir tenu un meeting, les grévistes forment une manifestation et parcourent les rues où se trouvent des boulangeries. Ils remarquent que malgré leur absence les patrons préparent la fournée de la nuit. Ils s'attaquent alors aux devantures, brisent les vitrines, démolissent les portes. Aucune mesure de police n'étant prise, les grévistes peuvent *saboter* à leur aise dix établissements : 1° Boulangerie Le Goaër, rue de Traverse ; 2° Boulangerie Le Goaër, rue du Petit-Moulin ; 3° Boulangerie Pérennès, rue Neuve, 27 ; 4° Boulangerie Salaun, rue Neuve, 34 ; 5° Boulangerie Carré, rue du Pont ; 6° Boulangerie maritime, rue de la Rampe ; 7° Boulangerie Rannou, rue de Paris, 38 ; 8° Boulangerie Bergot, rue de Paris, 151 ; 9° Boulangerie Le Roy, rue Frézier, 4 ; 10° Boulangerie Calvez, rue Inkermann.

Voici la lettre que l'un des sinistrés adressait, le lendemain, à la presse locale :

> Monsieur le rédacteur,
>
> Dans le numéro de ce matin, il est dit que le propriétaire de la boulangerie Calvez arrosa les manifestants avec de l'eau chaude.
>
> Permettez-moi de déclarer qu'il n'y avait pas d'eau chaude chez moi au moment de la manifestation. Si les manifestants ont été arrosés, ce ne peut être que par le pétrole de la lampe-suspension, qu'ils ont brisée, après avoir fracturé la devanture et mis en pièces les glaces et les vitres.
>
> Ma femme et ma nièce, qui se trouvaient au fond du magasin, n'eurent que le temps de se sauver, poursuivies par d'énormes cailloux.
>
> Au premier étage, ma femme entr'ouvrit un volet, mais c'était pour essayer de reconnaître quelques-uns des manifestants. Elle n'en eut pas le temps, une grêle de pierres s'abattait sur le volet.
>
> Ceci se passait vers 7 h. 15. Nous n'avons rien jeté, aucune provocation n'est partie de notre part.
>
> J'évalue les dégâts faits dans ma boutique à la somme approximative de 300 francs, et ma fillette de cinq ans fut si effrayée, qu'elle ne fait que trembler depuis.
>
> CALVEZ, boulanger, rue Inkermann.

La danse commençait.

Le vendredi 27 mai, la ville était menacée de famine.

Quatre-vingt mille habitants eussent manqué de pain si, ô ironie des choses ! — M. Camille Pelletan, ministre de la Marine, n'eut donné à l'amiral Mallarmé, préfet maritime, l'ordre de « mettre à la disposition de la municipalité tous les moyens dont l'autorité maritime dispose en hommes, matériel et farine, pour le cas où la fabrication particulière serait insuffisante ».

Autre ironie : les révolutionnaires de l'hôtel de ville réquisitionnaient la troupe pour cogner sur leurs électeurs !

Le lendemain, le vice-amiral Mallarmé, commandant en chef, faisait afficher la proclamation suivante :

Le vice-amiral commandant en chef, gouverneur, commandant d'armes, prévient les troupes de la garnison de Brest qu'il va être obligé de leur demander des efforts exceptionnels, afin de satisfaire à toutes les réquisitions qu'il reçoit, pour assurer la liberté du travail. Il compte donc sur les officiers, sous-officiers et soldats pour qu'ils acceptent ce surcroît de travail et de fatigue avec patience et bonne humeur.

Ce sera grâce à l'armée que le calme finira par rentrer dans les esprits et que la chose la plus sacrée au monde, la liberté qu'a chacun de travailler pour gagner sa vie, pourra être respectée.

MALLARMÉ.

La grève des dockers était venue s'ajouter à celle des boulangers.

Durant toute la nuit précédente, la ville avait été absolument livrée à l'émeute.

Après avoir écouté les excitations du citoyen Bousquet, de la Confédération Générale du Travail, à la salle de Venise, une bande d'individus avait entrepris, vers dix heures du soir, le sac de la maison Chevillotte, 42, rue du Château. M. Chevillotte est l'un des principaux armateurs du port de commerce. La porte avait été complètement démolie à l'aide d'énormes pierres.

M. Chevillotte, le revolver à la main, attendait au haut de son escalier, prêt à faire feu sur les émeutiers, qui avaient cru prudent de ne pas entrer.

La bande s'était ensuite dirigée vers le port de commerce, où elle avait commis de nouveaux dégâts, jetant à la mer une quantité considérable de marchandises. Puis elle continua sa promenade à travers la ville et brisa la devanture des bureaux de M. Bazin, 36, rue de Siam.

Aucune mesure d'ordre n'avait été prise.

La ville était restée livrée à l'anarchie la plus complète. Nous voici en plein épanouissement de la Sociale !

Il était temps de mettre les habitants et les propriétés sous la protection du Sabre.

CHAPITRE IV

Grotesques et odieux

Tout bon socialiste se croit un réformateur.

Le socialisme, le collectivisme et l'anarchie caressent le même idéal, qui est, d'abord, la destruction de la société bourgeoise.

Les conseillers brestois s'empressent d'apporter leur plus dévoué concours à cette commune entreprise : ils se trouvent dans les meilleures conditions pour mener à bien la besogne puisque, fonctionnaires de l'Etat pour la plupart, ils se savent soutenus par les ministres dont ils dépendent, et que chacun d'eux est dévoré de la soif du progrès.

Leur formule à tous est la même : dépouiller le plus possible le capitaliste, ruiner le propriétaire, persécuter le riche, mettre à mal tout ce qui, à un degré quelconque, appartient aux classes dirigeantes.

En d'autres villes livrées aux socialistes, on voit la haine révolutionnaire s'exercer presque uniquement sur le « bourgeois ». A Brest, deux ennemis apparaissent aux yeux des collectivistes chambardeurs : le bourgeois et le *galonné,* contre lesquels il importe de diriger les coups incessants et multipliés, le premier parce qu'il est un vil jouisseur, le second parce qu'il est le défenseur du premier.

Nous voyons fréquemment le conseil municipal s'attaquer aux deux à la fois. L'heure a enfin sonné des revanches prolétariennes.

Mais avant de raconter les choses tristes il convient de consacrer quelques notes préliminaires aux choses gaies. Il existe différents moyens de taquiner le bourgeois.

L'un des nouveaux élus de Brest, le citoyen Le Tréhuidic, se distingua tout d'abord dans l'art de molester les « ennemis du peuple ».

En quelques jours, l'adjoint Le Tréhuidic devint célèbre par tout l'univers, et voici pourquoi :

Laissant à ses collègues le soin de traiter les questions sérieuses, cet ouvrier menuisier transformé en édile s'attacha surtout à provoquer le rire.

Le 20 juillet 1904, comme l'assemblée communale discutait les taxes d'octroi, et frappait notamment d'un droit de 30 centimes « les tuyaux de cheminée », *parce qu'ils servent à chauffer les riches*, la discussion hilarante que voici s'engage entre les conseillers :

M. Thoury. — Et l'article 60 ? Les savons parfumés et les eaux d'odeur ? Ce n'est pas nous qui nous en servons.

M. Le Tréhuidic. — Est-ce que les glaces sont taxées ?

M. Thoury. — Elles sont taxées au maximum.

M. Le Tréhuidic. — N'y a-t-il pas moyen de les surtaxer par une loi spéciale ? Car il y a les grandes dames qui aiment bien se voir du haut en bas.

M. Hascoët. — Quel est le maximum pour les savons parfumés ?

M. Le Bras. — Vingt-quatre francs par 100 kilos. Le tarif actuel est de cinq francs.

M. Vibert. — Je crois qu'en demandant 24 francs vous allez faire tort à beaucoup de petits perruquiers.

M. Fouquet. — Il y a beaucoup de petits forains qui en vendent.

M. Goude. — Ce n'est pas l'intermédiaire que nous visons, mais le consommateur.

M. Le Tréhuidic. — Je suis de l'avis du camarade Goude. Au moins on sera peut-être moins incommodé rue de Siam.

Il n'est pas rare que je rentre à la maison avec une migraine, tellement les grandes dames laissent une traînée odorante sur leur passage.

Le droit de 24 francs remplaça celui de cinq francs.

L'adjoint Le Tréhuidic, du coup, montrait sa valeur. Et, grâce à lui, le savon fut surtaxé de 19 fr. par cent kilos.

L'odeur de savon incommodait ce farouche révolutionnaire ; il tentait, logicien implacable, d'en proscrire l'usage. Si les glaces dans lesquelles les « grandes dames aiment bien se voir du haut en bas » échappèrent à la surtaxe, c'est qu'elles supportaient déjà le maximum !

A quelque temps de là, l'illustre adjoint découvrait les fumeries d'opium, « repaires d'officiers de marine et de femmes gaies ».

Toute la presse française et de nombreux journaux étrangers consacrèrent des articles au citoyen Le Tréhuidic. Ses mâles vertus inspirèrent des poètes :

> En ces longs jours de canicule,
> Où l'on fond du matin au soir,
> La venelle, où le pavé brûle,
> Fleure... le manque d'arroser.
> Un relent d'ail, de beurre rance,
> D'eau de lessive ou de Javel,
> Se propage de Recouvrance
> Au noble quartier Kéravel...
> Pourtant une odorante traînée,

Au carrefour Ducouédic,
Ose frôler Le Tréhuidic...
Le Tréhuidic a la migraine.

Sentir la violette de Parme,
Mesdames, ce n'est plus permis ;
Comme je comprends votre alarme !
Citoyens ! sus aux ennemis !
Le vrai savon du prolétaire
Ne doit plus rien sentir du tout,
Sinon, d'un droit supplémentaire
Il subira le rude atout !
Brestois, le vent qui vous entraîne
Est chargé d'effluves subtils...
Les *compagnons* s'en doutent-ils ?
Le Tréhuidic a la migraine !

La pure odeur démocratique
Offusque le nez des bourgeois :
Qu'on les pende une bonne fois
Pour assainir la République !
Dans la vertueuse cité,
Où fleurissent grève et chômage,
Il n'est guère que le fromage
Qu'on puisse humer en liberté.
L'esclave a su briser sa chaîne,
Et l'hôtel de ville est à lui !...
Mais l'ivresse d'un jour a fui...
Le Tréhuidic a la migraine !

ENVOI

Prince-adjoint de l'état civil,
Demeurez sans fiel et sans haine.
Sortez de cet état si vil,
Et guérissez votre migraine !

Les poètes s'escrimaient à l'envi sur le dos de Le Tréhuidic. M. Yann Robert, dans le *Grand Guignol Brestois*, lui asséna quelques vers du genre leste, montrant le féroce adversaire des parfums et des grandes dames en posture ridicule chez une demi-mondaine. Notre homme fit ensuite les frais d'une revue de fin d'année : *Quel temps ! Il pleut !* qui obtint un énorme succès.

Empressons-nous de dire que le brave adjoint au maire ne se laissait pas émouvoir. Il continua, et continue encore de guerroyer contre les bourgeois et contre les bourgeoises !

Mais il se hâta de se mettre à l'abri du vent. Dès que la Bourse du Travail fut créée, il se fit nommer concierge de cet établissement.

Tout en voulant assurer le bien-être des travailleurs, l'ineffable Le Tréhuidic pratiqua savamment la charité bien ordonnée...

Comme le bourgeois, le *galonné* excitait la verve de nos conseillers collectivistes. Au cours d'une délibération en date du 30 septembre 1904, un collègue de M. Le Tréhuidic, le citoyen Goude, adjoint au maire et commis de l'arsenal, parlait dans les termes suivants de son chef hiérarchique, le vice-amiral Mallarmé, préfet maritime, lequel s'était permis un rappel aux règlements administratifs :

Les règlements sur lesquels M. le préfet maritime s'est basé, disait à haute et intelligible voix, le commis d'arsenal, ne sont plus que des traditions, et ces traditions, qui jadis ont mené le monde, sont tombées une à une, vermoulues par le temps, épuisées par l'usage ; les institutions se modifient par la seule force des choses ; elles continuent, il est vrai, à porter le nom consacré, mais elles se modifient si bien dans leur essence même, que l'on y croit encore, lorsque, déjà, elles ne sont plus.

Je voudrais insister sur cette intervention de l'autorité maritime, qui s'occupe beaucoup trop de nos affaires.

Dernièrement, le préfet maritime a écrit une lettre au maire pour rappeler les conseillers municipaux à des termes polis.

En dehors de cette enceinte, il a lancé un ordre du jour qui essaie de nous viser.

Le préfet maritime, en agissant ainsi, est dans son rôle. Il prouve que la bourgeoisie, chamarrée ou non, s'allie à la presse ractionnaire. car elle est effrayée des progrès de la démocratie, et elle essaie d'entraver par tous les moyens les efforts des conseillers fils d'ouvriers.

La lettre dont je parlais tout à l'heure ne nous atteint pas.

L'ordre du jour sent par trop l'inquisition.

Dans cette affaire, nous n'avons pas à nous occuper de ce que nous a dit le préfet maritime.

Je voudrais que le vote que vous allez émettre ait une signification de blâme à cette autorité qui s'immisce dans les affaires de la ville, dans des affaires qui ne la regardent pas.

M. Aubert. — Quelqu'un a-t-il des observations à présenter sur l'ensemble du rapport et sur la proposition de M. Goude ?

Aucun des conseillers ne demande la parole.

M. Aubert. — Je mets aux voix le rapport et la proposition Goude. (Adopté à l'unanimité.)

Ainsi donc, voilà un simple commis d'arsenal, un subordonné qui fait infliger au préfet maritime un blâme public !... On verra par la suite que, grâce à l'incroyable faiblesse des ministres, le commis eut finalement raison de l'amiral, — et c'est bien là le comble du grotesque, n'est-ce pas ?

Mais nos socialistes révolutionnaires n'en veulent pas seulement au préfet maritime. L'adjoint Goude s'en prend aussi aux représentants civils du gouvernement.

A peine élus, les conseillers collectivistes avaient trouvé en la personne de M. Tourel, sous-préfet de Brest, un adversaire résolu — une sorte de dompteur énergique qui les menait à coups de cravache.

Le citoyen Goude, toujours impertinent, saisit l'occasion que lui fournissait, au mois de février 1905, la discussion du cahier des charges du théâtre pour mettre le sous-préfet Tourel en pénitence. Fort de la tolérance inouïe des ministres, ce singulier fonctionnaire entreprit une campagne de taquineries plutôt comiques — comiques au début du moins car, à la fin, M. Tourel succomba sous ses coups, tout comme son chef direct, M. Collignon, préfet du Finistère, et la plaisanterie devint alors plutôt amère.

Un soir, donc, Goude s'imagina de priver le sous-préfet de Brest du fauteuil dont le représentant du gouvernement de la République jouissait gratuitement de temps immémorial ; il poussa le ridicule jusqu'à poser la question devant le conseil municipal, qui ne demandait pas mieux que de le suivre dans cette voie. Ce débat fut, d'ailleurs, d'une incohérence hilarante. Qu'on en juge :

M. Goude. — Je demande le scrutin public pour la suppression de la stalle du sous-préfet... *(Mouvement dans la salle. Plusieurs conseillers protestent. D'autres applaudissent).*

M. Mornu (commis de l'arsenal), — Bravo !...

M. Gourivaud (inspecteur des Enfants assistés). — Je proteste. C'est indigne de parler comme on vient de le faire !

M. Mornu. — C'est vous qui êtes indigne.

M. Goude. — M. Tourel a fait réquisitionner les troupes.

M. Litalien. — Je proteste contre cette façon de discuter.

M. Gourivaud. — Je maintiens mes paroles.

M. Mornu. — Nous avons le droit de dire ce que nous voulons, autant que vous, quoique nous ne soyons pas des intellectuels.

M. Masson. — C'est indigne !

M. Mornu. — Il ne devrait pas être permis à quelqu'un de parler comme l'a fait M. Gourivaud.

M. Havel. — Vous n'avez pas le droit, monsieur Mornu, de méconnaître l'autorité du président en essayant de faire la police de la salle.

M. Goude. — Quelqu'un a dit que je venais de commettre une indignité.

M. Gourivaud. — Oui, je l'ai dit et je le maintiens.

MM. Gourivaud et Mornu sont debout, se défiant.

M. Havel. — Il ne s'agit pas de voter pour ou contre le sous-préfet Tourel. Il s'agit de voter pour ou contre le gouvernement.

Il s'agit de savoir si le conseil municipal de Brest va refuser d'accorder une loge ou un fauteuil au représentant de la République.

M. Litalien. — On n'a pas le droit de greffer une question politique sur une question artistique.

M. Goude. — Je demande aux camarades de refuser cette place à M. Tourel.

M. Havel. — Si on la lui accorde, on la lui accordera de si mauvaise grâce qu'il la refusera.

M. Goude. — Je l'espère bien !

M. Mornu. — J'en reviens à ma proposition de dire que le directeur accordera une place au sous-préfet si la municipalité le lui demande.

M. Litalien. — C'est absolument inouï, cette façon de vouloir distribuer des bons ou des mauvais points.

M. Aubert. — La question est ainsi posée : « Si on doit maintenir le fauteuil du sous-préfet. »

M. Mornu. — On pourrait ajouter : « Si la municipalité le juge à propos. »

M. Gourivaud (apostrophant M. Mornu). — Vous vous trompez !

M. Mornu. — Je sais bien ce que je dis.

M. Goude. — Il s'agit de Tourel et pas du sous-préfet.

M. Litalien. — Nous ne devons pas laisser introduire ici la personnalité de M. Tourel.

M. Goude. — S'il ne s'agit que de l'employé !

M. Litalien. — Il s'agit du représentant du gouvernement.

M. Goude. — Tout à l'heure, un des conseillers municipaux a dit que la place était offerte avec tant de mauvaise grâce qu'il ne l'accepterait pas.

Comme j'espère qu'il ne l'acceptera pas et que je ne veux pas supprimer la place pour le prochain sous-préfet, je retire ma proposition.

M. Litalien. — Que de temps perdu !

La concorde n'est plus parfaite, on vient de le voir.

Sans l'intervention du docteur Gourivaud, M. Tourel perdait son fauteuil au théâtre.

Le citoyen Goude se rattrapa, plus tard, en lui faisant perdre sa place dans l'administration.

La brouille faillit devenir générale lorsque, au mois de juillet suivant, le conseil fut invité à voter des fonds pour la réception de l'escadre anglaise de l'amiral May, qui venait sceller, en rade de Brest, l'Entente Cordiale. La plupart des édiles voulurent refuser toute subvention. Le jour où s'engagea le débat, les plus fortes têtes s'abstinrent d'assister à la séance. Le crédit fut cependant voté.

Le conseiller Le Ray, absent, avait écrit la lettre suivante au maire :

« Monsieur le maire,

« Ne pouvant, ce soir, assister à la réunion du conseil, étant cependant toujours assidu à nos réunions, je manque ce soir, appelé à un travail assez important, mais je vous déclare devant tout le public qui vous écoute que je suis internationaliste, ce qui veut dire que je recevrai les Anglais comme s'ils étaient des Français et que même j'aurai plus de respect pour eux comme inconnus, car les Anglais sont aussi pour moi des Français.

« Vive la fraternité ! et que tous les peuples soient frères !

« Je vous demande, monsieur le maire, à ce que mes déclarations soient jointes au procès-verbal de la séance.

A. LE RAY, *conseiller municipal.*

Le style, c'est l'homme même...

On pourrait croire que le gouvernement dont M. Combes était alors le chef se fût ému de voir la ville de Brest aux mains de pareils édiles. Or, au mois de juillet 1904, comme le maire et ses adjoints étaient allés à Paris, M. Combes les reçut comme il aurait reçu ses meilleurs amis. Le citoyen député Isnard, qui n'avait pas la rancune tenace, constatait la cordialité de la réception ministérielle dans la lettre publique que voici :

« M. le président du conseil a très aimablement reçu la délégation, écrivait le député, son premier mot a été celui-ci : « — Mais, que se passe-t-il donc à Brest, monsieur le « maire ? Veuillez me donner quelques explications. »

« Vous avez donné les explications demandées et, ensuite, ces messieurs et vous avez exposé vos *desiderata*.

« M. Combes a écouté avec bienveillance, en prenant des notes, et la conversation est devenue générale, sans perdre le ton de la cordialité.

« A aucun moment, M. Combes n'est sorti de son cabinet.

« A aucun moment, il n'a été question du préfet et du sous-préfet. Il n'y a pas été fait même la plus discrète allusion.

« Je n'ai fait de reproches à personne.

« L'entretien fini, M. le président du conseil vous a fait la conduite jusqu'à la porte de son cabinet et a serré la main à tout le monde.

« Voilà l'exacte vérité.

« Signé : A. ISNARD. »

M. Combes changea d'avis plus tard — trop tard.

Les voyages à Paris étaient particulièrement prisés. Les municipaux voulurent voyager coûte que coûte — et cela coûtait surtout à la bourse des contribuables. En février 1905, ils veulent partir quand même ; ils tiennent à voir M. Rouvier, qui a remplacé l'excellent M. Combes à la présidence du conseil — mais le préfet du Finistère annulait leur délibération en des termes qui montrent combien les rapports étaient tendus entre la municipalité et l'administration. Qu'on en juge :

Considérant qu'en blâmant les administrations le conseil municipal de Brest est sorti de ses attributions ; qu'il apparaît, au surplus, que l'assemblée municipale a obéi sur-

*tout à la préoccupation de justifier des dépenses dont l'uti-
lité ne paraissait pas démontrée aux contribuables et de dé-
placer les responsabilités en attribuant à l'autorité supérieure une mauvaise volonté imaginaire,*

Arrête :

*Article premier. — Est annulée la délibération du conseil
municipal en date du 13 février 1905, en tant qu'elle contient
un blâme aux différentes administrations sous la forme suivante :*

*« Toutes les fois que la ville adresse des demandes aux
différentes administrations ou aux différents ministres, ces
demandes sont rigoureusement écartées et mises dans les
fameux cartons verts, d'où elles ne sortent jamais. Pour
qu'un projet quelconque puisse aboutir, il faut que les
membres de la municipalité se déplacent, aillent trouver les
ministres eux-mêmes et fassent secouer l'inertie et le mauvais vouloir des bureaux des ministères. Nous en avons la
preuve dans la mauvaise volonté apportée par la marine au
projet de construction de l'école supérieure et de percée du
quartier Kéravel.*

*« Les contribuables qui se plaindront de la nécessité où
nous sommes, pour le bien de la ville, d'envoyer des délégations, sauront à qui s'en prendre. »*

*Art. 2. — M. le maire de Brest est chargé de notifier le
présent arrêté au conseil municipal et de faire insérer un
compte-rendu de la séance et transcrire sur le registre des
délibérations du conseil.*

Quimper, le 1er avril 1905.

Le préfet, signé : Collignon.

Pour une fois, la première, l'administration prenait la défense des intérêts des contribuables. Le
conseil socialiste, qui recevait un pareil camouflet,
l'empocha sans protestation — ce qui prouve combien il était mérité !

Nos collectivistes ne s'en prennent pas seulement
aux préfets, aux ministres ; ils ont — nous l'avons
dit, mais nous ne saurions trop le répéter — une
sainte horreur du personnage qui porte sur la man-

che de sa redingote le moindre galon d'or ou d'argent, à son képi quelque plumet vainqueur. La revue *Pages Libres*, que l'on ne saurait taxer de réaction, appréciait sévèrement, mais justement, dans son numéro du 13 août 1904, certaine délibération grotesque du 22 juin précédent, — délibération qu'il nous est impossible de passer sous silence, car ce fut certainement l'une des plus topiques.

Il s'agissait, ce soir-là, d'examiner des demandes de bourse pour l'école navale. Le conseil avait à donner un simple avis. Or, parmi les pétitionnaires se trouvait M. Camille Ardouin, agent comptable de la marine, chef direct, à l'arsenal, du commis Goude, adjoint au maire. Voici en quels termes et avec quelle fine courtoisie le citoyen Goude apprécie la demande de M. Camille Ardouin :

M. Goude. — L'enfant pour lequel M. Ardouin sollicite une bourse est le plus jeune : l'on peut en conclure que les deux autres peuvent gagner leur vie, à moins qu'elles ne soient affligées d'une paresse chronique. (Il s'agissait de plusieurs jeunes filles.)

Il ne reste donc qu'un enfant de dix-huit ans à sa charge et il a l'impudence de demander une bourse avec trousseau !

Et vous voudriez donner un avis favorable ?

Songez que le nombre des bourses est limité et que notre pouvoir s'arrête à l'avis que vous allez donner.

Nous devons nous méfier des duperies des agents de la réaction, nommés par la réaction et qui n'attendent qu'à prendre leur revanche jusqu'au moment où un quelconque Méline s'apprête à mâter le peuple.

Il faut donner une leçon à la classe orgueilleuse, qui ne craint pas de prostituer son amour-propre.

Vous ne vous rendrez pas complices de ces gens.

Rabattez la superbe des chamarrés.

Rappelez-leur que la mendicité est interdite à Brest.

Inutile d'ajouter que la demande de M. Ardouin fut l'objet d'un avis très défavorable.

Fut rejetée également la demande du contre-amiral Juhel, alors major général, qui sollicitait une bourse pour son fils, et voici un échantillon des fleurs qui furent offertes à l'amiral à cette occasion :

Un conseiller. — L'amiral est un mendiant !

M. Masson. — Je demande un avis très défavorable.

M. Leray. — Vouloir sucer les revenus qui appartiennent aux pauvres, c'est honteux !

M. Havel. — J'ai remarqué que le formulaire que l'on remet aux familles ne leur demande pas dans quel établissement sont placés leurs enfants.

Par exemple, pour tous les candidats, sauf les deux derniers, je sais qu'ils ont été élèves du lycée de Brest. Mais pour les deux autres, je n'ai aucune information. C'est probablement dans un établissement congréganiste, où la pension se paie très cher.

Quand on a le moyen de payer très cher dans un établissement congréganiste, on ne sollicite pas de bourse.

Un conseiller. — Suceur de sang !

M. Havel. — Je demande que l'avis soit excessivement défavorable.

Le citoyen Havel, professeur agrégé de l'Université, eut gain de cause. Le rédacteur des *Pages Libres* appréciait cette séance dans les lignes suivantes :

...Les conseillers firent preuve d'ailleurs de la même ignorance, relativement à la situation pécuniaire de la petite bourgeoisie, dans une séance mémorable consacrée à la discussion des demandes de bourses aux grandes écoles. Ces demandes sont adressées au ministre mais le conseil doit émettre à leur sujet un avis favorable ou défavorable, pour lequel il tient compte surtout de la situation de fortune des postulants. Un fonctionnaire, d'un traitement de 4,000 fr., et qui sollicitait une bourse de 1,000 francs (la misère en habit noir !) ; un autre, qui avait déposé un cautionnement pour obtenir son emploi, furent traités de « capitalistes ». Ils n'obtinrent un avis favorable que sur l'intervention énergique de Litalien, qui fit remarquer, entre autres, qu'un cautionnement pouvait être emprunté et n'était pas nécessairement un signe de richesse. Mais la discussion devint épique pour le cas de M. Ardouin, commissaire de la marine, père de plusieurs jeunes filles, et dont le fils, le plus jeune de ses enfants, sollicitait une bourse à l'Ecole Navale. L'adjoint Goude, qui est commis au port sous la direction de M. Ardouin lui-même, se livra à une diatribe passionnée contre son chef. Il traita son supérieur de « mendigot chamarré », de titulaire d'une « riche sinécure », accusa les jeunes filles de « paresse chronique » etc., pendant que le conseil ponctuait la lecture du rapport d'épithètes énergiques : « suceur de sang », « être sans pudeur », etc.

M. Ardouin réclama la comparution de son employé devant un conseil d'enquête, mais n'obtint jamais cette satisfaction, pourtant bien platonique.

En proie à l'ivresse complète du triomphe, les collectivistes croient décidément que « c'est arrivé ». Les séances du conseil municipal ne leur suffisent plus pour éreinter le pauvre bourgeois, lequel n'en peut mais. L'adjoint Vibert veut enrôler les femmes, les faire entrer dans le giron syndicaliste. Le 15 juin 1904, cet édile infatigable préside un meeting de femmes et harangue en ces termes une centaine d'ouvrières et de bonnes d'enfants accourues à son appel :

« Nous sentions que parmi les femmes il y avait un sentiment de révolte contre l'exploitation honteuse qui se fait sur vous, s'écrie Vibert.

« Quels sont les moyens que vous avez pour vous défendre ?

« A la fille de l'ouvrier, bien souvent on donne, en sortant d'apprentissage, un maigre salaire ne pouvant pas lui payer les vêtements nécessaires.

« Il arrive qu'elle est guettée par le bourgeois, dont les poches sont pleines de louis, et elle est obligée de se livrer à la prostitution.

« Voilà ce que nous ne voulons pas ; voilà pourquoi nous voudrions organiser les femmes dans les syndicats, comme les hommes.

« Comme me le disait tout à l'heure, une personne parlant des bonnes :

« — Il n'y a pas d'heure pour prendre le travail, pas d'heure pour le quitter. »

« Puis, souvent le bourgeois lui demande certaines faveurs, et si elle les refuse elle est chassée *(sic)*.

Les bourgeois ont tous les vices ; l'aimable adjoint ne le leur envoie pas dire.

Tout ceci se passait au début de l'exploitation révolutionnaire — nous disons : exploitation à dessein, car c'est en exploitant la bêtise humaine, la naïveté des illettrés, des ignorants, la misère, réelle d'ailleurs, des prolétaires, que ces politiciens renforcent leur popularité et la transforment peu à peu en une sorte de capital dont les rentes sont constituées par les avantages du pouvoir.

Au surplus, ils n'ont jamais le sentiment du grotesque dans lequel ils se complaisent. Les rappels à la décence que leur inflige la presse indépendante les surexcitent, les irritent, mais ne les corrigent pas. L'adjoint Vibert, furieux des critiques dont son éloquence barbare est l'objet, interdit l'entrée des réunions publiques aux journalistes.

Le mardi 21 juin 1904, M. Petitcolas, secrétaire de la rédaction de la *Dépêche de Brest*, se voit brutalement refuser l'accès d'une réunion d'ouvrières organisée à la salle de Venise par l'adjoint Vibert. Le lendemain, notre confrère raconte au public cet attentat contre la liberté de la presse :

Je me présentai à 8 h. 10 à l'entrée de la salle de Venise.

Au bas de l'escalier, je fus arrêté par sept ou huit individus, qui me barrèrent la porte en me criant :

— On ne passe pas !

— Pardon, citoyens, répliquai-je, de quel mandat êtes-vous investis pour me parler ainsi ?

— C'est une réunion de femmes, les hommes n'entrent pas !

Pensant que mes interpellateurs pouvaient ne pas me connaître, je me gardai de prendre l'incident au tragique et je déclarai :

— J'ai la prétention de ne pas être une femme, mais je ne viens pas ici en curieux. Je suis journaliste, je viens en ma qualité de représentant de la presse, et, comme tel, j'ai le droit d'être admis.

Un des sept ou huit individus du groupe s'exclama :

— Oui, oui, on vous connaît mais vous ne passerez pas.

Après cette réponse, les choses changèrent de face ; il s'agissait bien d'un commencement d'attentat contre la presse.

J'eus la conscience du rôle que je remplissais ; je devenais le champion de la liberté contre la tyrannie.

Je ne voulus rien brusquer ; tenant à ce que le crime fut commis en toute connaissance de cause, et je dis :

— Puisque vous me connaissez, il faut que je sache qui j'ai en face de moi, car la décision que vous prenez a une extrême gravité.

— C'est nous qui sommes les organisateurs de la réunion, aucun homme n'entrera.

— Mais alors, dis-je, vous êtes des hommes, je pense ; qu'est-ce que vous faites là ? Pourquoi n'y a-t-il pas de citoyennes à votre place ?

Lesdits citoyens restèrent tout interloqués, mais bientôt deux ou trois s'écrièrent :

— Ç'a été discuté en réunion de la Bourse du travail. La presse ne sera pas admise.

— Ainsi, c'est bien entendu, vous excluez la presse au nom de la Bourse du travail ?

— Oui, oui. Vous n'entrerez pas. Nous n'avons pas besoin de la presse.

Ne voulant pas me colleter avec lesdits individus, je sortis.

Le crime était consommé, la liberté de la presse venait d'être étranglée.

Les hâbleurs révolutionnaires pensaient ainsi intimider la presse — mais ils n'eurent jamais avec elle le dernier mot, et le jour où ils seront par terre, c'est à la presse indépendante qu'ils devront leur désastre.

Nous ne voulons pas terminer cette étude du « grotesque » sans citer quelques exploits encore tout récents des chambardeurs municipaux.

Le 25 novembre 1906, le conseil discute les subventions diverses habituellement accordées aux sociétés locales. Parmi ces sociétés, il en est une, la *Brestoise*, qui a pour but d'enseigner la gymnastique aux jeunes gens. Or, voici un extrait du rapport rédigé par le citoyen-conseiller Masson, employé des télégraphes :

Ces sociétés militaires patriotardes, toujours imbues de l'idée d'une revanche certaine, sont de véritables écoles de militarisme et de nationalisme ; elles développent chez leurs adhérents un sentiment de haine contre les nations voisines et créent par leurs exagérations de fâcheuses animosités dans ces pays contre la France.

Dans l'intérêt du progrès social comme dans celui de la paix, votre commission croit qu'il est utile de ne pas favoriser leur développement.

Du coup, la subvention est rognée.

Dans la même séance, le conseil supprima la subvention du concours hippique, sous le prétexte que cette fête du cheval avait surtout pour but « de permettre aux bourgeoises d'exhiber des toilettes parisiennes *(sic)* et aux galonnés de parader sur des coursiers ».

Dans la même séance encore, les collectivistes haineux enlevèrent à la garnison la jouissance d'un local qui lui était, de mémoire d'homme, concédé gratuitement pour le cercle militaire.

Ces deux délibérations exaspérèrent la population.

La suppression du concours hippique, c'était tout simplement une source importante de bénéfices enlevée au commerce brestois. La ville de Brest, qui manque à peu près totalement de distractions, offrait, une fois l'an, à ses habitants et aux visiteurs étrangers, une semaine de fêtes, durant laquelle le commerce voyait s'accroître le chiffre de ses affaires. Les socios de l'hôtel de ville ont la haine profonde du commerçant qui, lui aussi, est un capitaliste et un épargnant. Et cette haine se traduisait par la mesure révoltante qui consistait à arracher au commerce tout espoir de rattraper l'argent perdu depuis que la ville de Brest est aux mains de la Sociale. Les commerçants ont dû comprendre la nécessité d'une action énergique et rapide pour défendre, non plus des idées, des opinions, mais leur bourse, mais leur caisse, contre d'aussi dangereux démolisseurs !

L'énorme incapacité des municipaux brestois éclate plus violemment encore dans la mesure prise contre le cercle militaire. Pourquoi MM. les officiers étaient-ils, à leur tour, honorés de la haine furibonde de nos socios ? Nul n'a souvenance que les officiers de la garnison de Brest aient jamais manqué de respect aux gens, pourtant si peu respectables, qui se sont emparés de la municipalité brestoise par un coup de surprise.

Fréquemment, nous avons vu le maire, citoyen Aubert, étaler sa large barbe dans la loge officielle, au théâtre, à côté des galonnés les plus marquants. Et, chaque fois que le vice-amiral préfet maritime offre un bon dîner, le vieux satrape de la mairie ne manque point d'y faire résolûment sa partie ; les vins du préfet n'ont pas de plus empressé dégustateur, et les mets exquis, comme les cigares, que l'on sert chez le grand chef des galonnés, n'ont pas d'appréciateur plus décidé que l'intègre et sobre horloger-maire !

Alors, et si ces relations entre la garnison et la municipalité sont cordiales, pourquoi chasser les officiers du cercle militaire ?

Pourquoi ? Tout simplement pour faire une petite niche aux militaires.

Des niches ? Mais ils en firent à tout le monde — voire aux plus ardents propagateurs de l'idée laïque et républicaine.

L'instituteur Le Gall, conseiller municipal, apprécie en termes vraiment stupéfiants l'effort des « politiciens ». Chargé de rédiger un rapport sur les cantines scolaires, il dépose à la séance du jeudi 4 juillet 1907 un document digne de passer à la postérité pour l'édification des gens qui croient devoir se consacrer aux œuvres démocratiques.

Lisez ceci :

De tout temps, l'instituteur a été le valet des politiciens en mal de décorations et de succès électoraux. Il y a une vingtaine d'années, c'étaient les bataillons scolaires. Un obscur et vague délégué cantonal affligé de plusieurs milliers de francs de rentes dépensait quatre ou cinq cents francs pour offrir à l'école laïque des fusils de bois, quelques clairons et tambours, et le bataillon scolaire était formé. Tous les jours, c'étaient des roulements et des marches, contre-marches, accompagnés de clairons. Les jeudis, promenades à la campagne : les dimanches, défilés et exercices sur la place publique. On allait même au chef-lieu de canton saluer M. l'inspecteur primaire venu pour l'examen du C. E. Et le délégué cantonal, heureux et fier, recevait les félicitations de l'administration, et quelque temps après il avait les palmes académiques, pendant que le pauvre Jean Coste commandait pendant plusieurs années un bataillon, sans jamais rien recevoir, pas même la médaille militaire. Puis sont venus les travaux manuels, les musées scolaires, les promenades scolaires, les patronages scolaires, les cours d'adultes, les tirs scolaires, les fêtes scolaires, les cantines scolaires. Toutes ces choses sont utiles, très utiles même, leurs bienfaits au point de vue matériel, moral et social sont inappréciables, mais elles n'ont qu'un tort, c'est de faire des décorés et des bêtes de somme. Avec les bataillons scolaires, les patronages, les cours d'adultes, on obligeait le maître d'école à consacrer ses loisirs à l'éducation, à l'amusement, à l'instruction de ses semblables ; avec les cantines scolaires, on vient lui dire : « Tu mangeras quand tes élèves auront le ventre plein. » Le commis-voyageur s'assurera que son cheval a eu son avoine avant de se restaurer lui-même. Le cheval doit travailler l'après-midi. Le maître aussi. Mais avant de se mettre à la tâche, ce dernier devra faire manger ceux qui n'auront qu'à digérer et à écouter ses leçons. Tous ces bourgeois ventrus, délégués cantonaux, conseillers municipaux, grands pachas dans leurs villages, croient de bonne foi que l'instituteur est l'homme à tout faire et que toutes les œuvres scolaires, extra-scolaires, post-scolaires, périscolaires, doivent faire son bonheur.

Débarrassés du joug de la calotte, ils n'ont pas idée, eux, anticléricaux enragés, que le maître d'école compare le temps présent avec celui où, souvent, pendant la classe, il pouvait aller dans la sacristie tailler une bavette avec une bigote, en humant une bonne prise. Ce n'est pas qu'il regrette ce temps passé, mais il songe que de tout temps il y eut une classe d'individus pour opprimer l'autre et il devient socialiste et il veut sa part de bonheur. Il se syndiquera et saura conquérir l'indépendance politique et les garanties contre l'arbitraire. Tous ces demi-bourgeois cossus, fats et présomptueux, familiers des corridors de préfectures, pourront se pendre aux sonnettes des hommes politiques. Ils n'arriveront jamais à ébranler le « bloc prolétarien ».

Nous avons vu, dans ce chapitre, les collectivistes municipaux s'attaquer un peu à tout et à tous : l'adjoint Le Tréhuidic déclarer la guerre aux parfums, aux savons, aux glaces ; l'adjoint Goude injurier les amiraux et ses chefs directs de l'arsenal, puis s'en prendre au fauteuil de théâtre du sous-préfet Tourel ; nous avons entendu l'adjoint Vibert exciter les servantes et les bonnes d'enfants contre leurs maîtres et tenter de museler la presse ; nous avons entendu le conseiller Masson fulminer contre les sociétés de **gymnastique,** et tous ses collègues, dans un beau mouvement, supprimer le concours hippique et le cercle militaire. Enfin, le réquisitoire de l'instituteur Le Gall nous a montré un état d'âme primaire tout à fait curieux...

Il manquait quelque chose à tant de grotesque et à tant d'odieux. Pour combler la mesure, le conseil invraisemblable dont nous commençons à connaître les mœurs offrait à ses administrés, en guise d'étrennes, le 1er janvier 1907, un arrêté macabre interdisant toute exhibition d'emblèmes religieux aux enterrements. Ce jour-là même, des incidents vraiment révoltants se produisirent. Citons celui-ci dont fut témoin une foule considérable aux obsèques d'un jeune homme enlevé dans la fleur de l'âge à une famille très estimée.

La scène se passe au port de commerce : comme le cercueil va être embarqué sur un vapeur, pour être transporté de l'autre côté de la rade au lieu d'inhumation, le prêtre s'avance afin de donner la bénédiction dernière. Un agent de police apparaît alors et, devant les parents, rappelle au prêtre qu'il ne peut officier ainsi sans se mettre en contravention avec l'arrêté municipal.

Des murmures se font entendre, malgré le caractère spécial de la cérémonie. Fort heureusement, un assistant trouve le moyen le plus simple de terminer cette scène poignante : il fait descendre le cercueil à bord du vapeur, et le prêtre, n'étant plus désormais sur la terre brestoise, peut accomplir sa mission...

Le Conseil d'Etat statuant au Contentieux décida, en juillet 1907, que l'arrêté du maire était illégal.

Grotesques et odieux, mais plus odieux encore

que grotesques, les conseillers municipaux socialistes-collectivistes et révolutionnaires se montrèrent dès le début de leur administration, et tels ils demeurèrent jusques au dernier jour...

Mais ils ne furent pas seulement cela. Dans les pages prochaines, nous allons les montrer sous leur aspect dangereux et malfaisant.

CHAPITRE V

La Bourse du Travail. — Une ville en état de grève

Nous savons maintenant que le conseil municipal socialiste-collectiviste de Brest se considéra créé et mis au monde pour détruire toutes les institutions locales les plus respectables, les plus utiles.

Après avoir démoli, il fallait reconstruire quelque chose. Le premier soin de nos édiles fut, conformément à leur programme, de jeter les bases d'une Bourse du Travail municipale ; ils estimaient que ce devait être là leur œuvre de début, le premier gage à donner au prolétariat.

Cet établissement fut donc créé.

Il fut créé officiellement, car il existait déjà à titre d'entreprise privée, — les précédentes municipalités s'étant constamment refusées, et pour cause, à subventionner l'officine où s'élaborent les plans de la guerre de classes et les complots criminels de l'action directe.

C'est à la séance du 4 juillet 1904 que le conseiller Hirlam, ouvrier de l'arsenal (naturellement) déposa le rapport relatif à cette création inutile, coûteuse, dangereuse, immorale.

Dès les premières lignes de ce rapport, on retrouve

la phraséologie haineuse coutumière aux collectivistes :

L'ancienne municipalité, disait donc le citoyen Hirlam,
avait toujours opposé un refus formel aux démarches des
différentes organisations ouvrières de cette ville pour créer
à Brest une Bourse de travail.

Nous connaissons les raisons de ce refus.

Un prolétariat instruit et conscient de ses droits comme
de ses devoirs constitue un danger pour une bourgeoisie
qui ne demande qu'à l'exploiter et à se créer tout le bien-
être à ses dépens.

La Bourse du travail groupe les travailleurs. Elle fait
naître entre eux des rapports indépendants et durables,
une communauté de vues sur les questions d'intérêt général
et de propagande commune.

Elle établit entre les syndicats des relations suivies. Elle
entretient la solidarité entre les diverses corporations.

Elle est l'école de l'économie sociale. Elle apprend à l'ouvrier que l'avenir matériel et moral de chacun dépend de
l'entente commune de tous.

L'ancienne municipalité bourgeoise en avait compris toute
l'importance pour l'ouvrier, en même temps que le danger
qui résultait pour elle-même de sa fondation.

Les bourgeois ne sont pas seulement des « suceurs
de sang » comme cet amiral qui postulait un trousseau pour son fils, le citoyen Hirlam va nous dire de
quoi ils se repaissent :

Vivant grassement de la sueur du travailleur, sachant
pertinemment que ce dernier serait d'autant moins exigeant
qu'il serait plus ignorant, l'ancienne municipalité avait donc
tout intérêt à lui refuser les moyens de développer son intelligence, de s'éclairer sur ses véritables intérêts. Elle pré-
férait entretenir dans la masse prolétarienne la division, en
s'opposant à la création d'une Bourse du travail qui devien-
drait le milieu conscient, issu de la réunion de tous les syndicats de cette ville et même de la région, et serait le trait
d'union entre les divers groupes de travailleurs.

Il importait que ce scandale prît fin, et voici comment :

Aux travailleurs brestois, toujours sacrifiés jusqu'ici, nous, leurs camarades et leurs mandataires, nous allons nous empresser de profiter de l'occasion qui se présente pour leur donner un haut témoignage de confiance et de sympathie.

Nous leur donnerons la Bourse du travail, et, le soir, après le dur labeur de la journée, chaque ouvrier viendra y étudier tous les problèmes sociaux et économiques, compléter son instruction et son éducation, travailler paisiblement à l'amélioration de son sort et de celui des siens, apprendre à mieux connaître ses camarades et contribuer à répandre dans la masse populaire les sentiments de solidarité, d'idées et d'intérêts indispensables à toute action communément fructueuse.

Après avoir écouté dans un silence que nous qualifierions volontiers de « religieux », si ce mot n'était pas déplacé en ce milieu farouchement anticlérical, la belle et éloquente prose du citoyen Hirlam, les conseillers collectivistes votèrent, à l'unanimité, un premier crédit de *cent mille francs*.

C'était pour rien !

Les ouvriers avaient donc désormais le local rêvé où venir étudier « après le dur labeur de la journée » les problèmes sociaux et économiques. Si ce programme avait dû être suivi à la lettre, les contribuables brestois eussent pris sans doute à la longue leur parti de la charge nouvelle dont on les accablait.

Mais il s'agissait bien de cela !

Depuis l'élection du 8 mai, la ville de Brest était absolument à l'envers : elle était en état de grève permanente. La veille même du jour où le conseil prenait si allègrement ces cent mille francs dans la caisse publique pour les affecter à l'édification de la Bourse du Travail, une abominable émeute avait sévi :

C'était le dimanche 3 juillet. A la suite d'une réunion syndicaliste, tenue à la salle de Venise, dans le quartier de Recouvrance, une manifestation révolutionnaire s'organisa et se mit en devoir de parcourir la ville.

Deux drapeaux rouges et un drapeau noir étaient portés par des manifestants qui, naturellement, hurlaient l'*Internationale* et la *Carmagnole*.

Pour maintenir l'ordre, une vingtaine de gendarmes, commandés par le capitaine Minot, ont occupé le pont national, qui relie les deux rives de la Penfeld, soudant le faubourg de Recouvrance à la portion centrale de la ville. Cette poignée de militaires allait avoir à soutenir l'assaut contre plus de trois mille individus marchant à rangs serrés derrière leurs drapeaux. Bientôt ils prennent contact avec les manifestants. C'est, sur le pont même, une mêlée générale. Le gendarme Enjourbault, de la brigade de Plabennec, est saisi par les émeutiers, qui le terrassent, lui passent au cou une sorte de nœud coulant et s'apprêtent à le jeter à la mer... Une seconde encore et le malheureux va être précipité dans le vide d'une hauteur de plus de vingt mètres. Le capitaine Minot a vu le péril. Il lance ses cavaliers au secours du camarade qui va succomber. Une bagarre épouvantable éclate aussitôt, au cours de laquelle les gendarmes sont lapidés. Enjourbault a échappé à l'assassinat, mais il est grièvement blessé. Le capitaine Minot a le cuir chevelu profondément déchiré par un projectile.

Le lendemain, les journaux publiaient, d'après le

diagnostic du médecin-major Piron, la liste des blessés et la nature de leurs blessures. Voici, à titre de document humain c'est le cas de le dire, cette liste :

Capitaine Minot : plaies contuses à la tête et à la joue gauche, contusions multiples.

Maréchal des logis chef Furic : contusion aux reins, suite de coups de pierres.

Gendarme Guizien, de Brest : plaie de l'oreille gauche avec hémorrhagie. (Exempt de service.)

Gendarme Le Boété : contusion de la jambe droite par suite de chute de cheval. (Ce gendarme est exempt de service et alité.)

Gendarme Garin : contusions multiples et écorchures à la tête, au bras droit, aux membres inférieurs et au médius droit. (Exempt de service.)

Gendarme Enjourbault, de Plabennec : plaie à la main gauche et contusion de la paroi thoracique droite, par piétinement. (Exempt de service.)

Gendarme Gauffenic, de Landerneau : tentative de strangulation, a vomi du sang ; contusion du cou, contusion de la poitrine, donne des signes de bronchite. (Exempt de service.)

Gendarme à cheval Tanguy, de Saint-Renan : contusion du sterno-cleido-mastoïdien droit et contusion de l'avant-bras gauche, région postéro-interne supérieure. (Exempt de service.)

Gendarme à cheval Le Derff, de Saint-Renan : plaie contuse de la partie supérieure du crâne. (Exempt de service.)

Gendarme à cheval Gasnier, de Saint-Renan : contusion de la bosse frontale gauche, plaie contuse du cuir chevelu, région latérale, contusion du sterno-cleido-mastoïdien, partie moyenne, contusions et plaies contuses en avant et au-dessus de l'angle externe du maxillaire inférieur. (Exempt de service.)

Gendarme à pied Branchereau, de Lannilis : contusion de l'abdomen, région appendiculaire. (Exempt de service.)

Brigadier Guégan, de Brest : contusion violente de 'l'occiput, contusion violente de la jambe gauche.

Gendarme à cheval Quintin, de Brest : nombreuses contusions.

Soit treize blessés.

C'est au lendemain d'un pareil massacre, et alors que la ville est en état d'émeute continuel, — c'est à l'heure où les pires passions sont déchaînées, que, bravant encore une fois l'opinion, le conseil municipal socialiste vota cent mille francs pour l'aménagement d'une Bourse du Travail.

Il n'existe pas, du moins à notre connaissance, d'établissement de ce genre qui n'ait été, pour la ville où il fut créé, une cause perpétuelle de trouble, de désorganisation industrielle et commerciale — mais c'est certainement à Brest que le mal atteignit de ce chef son maximum d'intensité.

On peut affirmer, et nous prions le lecteur de croire que nous n'exagérons rien, — on peut affirmer de la façon la plus formelle et la plus énergique que le commerce et l'industrie de Brest furent atteints d'un préjudice d'au moins 50 0/0 dans leurs bénéfices habituels depuis le jour où la Bourse du Travail municipale commença de fonctionner, sous la haute protection du maire, de ses adjoints et de tout le conseil collectiviste.

Avant le vote du 4 juillet, — nous l'avons dit d'autre part, — elle existait déjà et c'est à son comité, très actif, qu'était dû l'état de perturbation vraiment inouï dans lequel se trouvait alors la ville de Brest.

Le succès électoral du 8 mai donna une audace nouvelle aux entrepreneurs de grèves, et nous allons entrer, désormais, dans une période de cruelles alarmes.

Les déchargeurs du port de commerce ou *dockers* commencent le 20 mai l'ère du chambardement. Ils décrètent la grève. Le camarade Tournier, l'un des grands électeurs de la municipalité, leur dit :

Venez à la Bourse du travail, où vous vous instruirez par les journaux et les brochures, au lieu d'aller au cabaret...

L'adjoint Le Tréhudic conseille aux dockers de se préparer à la grève générale.

Les boulangers ne vont pas tarder à suivre l'exemple des dockers et, le jour même, le comité de la Bourse du Travail organise par voie d'affiches une promenade nocturne à travers la ville, afin de manifester « le mépris du prolétariat à l'égard de la classe possédante ». Nous avons vu, d'autre part, que cette promenade eut lieu le dimanche 22 mai et que dix boulangeries furent mises à sac, sans qu'aucune mesure de police ait été prise pour empêcher ces dégâts.

Le conseil collectiviste était donc à peine élu que, déjà, la ville était la proie des émeutiers. Désormais, nous n'aurons plus qu'à suivre jour par jour le mouvement gréviste.

Le *24 mai*, les boulangers décrètent la grève générale ; le même jour, 200 dockers descendent au port de commerce et empêchent l'équipage du steamer *Jeanne d'Arc* d'opérer le déchargement du bateau. M. Alexis Rolland, armateur, président du tribunal de commerce, écrivait le jour même la lettre suivante, qui établit la gravité des faits :

Brest, le 24 mai.

Monsieur le maire,

A la suite de l'entretien que nous avons eu l'honneur d'avoir avec la municipalité, ce matin, et conformément à ce que vous aviez bien voulu nous dire, personnellement, nous avons essayé de procéder au déchargement de notre vapeur *Jeanne d'Arc*, cet après-midi, par notre personnel.

A peine avions-nous commencé le travail que de nombreux grévistes sont venus se poster le long du bord, s'opposant de la façon la plus formelle à toute tentative de déchargement et menaçant de jeter à l'eau les marchandises qui seraient débarquées.

En présence de leur attitude, plutôt hostile, d'ailleurs constatée par M. l'adjoint Le Tréhuidic, dont les avis n'ont pas été plus écoutés que les nôtres, nous avons dû cesser toute opération, n'ayant aucun moyen de protéger notre équipage contre les violences possibles des grévistes, quelque peu surexcités.

Nous avons la pénible obligation, monsieur le maire, de porter ces faits regrettables à votre connaissance et de vous informer que nous prenons toutes réserves à l'égard de la ville de Brest pour le préjudice grave qui nous est causé par cet état de choses.

Les frais de surestaries de notre vapeur *Jeanne d'Arc* s'élèvent à 363 francs par jour.

Nous entendons en demander paiement, sans préjudice des indemnités qui pourraient vous être réclamées d'autre part.

« Veuillez agréer, etc.

L'administrateur-directeur,
Signé : A. ROLLAND.

Donc, et l'armateur Rolland le constate d'une façon officielle, dès le 24 mai, la liberté du travail n'existe plus.

Les Brestois conserveront-ils la liberté de... manger ? On peut en douter car, deux jours après, le 26,

les ouvriers boulangers décrètent la grève générale.
Ils présentent à leurs patrons les revendications que
voici :

1° Suppression du travail de nuit ;
2° Suppression d'une fournée le dimanche ;
3° Commencement du travail à cinq heures.
4° Toutes les revendications acceptées sans diminution de
salaire ;
5° Nul ouvrier ne pourra être congédié pour avoir pris
part à la grève ;
6° Réintégration des ouvriers congédiés dix jours avant la
grève ;
7° Reconnaissance du syndicat pour trancher les différends entre patrons et ouvriers.
Toutes ces clauses, si elles sont acceptées, feront l'objet
d'un contrat entre les deux parties, qui ne pourra être dé-
noncé avant un an et sera renouvelable tous les ans.

Sur ces entrefaites, le *camarade* Bousquet, de la
Confédération Générale du Travail, annonce son arrivée. Il réclame simplement ses frais de voyage de
Paris à Brest. Les grévistes les lui accordent d'enthousiasme. La menace de mettre des soldats dans
les boulangeries fait sourire l'orateur Tournier, car
ces militaires « ne pourront que fabriquer la boule
de son, qui sera immangeable pour les bourgeois ».

Cela devenait charmant.

Les patrons boulangers se rendent à l'hôtel de
ville, afin de demander protection pour la liberté du
travail. Comme il s'agit, avant tout, d'assurer l'alimentation d'une population de plus de 80.000 âmes,
le citoyen-maire collectiviste va se trouver dans un
incommensurable pétrin, puisque, donnant un premier accroc à ses opinions révolutionnaires, il se
verra obligé de fournir des armes à la réaction patronale... Bon gré, mal gré, le maire assurera la liberté du travail.

Mais le citoyen Bousquet est arrivé.

Le soir du 27 mai, il vient porter la bonne parole aux grévistes de la boulangerie.

Ecoutons-le :

Il y a deux ans, dit-il, M. Loubet et le gouvernement sont venus nous chercher à la Bourse du travail pour sortir avec notre drapeau rouge et sauver la République à Longchamp.

Le 21 octobre dernier, on envahissait la Bourse du travail pour nous remercier, mais nous avons lutté et nous avons fait marcher les vieux infirmes... (ici, l'orateur lâche un mot impossible à reproduire à cause de nos lectrices) du Luxembourg, qui ont été obligés d'accoucher de la loi contre les bureaux de placement.

Puis :

J'ai un conseil à vous donner, camarades. Il faut faire heurter et choquer entre eux les intérêts patronaux, laisser faire du pain chez ceux qui se sont soumis à vos revendications, mais aussi, non seulement il importe de prolonger la grève, *mais de continuer à casser, à briser et à démolir tout chez ceux qui ne veulent pas adhérer.*

L'homme qui travaille doit être plus révolutionnaire que celui qui ne travaille pas. Démolissons tout chez ceux qui sont réfractaires.

Cette péroraison est vivement applaudie.

Le conseiller municipal Martin, ouvrier de l'arsenal, monte à la tribune et dit :

Pour défendre les ouvriers, nous ne nous arrêterons pas, et ceux qui dévient de leur chemin sont *des lâches et des fainéants.*

C'est à vous de nous forcer à vous donner des subsides et vous obtiendrez de nous tout ce que vous voudrez !

Un gréviste reproche alors à la municipalité d'avoir réquisitionné les troupes — car les soldats commencent de se montrer dans la rue. Le conseiller Martin ne s'attendait pas à ce coup de Jarnac.

Mais M. Bousquet a remarqué son embarras. Il reprend la parole :

Si un maire socialiste veut suivre la loi bourgeoise, c'est la négation du socialisme. Un maire vraiment socialiste ne devrait même pas regarder à son mandat ; il devrait se sacrifier, se laisser casser aux gages plutôt que d'accomplir une telle besogne. Il y a eu aussi de la faute des conseillers si les troupes ont été réquisitionnées.

Demain, ajoute-t-il, je verrai votre maire, M. Aubert ; je lui rappellerai qu'il prêcha, autrefois, l'insurrection contre les lois bourgeoises.

Je vais rester deux jours encore. Si l'on continue à maintenir les soldats, il y aura des collisions, et, d'ailleurs, *je forcerai votre maire à marcher à la tête des manifestations, et, s'il y a résistance de la part des soldats, on les flanquera à l'eau (sic)..*

À 10 h. 1/2, la séance est levée ; la *Carmagnole* et l'*Internationale* sont chantées par les grévistes.

On va voir que le citoyen Bousquet n'avait pas prêché dans le désert.

Une manifestation monstre s'organise, en effet, dans la nuit et parcourt les rues principales, s'attaquant à toutes les boulangeries. Rue de Paris, au n° 151, habite M. Bergot, président du syndicat des patrons boulangers. La masse des grévistes se précipite en avant. Les manifestants commencent le siège en règle de cet immeuble. La devanture du magasin est défoncée, réduite en miettes.

Puis, à l'aide de pavés ou de « triques », les émeutiers brisèrent toutes les glaces, celles servant de clôture et celles des étagères.

Du trottoir, sans qu'il fût besoin d'entrer dans le magasin, les supports en cuivre des étagères furent saisis, tordus, arrachés.

Les manifestants continuèrent ensuite leur route, laissant la boulangerie dans un état lamentable.

Ils parviennent devant la boulangerie tenue par M. Le Goaër. Il était environ minuit. Le sac du magasin est accompli rue de Traverse comme il l'avait été rue de Paris. Comme la police et l'armée brillaient par leur absence, le patron boulanger prend son fusil et tient en respect les assiégeants.

Il se produit alors ce fait inouï :

Un conseiller municipal, M. Kermarrec, commis des contributions indirectes, s'avance vers M. Le Goaër et lui tient à peu près ce langage :

— Voyons, monsieur, aurez-vous bientôt fini d'exciter ces braves ouvriers ?

— Monsieur, je défends ma maison...

— Vous devriez vous cacher !

Mais la foule honnête a remplacé la bande émeutière, qui s'est enfuie à l'approche des soldats que l'on était allé quérir, et le conseiller municipal Kermarrec doit se retirer, conspué par les spectateurs indignés de cette scène sauvage.

Une heure plus tard, par une coïncidence fâcheuse pour le bon renom des grévistes, un incendie détruisait en partie la boulangerie Le Borgne, rue Bel-Air. Qui avait mis le feu ? On ne sut jamais. Saccager une boulangerie ou l'incendier, cela se ressemble...

Le moment était venu de mettre la ville, sinon tout à fait en état de siège, — du moins sous la garde de la force armée. C'est alors que le vice-amiral Mallarmé, préfet maritime, publia l'ordre du jour aux troupes reproduit au précédent chapitre.

Il faut croire, du reste, que la violence est une arme singulièrement efficace puisque les grévistes boulangers obtenaient le lendemain satisfaction sur tous les points : à dater de ce jour, la fournée de nuit était supprimée le dimanche, et les Brestois durent prendre l'habitude du pain rassis pour leurs repas dominicaux.

Les boulangers avaient donc repris le travail.

Mais la grève des dockers continuait de battre son plein, et nous avons vu, d'autre part, que, dans la nuit du 28 au 29 mai, ils avaient mis à sac la maison de l'armateur Chevillotte, rue du Château.

De tels actes de sauvagerie appelaient des mesures immédiates de sécurité.

Ces mesures furent prises, trop tard comme toujours, mais elles donnèrent à réfléchir aux émeutiers. La ville eut, dès lors, l'aspect d'un camp retranché. Les troupes bivouaquaient sur les places publiques et dans les carrefours.

Notre souci de l'exactitude nous oblige à faire retomber toute la responsabilité des événements sur la municipalité, et en particulier sur le citoyen Vibert, adjoint chargé, par une ironie amère ! de diriger la police municipale.

L'incurie dont avait fait preuve cet adjoint dépasse l'imagination.

Il est juste de bien marquer cette responsabilité. La situation dans laquelle la population va se débattre désormais ne sera, bien entendu, d'aucun profit pour la classe ouvrière (sauf pour les boulangers), mais elle créera à la ville de Brest le plus fâcheux renom.

Collectiviste révolutionnaire, le citoyen Vibert voit maintenant où mènent les théories qu'il disait naguère encore de paix et d'amour. Elles mènent les citoyens au désir tout naturel de se faire protéger, eux et leurs propriétés, par la force armée.

Voici la cité collectiviste transformée en caserne.

A propos des événements que nous venons de raconter, et qui furent, du reste, de simples levers de rideaux, le *Temps* publiait des réflexions fort justes :

Or, les sujets d'inquiétude sont déjà assez nombreux et assez graves en ce moment même. Le parti du désordre fait les progrès les plus alarmants. Plusieurs des grandes villes de France sont livrées aux Apaches de la révolution sociale. A Marseille, les flaissiéristes ne parlent que de pendre les membres de la municipalité modérée, et, en attendant, ils assomment les passants sur la Canebière. A Lyon, il n'y a pas si longtemps, un vieillard était tué dans la rue par des manifestants socialistes, que la cour d'assises, d'ailleurs, vient d'acquitter. Cet acquittement-là n'est, certes, pas plus digne que celui de Tours, d'une approbation sans réserves. A Brest, les révolutionnaires attaquent les matelots et les soldats, jettent le matériel à l'eau, saccagent et incendient les boutiques dans les rues les plus fréquentées, à deux pas de la préfecture maritime.

La nouvelle municipalité de Brest, étant socialiste, se garde bien d'user de ses pouvoirs de police pour entraver les ébats des pillards et des incendiaires, qui sont parmi ses électeurs influents. Le gouvernement a le droit de réquisitionner la troupe, et il en use, mais dans des conditions manifestement insuffisantes. Les grands déploiements de forces militaires indisposent les socialistes, que le ministère est contraint de ménager, puisqu'ils font partie de sa majorité. Aussi envoie-t-on des détachements trop faibles ; et, pour comble, on ordonne aux troupes d'observer une attitude purement passive et de recevoir les coups sans riposter. Les émeutiers, forts de l'appui des municipalités socialistes et de la complaisance du gouvernement, auraient bien tort de se gêner. C'est charmant ! Le point noir, c'est que les citoyens paisibles pourraient bien se lasser d'un semblable état de choses et en attribuer la responsabilité au régime lui-même. La République serait sérieusement en danger le jour où l'opinion publique en viendrait à la considérer comme incapable d'assurer l'ordre.

Notre confrère parisien était admirablement renseigné sur ce qui se passait ; il connaissait le dessous des cartes et savait que la responsabilité des événements retombait entièrement sur la municipalité.

Un soir, l'adjoint Vibert suivait les détachements de troupes chargés de maintenir l'ordre et il empêchait les officiers de remplir leur mission.

Un chef de détachement, que nous connaissons bien, avait reçu stoïquement une pierre dans le bas-ventre et une autre en pleine figure, et M. Vibert lui disait :

— Du calme ! monsieur... Du calme !

Le lendemain, les réquisitions étaient retirées sur l'ordre de M. Vibert, et la nuit qui suivit fut ce que l'on sait.

L'apparition des troupes n'a point arrêté le mouvement gréviste, qui va s'étendre de jour en jour. Les garçons boulangers étaient à peine rentrés dans le fournil que les garçons coiffeurs sortaient de leur boutique parfumée et brandissaient d'une main ferme le rasoir des revendications sociales. Le mardi 31 mai, la presse locale publiait un avis au public annonçant que la corporation avait décrété la grève générale du blaireau et du schampoing.

Une série de petites notes communiquées aux journaux faisait entrevoir aux Brestois une suite de plaisirs variés : toutes les corporations s'apprêtaient à fêter l'avènement du collectivisme municipal en suspendant le travail. Le 30 mai, à dix heures du soir, une bande de dockers, après avoir vainement tenté l'invasion des tentes à marchandises du port de commerce, engage une véritable bataille avec les gendarmes.

Un incident d'une exceptionnelle gravité, mais qu'il fallait prévoir, étant donné l'état des esprits, se produisait le 31 mai. Les ouvriers coiffeurs grévistes avaient imaginé de parcourir les différents « salons », afin de faire signer aux patrons une convention leur accordant certains avantages :

Vers deux heures de l'après-midi, les manifestants se présentaient chez M. Le Moal, coiffeur, rue de Paris, 47.

Le salon de coiffure est attenant au commerce de vins.

Une délégation pénétra dans le débit et parlementa avec M. Le Moal, afin de le décider à adhérer aux nouvelles conditions, mais il ne voulut rien entendre.

Il s'ensuivit une discussion entre les délégués ouvriers et le patron. D'autres ouvriers coiffeurs entrèrent alors dans la salle.

M. Le Moal, se voyant entouré de tous côtés, pénétra dans l'arrière-boutique et s'empara d'une hachette pour se défendre.

Une bataille s'engagea immédiatement.

Les ouvriers sortirent, mais, une fois dehors, ils s'armèrent de cailloux et toutes les vitres de la devanture volèrent en éclats.

La bagarre fut assez sérieuse et plusieurs manifestants furent blessés peu grièvement. Le syndicat des ouvriers coiffeurs communiquait à la presse la note suivante, qui est bien curieuse :

Le mardi 31 mai, les ouvriers coiffeurs se sont présentés chez M. Le Moal, rue de Paris, 47.

Après avoir présenté leurs revendications pour la fermeture à midi, le dimanche, plus à huit heures du soir, excepté les jours de travail, ils ont été accueillis à coups de hache ; six ouvriers ont été blessés.

Ils réclament mille francs de dommages-intérêts.

Les certificats du docteur seront présentés à M. Lomont, commissaire de police de Saint-Martin.

Le syndicat des ouvriers coiffeurs soutiendra énergiquement, par tous les moyens possibles, les revendications des ouvriers blessés.

L'acte de M. Le Moal montrait que le patronat commençait à être exaspéré.

La situation devenait, d'ailleurs, à chaque instant plus critique. Le sous-préfet appelait les **gendarmes** de toutes les brigades de l'arrondissement. Le 1er juin, les troupes campent sur le Champ-de-Bataille pour maintenir l'ordre très sérieusement menacé par les dockers grévistes. Ces derniers s'assemblent, en effet, à huit heures du soir dans la salle de la Bourse, où ils tiennent une réunion tumultueuse. L'adjoint au maire Le Tréhuidic prêche la guerre au capitalisme et surtout aux entrepreneurs. Vers dix heures, une cohue se dessine. Puis, en rangs serrés, chantant la *Carmagnole* et l'*Internationale*, les manifestants déambulent vers la ville : rue de Siam, ils brisent à coups de pierres la devanture des cafés, mais ils se heurtent aux gendarmes à cheval quand ils veulent attaquer la maison de l'armateur Chevillotte, rue du Château (maison déjà saccagée une première fois). Changeant alors de tactique, les émeutiers se divisent en plusieurs groupes, et tandis que certains descendent vers le port de commerce avec l'espoir de jeter à l'eau quelques marchandises, les autres montent sur les hauteurs de la ville : des soldats, des gendarmes sont atteints par les nombreux projectiles lancés dans la nuit. A 11 h. 1/2, le gendarme à cheval Chéreau, de la brigade de Rosporden, est amené couvert de sang sur le Champ-de-Bataille : il a le crâne fortement entamé par un caillou. Ce soir-là, le combat entre la troupe et les émeutiers dura près de trois heures. Une barricade fut ébauchée sur la place de Landerneau...

La population commençait à être terrorisée. Un télégramme parvenu de Lorient apprenait aux Brestois qu'au cours de la même nuit du 1ᵉʳ au 2 juin, une bande de 600 pillards avait incendié des chantiers de construction et que, sans la bravoure d'une demi-douzaine de gendarmes, commandés par le maréchal des logis chef Laléouse, un véritable désastre eut éclaté, faisant de nombreuses victimes. A Lorient, la grève du bâtiment battait son plein et cet épisode en marquait le caractère révolutionnaire. A Lorient, également, la magistrature avait dû capituler devant l'émeute et des juges apeurés avaient réformé un jugement sous la menace de la rue.

Donc, Brest et Lorient, deux ports de guerre, donnaient le spectacle de l'anarchie dans toute sa splendeur.

Les commerçants et industriels brestois comprirent qu'il fallait absolument organiser la défense. Le jeudi 2 juin, un grand meeting se tenait à la Bourse du Commerce, et la question fut agitée d'une manifestation des gens d'ordre, qui se rendrait sur le champ à l'hôtel de ville, afin de sommer la municipalité de prendre des mesures effectives contre le tumulte de la rue, car, suivant l'expression du président de la chambre de commerce, M. Marfille, « on n'osait plus sortir de peur d'être victime des bandes armées de gourdins ». L'assemblée repoussa l'idée d'une manifestation, mais elle chargea son bureau de se rendre immédiatement auprès du maire et de lui transmettre cette réquisition :

— « Au nom de la liberté, les commerçants et industriels brestois somment la municipalité de faire respecter la propriété et les personnes. »

Le citoyen-maire collectiviste et révolutionnaire,

effrayé lui-même de ce qu'il voyait depuis son élection, — laquelle ne remontait encore qu'à quelques jours, — ne se fit pas trop prier, il faut le reconnaître :

« Monsieur le maire, déclara M. Marfille, président de la chambre de commerce, vous êtes l'élu de la ville de Brest ; vous devez à tous les citoyens sans distinction aide et protection, et c'est ce que nous venons vous demander au nom de tous. Nous avons la plus ferme confiance que vous ferez cesser tous ces désordres, qui compromettent le bon renom de la ville de Brest. »

M. le maire répondit aux délégués :

« Je partage absolument votre manière de voir ; j'espérais jusqu'à présent que le calme ne serait plus troublé ; mais, en présence des violences que j'ai constatées moi-même, je viens de prendre un arrêté dont je vais d'ailleurs vous donner lecture. »

L'arrêté contenait les passages suivants :

Vu la loi du 7 juin 1848 relative aux attroupements armés ou non armés sur la voie publique :

Considérant que des manifestations entraînant des voies de fait et des actes regrettables se produisent depuis quelques jours sur la voie publique et troublent la tranquillité et même la sécurité des habitants :

Que si des ouvriers en grève ont le droit de manifester leurs revendications, c'est à la condition que ces manifestations soient pacifiques et ne portent aucune atteinte à la liberté ni à la tranquillité de qui que ce soit et qu'elles ne puissent avoir lieu à des heures troublant le repos public,

Arrêtons :

Article 1er. — Tout attroupement de nature à troubler la tranquillité des habitants et toute manifestation, quel qu'en soit le but ou l'objet, sont formellement interdits sur la voie publique à partir de neuf heures du soir.

Art. 2. — Les participants à toute manifestation de ce genre ou se livrant à des cris ou des chants de nature à troubler le repos des habitants seront appréhendés par des agents de la police et, au besoin, par la force armée, pour être poursuivis devant les tribunaux compétents.

De son côté, la police, prévoyant de rudes journées prochaines, portait aux journaux une petite note officieuse dont le texte, reproduit plus loin, en dit long sur l'état des esprits :

AVIS A LA POPULATION

Nous ne saurions trop engager les habitants de Brest qui ne veulent pas se mêler aux manifestations à s'éloigner toujours des points où une collision est possible entre la troupe et les émeutiers.

La présence des curieux est une cause de gêne pour la force armée dans ses efforts en vue de maintenir l'ordre.

De plus, les curieux non manifestants risquent de recevoir des coups, les soldats ne pouvant pas les distinguer des perturbateurs.

Donc, jusqu'à ce que la rue soit redevenue libre, nous conseillons aux gens paisibles de rester chez eux le soir.

C'était exquis !

Le Parlement se préoccupa des événements de Brest. M. Goulaine, sénateur du Morbihan, interpellait le gouvernement à la séance du Sénat, le jeudi 9 juin, et M. Delobeau, sénateur du Finistère, intervenait au débat, arrachant à M. Combes ce cri du cœur :

— En ce qui concerne Brest, déclara le président du conseil, une véritable épidémie de grèves y sévit depuis quelque temps. On a même été menacé d'une grève de bonnes d'enfants. *(Rires.)*

Une grève des ouvriers coiffeurs a cessé presque aussitôt que commencée, les intéressés ayant obtenu satisfaction.

La grève a donné lieu à quelques désordres, bris de devantures, etc., mais le calme semble revenu. Ouvriers et patrons semblent disposés à s'entendre.

La grève des boulangers fut plus grave.

Des dégâts furent commis dans les boutiques de boulangerie, bien que la police présente eût fait l'impossible pour maintenir l'ordre. Les dégâts commis se montent à 2.670 fr.

Les patrons, d'ailleurs, se défendirent, et ils eurent raison.

Les patrons n'avaient pas fini de souffrir...

La grève des dockers continuait, émaillée d'incidents plus ou moins vifs. La présence permanente des troupes sur les places publiques avait donné à réfléchir aux grévistes, qui employèrent des stratagèmes pour exécuter leurs mauvais coups : le jeudi 16 juin, ils se rendent par petits groupes, sans bruit, jusqu'au port de commerce et jettent à l'eau toute une cargaison de vins déchargée le matin même du steamer *Brestois*. Le lendemain intervient un procès-verbal de conciliation, qui semble ouvrir une armistice. Mais ce n'était qu'une illusion. Pas plus que les garçons boulangers qui, malgré des contrats antérieurs acceptés de part et d'autre, attaquaient sept boulangeries dans la nuit du 20 au 21 juin, les dockers n'étaient décidés à mettre bas les armes.

La Bourse du Travail, tenant à démontrer son utilité, veillait ferme à ce que toutes les causes de conflit et de guerre civile fussent soigneusement entretenues. Le 1er juillet, le comité général de cet établissement publiait un placard ainsi conçu :

Le jeudi 23 juin, les sociétaires de la coopérative l'*Egalité*, réunis pour discuter leurs intérêts corporatifs, ont été odieusement provoqués par un déploiement de forces qui ne pouvait amener que des troubles.

Le comité général de la Bourse du Travail et le conseil d'administration de la coopérative l'*Egalité* adressent au conseil municipal, au maire de Brest, dont l'arrêté oblige à de pareilles iniquités, l'assurance de leur profond mépris ;

Informent le public que M. le maire, deux de ses adjoints et plusieurs conseillers municipaux, étant eux-mêmes membres du conseil d'administration de la coopérative l'*Egalité*, et, par conséquent, organisateurs de cette réunion, ont agi comme d'infects personnages, se prêtant à toutes les besognes, amenant, d'un côté, les troubles (dit-on) et de l'autre, réquisitionnant des agents, des soldats et des gendarmes à pied et à cheval pour réprimer ces soi-disant troubles qu'ils organisent eux-mêmes ;

Demandent à la municipalité si les travailleurs ont encore le droit de se réunir pour discuter leurs intérêts.

Si nous l'avons qu'on nous laisse en user tranquillement ; au contraire, nous nous déclarons prêts à nous défendre contre de semblables ignominies.

Le comité général de la Bourse du Travail.

Retenons ces dates :

C'était le 1ᵉʳ juillet que les municipaux étaient traités d'*infects personnages*;

Ce fut le 4 juillet que les mêmes municipaux, désireux évidemment de justifier l'injure dont ils étaient couverts, votèrent cent mille francs pour la création à titre officiel de la Bourse du Travail qui, nous le savons du reste, existait à titre privé et avait jusqu'alors manifesté son existence en chambardant la ville entière.

Le 2 juillet, la grève des tramways se déclare.

Le 3 juillet éclate la très grave émeute que nous relatons au début même de ce chapitre, et à la suite de laquelle le vice-amiral Mallarmé, préfet maritime, prit un ordre du jour où il adressait « ses cordiales félicitations à M. le capitaine Minot et aux gendarmes commandés de service le 3 juillet courant, pour le sang-froid et l'énergie dont ils ont fait preuve dans l'exécution de leur mission ».

C'est un dimanche. Le commandant d'armes fait sonner la générale en ville pour inviter les soldats à rentrer dans leurs casernes.

Mais les mesures d'ordre étant insuffisantes, une milice de volontaires décidés à assurer l'ordre dans la rue se recrute dans la bourgeoisie et le petit commerce. Cette milice, qui fut l'objet de certaines plaisanteries d'assez mauvais goût, étant donné les circonstances dans lesquelles son organisation s'accomplit, agit plus d'une fois très vigoureusement et fit le coup de poing quand l'occasion se présenta.

Un fait va nous montrer où en est l'industrie :

Les entrepreneurs syndiqués du bâtiment, appelés à soumissionner pour la construction d'un édifice de la marine, informèrent, à la date du 6 juillet, le commissaire général de la commission du port de Brest « qu'en présence des revendications ouvrières actuelles du syndicat du bâtiment de Brest, ils avaient le regret de ne pouvoir soumissionner ».

Plusieurs chantiers étaient d'ailleurs fermés, par suite des grèves qui éclataient dans les différentes corporations du bâtiment, et notamment parmi les plâtriers. La maison Bastit (fabrique d'agglomérés de houille) informe le public le même jour que, pour les mêmes raisons, elle vient de suspendre la fabrication et de licencier son personnel.

Le comité général de la Bourse du Travail fort, désormais, de l'appui officiel de la municipalité, continue d'exciter la population ouvrière par d'infâmes placards, essayant tour à tour d'intimider le tribunal, qui va avoir à juger des grévistes, et la presse indépendante, dont tout l'effort consiste à contrecarrer l'anarchie débordante.

Nous voici au vendredi 8 juillet 1904, la journée la plus dramatique, certes, de cette première série de soulèvements populaires. La surexcitation des esprits est à son comble. M. Collignon, préfet du Finistère, est accouru pour seconder M. Tourel, sous-préfet de Brest, qui, durant un mois de perpétuelles alertes, a assumé les plus redoutables responsabilités. Le premier soin du préfet est d'afficher partout la loi du 7 juin 1848 relative aux attroupements. On sent que le gouvernement de M. Combes est décidé à écraser d'un coup l'émeute favorisée par la municipalité socialiste.

Les affiches blanches du préfet vont-elles arrêter les perturbateurs ? Point.

L'après-midi de ce vendredi 8 juillet, le tribunal correctionnel avait condamné à des peines légères d'emprisonnement plusieurs grévistes boulangers pris en flagrant délit d'action directe. Il importait à la Bourse du Travail de venger ces camarades, victimes de la « justice bourgeoise ».

Dès huit heures du soir, le Champ-de-Bataille, point de concentration de toutes les manifestations, est occupé par plusieurs compagnies du 19e d'infanterie de ligne et du 2e régiment d'infanterie coloniale, encadrées par deux cents gendarmes à cheval. Ce déploiement de troupes n'intimide nullement les perturbateurs. Ils arrivent en bandes bruyantes, conspuent le préfet, le sous-préfet et le commandant de la gendarmerie, chef d'escadron Sevel.

Une première charge de gendarmes est ordonnée pour déblayer le terrain.

Dans la rue Saint-Yves et sur la place La Tour d'Auvergne, les manifestants reviennent de nouveau. La gendarmerie à cheval, renforcée par un peloton d'infanterie coloniale, les refoule par la rue de la Mairie et par la rue Colbert. Du haut des remparts, des projectiles de toutes sortes sont lancés sur les gendarmes. Des coups de feu retentissent. Les gendarmes ont sabre au clair. Quelques-uns ripostent et tirent des coups de revolver.

Des brigades d'agents de police montent sur les remparts, afin de chasser les manifestants qui, après, reviennent se placer au même endroit. Les gendarmes restent en permanence à ce carrefour, près du Bois-d'Amour. De nouveaux projectiles sont lancés contre eux.

Le lieutenant-colonel d'Astaford, chef d'état-major de la place forte, qui sort du dîner offert par le général Hagron, à l'hôtel Continental, est atteint d'une pierre au bras droit.

M. Collignon arrive avec MM. Lefebvre, commissaire central ; Moërdès, commissaire spécial ; Gibert, commissaire adjoint, et Le Gad, chef de la police municipale.

La foule des manifestants vient encore d'envahir le quadrilatère de la place La Tour d'Auvergne, la rue de la Mairie et la rue Saint-Yves.

M. Moërdès fait sonner les trois coups de clairon avant les sommations.

Les manifestants ne se dérangent pas. Une nouvelle charge a lieu et les manifestants sont obligés de reculer jusqu'à la rue de Siam et la Grand'Rue, où des troupes coloniales les refoulent vigoureusement.

Pendant tous ces mouvements, d'autres évolutions s'opèrent à l'angle des rues Saint-Yves et d'Aiguillon, qui sont barrées par des gendarmes et des troupes coloniales, et où la circulation est interrompue.

Une bande de dockers et d'autres ouvriers revenant de Recouvrance, d'où la force armée les avait expulsés, veulent forcer le cordon de troupes placé dans la rue d'Aiguillon.

La gendarmerie, soutenue par les coloniaux, les repousse.

Ils se forment en colonnes et descendent la rue d'Aiguillon, passent les rues de Siam, du Petit-Moulin, Monge et du Château, en chantant des refrains révolutionnaires.

Arrivés à l'angle de la rue de Traverse, ils sont obligés de se séparer : un cordon de troupes leur barre le passage.

Dans la rue Saint-Yves, des pierres sont lancées contre les soldats. Ceux-ci font circuler la foule.

A l'angle de la rue de la Mairie et de la rue de Siam, où sont en permanence un peloton de gendarmes et une compagnie d'infanterie coloniale, les pierres pleuvent.

Le lieutenant-colonel d'Astaford et de nombreux journalistes, qui passent derrière les chevaux des gendarmes reçoivent des projectiles qui leur sont lancés du 4ᵉ étage de la maison portant le nᵒ 27 de la rue de la Mairie.

Ces pierres ne les atteignent pas, mais on n'a que le temps de se garer, car, au même moment, deux coups de feu à balle partent de la même maison.

Le commandant de la troupe ordonne aux habitants de fermer leurs fenêtres, tandis que les gendarmes sortent leurs revolvers des étuis.

Le préfet fait cerner la maison, où une arrestation est opérée, et se tient à l'angle de la rue de la Mairie et de la rue de Siam, où se trouvent MM. Jacquet, substitut du procureur de la République, et Fenoux, juge d'instruction.

De nombreuses pierres viennent frapper M. Collignon, M. Fenoux, ainsi que les personnes qui les entouraient. L'une d'elles est blessée à la main.

Un gendarme est frappé à la tête.

Ordre est donné de faire évacuer la rue de Siam ;

les gendarmes font une charge jusqu'à la place des Portes. De tous points ils sont assaillis. Des coups de revolver sont tirés contre les troupes.

Les gendarmes ripostent par un feu nourri, qui ne dure pas moins d'un quart d'heure. Les manifestants sont poursuivis jusqu'aux avancées des portes, où un peloton de gendarmes, avec deux compagnies d'infanterie coloniale, les cernent.

L'ordre semble à peu près rétabli sur ce point, lorsque les émeutiers recommencent une nouvelle attaque.

Les devantures des magasins volent en éclats sous la pluie de pierres qui ne discontinue pas.

Les gendarmes font un feu de salve à plusieurs reprises et poursuivent ainsi leurs agresseurs **sur la** place de la Liberté.

Un soldat du 2ᵉ colonial, Alphonse Hébert, est frappé d'une balle de revolver à la joue gauche. On voit par là que les revolvers sont chargés, du côté des émeutiers du moins.

On transporte le blessé chez M. Péron, buraliste, où M. Collignon lui donne les premiers soins.

Le préfet console Alphonse Hébert et lui dit :

— Ce n'est rien, mon pauvre petit : un bobo qui guérira vite. Raconte à ta famille et à tes amis que c'est le préfet qui t'a soigné, et que ce soit pour toi une consolation.

M. Collignon adresse ensuite des conseils aux ouvriers qui se trouvent dans le bureau de tabac. Il leur dit de méditer les scènes scandaleuses qui déshonorent la ville. Il ajoute que parmi les ouvriers il y a certainement de braves gens qui ne peuvent être rendus responsables de ces faits.

A ce moment se produit une scène plutôt comique.

Tous les municipaux, fiers sans doute de leur besogne, sont accourus. Ils entourent le préfet. L'adjoint au maire Goude, commis de l'arsenal, s'avance vers M. Collignon et se plaint amèrement de l'attitude de la troupe et, notamment, d'un capitaine qui lui aurait manqué de respect... Le préfet reçoit fort mal ce personnage stupéfiant. Un autre adjoint, le professeur du lycée Litalien, prend à partie M. Collignon, mais il n'a pas plus de succès que son camarade et est sévèrement rappelé à l'ordre. Enfin, le conseiller Havel, professeur au lycée également, manque de se faire arrêter, séance tenante, parce qu'il parle un peu trop vertement au premier magistrat du département...

En présence de l'attitude résolue du préfet, les conseillers se retirent. Mais ce qu'il faut retenir de cet incident c'est qu'en pleine émeute, et alors que la ville est menacée d'être mise à feu et à sang, la municipalité tente un suprême effort pour accroître le gâchis.

Le lendemain, le préfet faisait afficher un avis officiel interdisant tous les attroupements.

De son côté, le maire socialiste était astreint, par la force des choses, à placarder l'avis suivant à la population :

Le maire de Brest à ses concitoyens

Il faut que tout le monde sache bien que l'ordre doit être assuré dans la rue et que nous répudions l'action directe sous toutes ses formes. Nous engageons donc les citoyens respectueux des lois à rester calmes. Si notre appel n'était pas entendu, nous nous verrions forcés de prendre à nouveau des mesures que nous voulons éviter.

Nous sommes convaincus que la population brestoise écoutera la voix de la raison et que nous n'aurons plus à déplorer des événements comme ceux d'hier soir.

Brest, le 9 juillet 1904.

Le maire, AUBERT (Victor).

L'ironie est assez amusante ! Tandis que toutes les corporations ouvrières étaient poussées à la grève et à la lutte à outrance contre le patronat par ses adjoints et conseillers, le maire était obligé d'infliger à ses « camarades » un désaveu aussi public que cruel.

Une quarantaine d'arrestations avaient été opérées dans la nuit du 8 au 9 juillet. Du côté de la troupe, il y avait eu de nombreux blessés. Le commissaire de police Lefebvre eut l'idée de faire ramasser, le 9 juillet au matin, sur la place des Portes, qui avait été le centre de l'action, les différents projectiles dont s'étaient servis les émeutiers. Il rapporta ainsi douze cents cailloux et une quantité considérable de tessons de bouteilles. Par la liste des blessés, on verra que la lutte avait été chaude. La voici :

Le maréchal des logis chef Furic, de Brest : luxation au poignet gauche et contusions multiples ; le gendarme Le Corre, de Saint-Pol de Léon : chute de cheval très grave dans une charge, plaies contuses sur tout le côté droit ; le gendarme Pierre, de Carhaix : chute de son cheval, qui a été pris à la bride par un manifestant, contusion violente du genou droit ; le gendarme Thébault, du Huelgoat : plusieurs contusions à la tête ; le gendarme Pirot, de Carhaix : blessé aux jambes ; les gendarmes Kéranguéven et Burbon, de Pleyber-Christ : plaies contuses à la tête avec tessons de bouteilles ; l'un d'eux a eu son képi coupé ; le maréchal des logis Aubin, de Châteaubriant : contusions à la tête ; le brigadier Guillerme, de Pont-Château : plaie à la jambe ; le gendarme Le Gall, de Painbœuf : plaie contuse à la tête ; le gendarme Laurent, de Châteaubriant : contusion du coude droit ; le gendarme Gaillard, de Saint-Mars-la-Jaille : plaie du genou ; le gendarme Melle, de Montoir : plaie à la tête.

De nombreux soldats furent également victimes des manifestants.

Un ouvrier peintre, Jean Guéguen, âgé de 31 ans,

avait reçu, au cours des bagarres, une balle de revolver à la jambe droite.

Le lendemain, la garnison était renforcée de trois escadrons de dragons venus de Nantes et de 1.000 hommes d'infanterie.

Les grèves continuaient avec entrain.

L'inquiétude est partout. Le préfet du Finistère prend un arrêté interdisant la retraite aux flambeaux du 13 juillet.

La fête nationale semble un deuil public.

Pour qu'il y ait fête dans la famille, pour que les esprits soient à la joie, il faut que la paix règne dans le ménage, il importe que la concorde soit dans les cœurs.

Mais une fête où tous les convives auraient des visages tristes, des mines de croque-morts, devrait changer de nom, et c'est pour cela que le 14 Juillet 1904 ne fut pas pour les Brestois l'occasion des réjouissances coutumières ; pourquoi la veillée n'en fut pas égayée par les tambours retentissants et les ophycléides au puissant souffle des retraites nocturnes ; pourquoi tant de fenêtres de leurs maisons ne furent pas ornées du drapeau tricolore, de ce drapeau qui, lui aussi, doit avoir ses pudeurs et répugne à se trouver en compagnie de certaines loques...

Point d'illuminations non plus, après le carillon général des cloches et le tonnerre des salves d'artillerie. Sur les places, dans les rues, aux carrefours, cavaliers et fantassins bivouaquaient, prêts à prendre les armes !

Dans ce lugubre tableau, un rayon de soleil filtra cependant, mit de la lumière pure et vive sur les hommes et les choses, et ce rayon ce fut l'armée qui l'apporta en ses étendards lorsque, fière et grande, noble et superbe, elle défila majestueusement à la revue.

Croirait-on que les excellents municipaux collectivistes autant qu'antimilitaristes s'étaient réunis, la veille, afin d'examiner la question de savoir s'ils devaient, oui ou non, assister à la grande solennité militaire !

Les municipaux décidèrent de venir, mais quelques-uns d'entre eux, et non des moindres, vinrent comme des chiens qu'on fouette, en veston court !

Contrairement aux traditions, les municipaux s'abstinrent, d'ailleurs, de se joindre au cortège administratif, réuni autour de M. Tourel, sous-préfet.

Et alors il se passa ceci :

Quand le sous-préfet et les fonctionnaires parurent, ils furent salués respectueusement et sympathiquement par tous, et les cris de : « Vive le sous-préfet ! Vive la gendarmerie ! Vive l'armée ! » retentirent.

Bientôt après, lorsqu'apparut le cortège municipal, des sifflets éclatèrent.

Le public infligeait ainsi aux municipaux une leçon sévère, mais juste.

Et voilà pourquoi les municipaux eussent été mieux avisés de rester au logis. L'attitude inconvenante, déplorable, de quelques-uns d'entre eux, au passage des drapeaux, justifiait bien, d'ailleurs, les sifflets des patriotes écœurés !

La grève des tramways s'éternisait. Elle était marquée par les incidents les plus violents : les fils étaient coupés sur plusieurs points, malgré une active surveillance et les patrouilles incessantes. Le 18 juillet, trois agressions se produisent contre des travailleurs non grévistes : un menuisier de l'usine, M. Lanosse est à demi-assommé ; un machiniste, M. Bouteroux, est violemment frappé ; un manœuvre, M. Marzin, est également fort malmené.

Le 19 juillet, le conseil municipal se réunit et, naturellement, la discussion s'engage sur les troubles, les grèves, les émeutes. L'état d'âme des collectivistes s'étale ici dans toute sa beauté révolutionnaire. Lisez plutôt :

M. Robert. — Je vous demande, monsieur le maire, si c'est vous qui avez donné l'ordre de réquisitionner les troupes ?

Si c'est vous, je ne vois pas pourquoi vous ne les retireriez pas.

M. Aubert. — C'est bien moi qui ai réquisitionné les troupes ; mais, depuis, l'ordre était revenu. J'ai demandé deux fois qu'elles fussent retirées et je croyais bien que les réquisitions ne seraient pas maintenues.

J'ai écrit au préfet maritime une première fois, le 12 juillet, et, une seconde fois, le 16.

M. Mornu. — Quand vous avez pris la première réquisition, ne vous y a-t-on pas un peu forcé ?

M. Aubert. — J'ai été obligé de me conformer aux ordres du sous-préfet, me déclarant que si je ne réquisitionnais pas, il prendrait les réquisitions lui-même.

M. Mornu. — Voilà. Il a eu la main forcée. Il était obligé de réquisitionner, puisque les mesures étaient déjà prises.

M. Vibert. — Un jour, le sous-préfet n'écrit même pas au maire. Il écrit au commissaire central, lui rappelant les engagements pris.

C'était le commissaire central qui recevait les ordres directs.

On voit désormais où le bât blesse ces messieurs. Furieux de constater que l'ordre semble rétabli dans la ville, malgré eux, ils ne peuvent plus supporter la présence des troupes, — et le maire, comme Ponce-Pilate, essaie de s'en laver les mains.

L'adjoint Goude réclame la nomination d'une commission d'enquête, afin de rédiger un rapport qui sera ensuite envoyé au ministre de l'Intérieur et dont les conclusions démontreront que tous les torts sont du côté du préfet, du sous-préfet, de l'autorité militaire. Cette commission municipale est élue séance tenante. Dressa-t-elle jamais lé fameux rapport ? Nous n'en savons rien. Mais ce que nous savons bien, c'est que, plus tard, le désir des collectivistes se transforma en réalité et que ceux-là qui avaient sauvé la ville de Brest du pillage et de l'incendie furent châtiés comme des coupables.

Il plut aux conseillers municipaux brestois et à quelques esprits forts de qualifier de provocations les mesures d'ordre très sévères prises par l'autorité supérieure, afin de mettre la ville à l'abri des coups de main de l'émeute.

Le principe d'une bonne administration en ces matières se résume dans ces mots : gouverner, c'est prévoir. Il consiste aussi à exagérer la prudence pour éviter les malheurs irréparables.

Sans doute, le journal de M. Jaurès accumula des colonnes et des colonnes de copie pour démontrer que les seuls coupables étaient précisément les fonctionnaires chargés de maintenir l'ordre, fonctionnaires couverts, en l'occurrence, par leur chef direct, M. Combes.

Mais que prouvait cette prose lamentable et trop copieuse ? Rien, si ce n'est que tout ce qui a été fait répondait à un besoin urgent.

Il y a plus : au moment même où la ville de Brest

était encore gardée par les forces militaires, les incidents les plus graves se produisaient dans d'autres villes, où, soit par négligence, soit par pusillanimité et désir de conserver d'éphémères popularités, les administrations locales n'avaient pas cru devoir intervenir et assurer l'ordre au moyen de la force armée.

A Cluses, le maire, confiant dans les promesses des grévistes, autorise une manifestation... Il s'agissait, avaient dit les organisateurs, d'une simple promenade à travers les rues. Que se passa-t-il au cours de cette promenade ? On ne le saura jamais qu'imparfaitement. Mais ce que l'on sait bien, c'est que des coups de fusil furent tirés sur les grévistes devant l'usine Crettiez et que ces coups de feu ont terriblement porté, puisque, parmi les manifestants, trois sont morts sur le champ et quinze furent blessés.

A Casamène, un patron graveur, M. Cattin, menacé par ses ouvriers en grève, les reçut à coups de fusil et atteignit l'un d'eux, M. Chatelat.

Donc, voilà des villes où, par suite du manque de prudence de la part de l'administration, responsable de la sécurité des citoyens, des ouvriers ont été tués et blessés.

Serait-ce s'avancer trop de dire que si, à Brest, nous n'eûmes pas à enregistrer des faits semblables, nous le dûmes à la prudence éclairée de l'administration préfectorale et à la force armée appelée à temps sur les lieux menacés. ? Croit-on que les esprits n'étaient pas assez surexcités pour que de sanglantes collisions eussent été possibles ? N'avons-nous pas entendu, à travers nos rues, de véritables feux de mousqueterie, et de combien d'épaisseurs de cheveu s'en est-il fallu pour que l'on en arrivât à s'entre-tuer ? L'expérience faite est concluante :

A Cluses et à Casamène, faute de mesures d'ordre suffisantes, il y eut des morts et des blessés. A Brest, grâce aux réquisitions intelligemment prises et maintenues *sine die*, il n'y eut pas de morts et tous les blessés sont depuis longtemps guéris.

Gageons que si c'était à refaire, le préfet de la Haute-Savoie et le sous-préfet de Bonneville n'hésiteraient pas à adopter le système préventif auquel s'appliquèrent en ces difficiles circonstances M. le préfet du Finistère et M. le sous-préfet de Brest, avec l'approbation complète du président du conseil.

Nous soumettons ces réflexions si simples à tous les esprits impartiaux et sages ; nous aurons l'occasion de les rappeler plus tard, au moment où nous aurons à stigmatiser l'injustice dont furent victimes deux fonctionnaires qui ont bien mérité de la République. Que l'on compare leur attitude à celle des municipaux collectivistes pour lesquels le gouvernement n'eut jamais que les plus tendres égards. Une anecdote, entre mille, montrera la différence de ces attitudes : Le 21 juillet, le sous-préfet, cédant aux plaintes unanimes de la population privée de moyens de transport depuis plus d'un mois, décide de faire circuler les cars sous la protection de la troupe. Le service marche tant bien que mal, grâce aux patrouilles. Que fait la municipalité ? Elle tente d'intimider les travailleurs. La première voiture est à peine dans la rue que l'adjoint Vibert se précipite et demande au conducteur *s'il a le permis de circuler (sic)*. Chargé des services de police, cet ineffable municipal s'empressait de mettre ainsi ses pouvoirs au service de la grève, en entravant la liberté du travail... Les grévistes profitent de la circonstance pour informer le public du danger qu'il court en montant dans des voitures conduites par des « gens inexpérimentés ».

La commission d'enquête nommée par le conseil municipal eut pu, à bon droit, s'enquêter elle-même.

Les Brestois qui connaissent l'histoire de leur ville n'ont point oublié de quelle façon les mouchards de la Terreur exerçaient auprès de leurs concitoyens leur vil métier. Levot, ou quelque autre, raconte qu'à certaines heures du jour un drapeau était hissé au sommet de la maison portant alors le numéro 26 de la rue de Siam. Ce signal indiquait que le registre des dénonciations était ouvert au district révolutionnaire et que les délateurs pouvaient venir déposer leurs petites ordures dans l'officine immonde où l'on préparait soigneusement la besogne du bourreau.

Il paraît que le dépotoir ne désemplissait pas.

La nomination par le conseil municipal brestois d'un comité de salut public, dont la mission devait consister à faire une enquête sur les troubles et émeutes, ramenait le souvenir vers cette délicieuse époque où la guillotine fonctionnait sans relâche. (Les petits enfants, dit un anecdotier du temps, profitaient, le soir venu, des loisirs du bourreau pour venir couper la tête des poulets dans la lunette sanglante.)

Les conseillers municipaux de 1904 regrettaient évidemment les mœurs de 1793. L'un des commissaires enquêteurs, l'adjoint Vibert, prononçait, un mois avant son élection, le 15 juin, **en réunion publique, les paroles suivantes :**

— ... *Nous voulons prendre* à ceux qui ont le superflu... *Nous voulons prendre les capitaux* de ceux qui en ont trop...

Les bonnes gens qui écoutaient ce langage connaissaient, sans doute, la **signification du mot** *prendre*. Il y avait là une excitation formelle, très malsaine et malheureusement très efficace, étant donnée l'influence de l'orateur sur l'auditoire auquel il s'adressait. En différentes autres circonstances, l'adjoint Vibert tint des propos semblables. La commission d'enquête, si elle eut fonctionné, n'eut pas manqué de voir en lui l'un des principaux auteurs des émeutes.

Un autre membre de la même commission, dont la responsabilité eut été facilement établie, était le citoyen Martin.

A plusieurs reprises, et notamment à la réunion du Treillis-Vert du vendredi 27 mai 1904, Martin prononçait des paroles de la plus extrême violence. Sentant son cas mauvais, il rectifia depuis ses propres paroles. Mais ce qu'il ne faut pas oublier, c'est que la nuit qui suivit, celle de vendredi 27 au samedi 28 mai, fut l'une des plus agitées de la période révolutionnaire. Plusieurs boulangeries furent saccagées.

Un autre coupable, c'était l'adjoint Le Tréhuidic, agitateur professionnel. Sa culpabilité apparaît grave, dans l'appel de la Bourse du travail, placardé en ville le vendredi 1er juillet, jour de la comparution des grévistes boulangers devant le tribunal correctionnel de Brest.

... Votre devoir, camarades, était-il dit dans cet appel, est de protester contre ces vengeances patronales, et, en vous solidarisant avec eux (les émeutiers), leur montrer que vous êtes prêts à les suivre dans la voie qu'ils vous ont tracée.

Cette affiche, qui eut les effets que l'on sait, était signée par le *comité général* de la Bourse du travail. Le citoyen Le Tréhuidic fait encore partie de ce comité. Donc, il fut l'un des auteurs de l'appel à l'insurrection...

Voici donc bien établie la responsabilité des municipaux les plus en vue. La commission d'enquête aurait eu là des sujets fort intéressants à étudier et à mettre en lumière ; elle préféra s'abstenir, et cela se conçoit, du reste.

Ici se place la genèse d'un gros incident, dont la solution se fit attendre deux ans et qui jeta la perturbation dans l'un des services de sécurité publique les plus indispensables. Nous voulons parler de la désorganisation méthodique opérée par la municipalité dans la compagnie des sapeurs-pompiers.

On n'a jamais su pourquoi les municipaux révolutionnaires prirent en grippe les officiers de la compagnie des sapeurs-pompiers brestois, et, tout particulièrement leur capitaine Ayme. Toujours est-il qu'un beau soir — c'était à la séance du 27 juillet, et alors que les grèves s'étaient momentanément apaisées, — sans motif apparent, le conseil vota une sorte de blâme injurieux contre l'état-major des pompiers.

Le capitaine Ayme, présent à la séance, répondit de la place qu'il occupait dans la partie de la salle réservée au public, par un seul mot, qui ne fut pas celui de Cambronne :

— Merci ! s'écria-t-il.

Ce « merci » fut comme une sorte de déclaration de guerre — d'une guerre interminable qui, dès ce moment, éclata entre la municipalité et le brave capitaine.

Toute la presse s'occupa des pompiers de Brest, qui faillirent devenir aussi célèbres que ceux de Nanterre — avec cette différence que ceux de Brest n'allaient plus à l'exercice. La grève qui sévissait partout, dans tous les corps de métier (1), ne pouvait épargner les pompiers. Il se produisit des scènes inimaginables, épiques. Ce n'est pas une chanson, c'est une opérette tout entière que l'on pourrait écrire à ce sujet. Nous nous bornerons à résumer les faits :

Le 29 juillet, c'est-à-dire le surlendemain de la scène du conseil municipal, les sapeurs se réunissaient, rédigeaient une protestation qu'ils communiquèrent à la presse. Elle était ainsi conçue :

Brest (Isle Kerléau), 29 juillet.

La compagnie des sapeurs-pompiers de Brest, réunie en assemblée générale extraordinaire,

Considérant que, jusqu'à ce jour, les sous-officiers, caporaux et sapeurs n'ont eu qu'à se louer de leurs officiers, déclarent accepter le règlement et la discipline imposés à leur organisation.

(1) En août, le syndicat des sages-femmes menaça de déclarer la grève.

Protestent de toutes leurs forces contre l'insulte qui a été adressée, hier soir, au cours de la séance du conseil municipal, aux officiers et au conseil d'administration de la compagnie,

Et, devant les circonstances actuelles, renouvellent à leurs officiers l'assurance de leur dévouement et de leur zèle le plus absolu.

Ces braves militaires rendaient donc, ainsi, un hommage public à leurs officiers — mais leur attitude, loin de calmer les municipaux, les excita au suprême degré. Désormais, les révolutionnaires de l'hôtel de ville s'ingénièrent à brouiller les officiers avec les hommes. Ils y réussirent amplement. Le 3 août, un meeting se tient, où les officiers sont invités à comparaître... devant leurs hommes. Le citoyen-maire Aubert préside cette séance scandaleuse, où l'on voit des soldats en uniforme conspuer leurs chefs recouverts des insignes du commandement. L'adjoint Goude a découvert le meilleur et le plus sûr moyen d'envenimer les choses : il accuse les officiers d'avoir extorqué la signature de leurs subordonnés et d'en avoir abusé pour donner au document reproduit ci-dessus, un caractère officiel !

Le 5 septembre 1904, le conseil municipal se livre à des débats absolument scandaleux et où il est démontré que l'anarchie la plus complète règne parmi les sapeurs-pompiers. En fait, la ville est désormais privée de secours en cas d'incendie. Accusé de tous les crimes, le capitaine Ayme, très mal soutenu par l'administration, tiré à hue et à dia, tient bon quand même, donnant un magnifique exemple d'énergie. Deux documents permettent d'établir l'affreux désordre dont la municipalité prenait gaiement la responsabilité, laissant ainsi les habitants à la merci d'un sinistre important qui eut trouvé la population sans défense. Celui-ci, d'abord :

Le maire de Brest informe les commerçants que la municipalité ne paiera pas les fournitures qui seraient faites désormais sur la commande du capitaine ou des officiers de la compagnie des sapeurs-pompiers.

> *Le maire de Brest,* AUBERT (Victor).

Puis, cet autre qui répond au premier :

Le capitaine Aymc, commandant la compagnie des sapeurs-pompiers de la ville de Brest, a l'honneur de prévenir ses concitoyens qu'à compter d'aujourd'hui il répond personnellement des dépenses qu'il pourrait engager pour les besoins de la compagnie et le service d'incendie, dont il reste et demeure entièrement chargé.

Il invite tout spécialement les habitants à le faire prévenir sans retard en cas d'incendie, soit 33, rue du Château (1ᵉʳ étage), la nuit, soit 45, rue de la Mairie (au 1ᵉʳ), le jour.

Malgré les nombreuses difficultés qui leur sont actuellement créées, le capitaine, les officiers, sous-officiers et sapeurs restés fidèles à leur engagement sont décidés à faire leur devoir jusqu'à décision à intervenir, sans se soucier des attaques intéressées dont ils sont journellement l'objet.

> AYME,
> *commandant la compagnie des sapeurs-pompiers de la ville de Brest.*

On voit d'ici l'embarras des commerçants appelés à fournir à la compagnie des sapeurs-pompiers les objets dont elle peut avoir besoin. Il est difficile d'imaginer, n'est-ce pas, situation plus grotesque. Le capitaine, fort de son droit, publie un ordre de service invitant ses subordonnés à se conformer aux règlements et à fermer l'oreille aux excitations malsaines des municipaux.

Voici un extrait de cet ordre très curieux et dans lequel les intéressés pourront trouver des éléments précieux pour la campagne entreprise en vue de soustraire les compagnies de pompiers à la domination souvent arbitraire et fantasque des municipalités :

L'intervention de l'adjoint au maire Goude dans le service intérieur de la compagnie est illégale et abusive. Après avoir fait détruire, en sa présence, les ordres du capitaine commandant, qui se trouvaient affichés au poste des pompiers, il a requis la force pour faire respecter le service qu'il avait arbitrairement fait envoyer aux sapeurs et aux exclus de la compagnie.

Après avoir commis toutes les incorrections à l'égard des officiers, l'adjoint Goude a fait forcer la serrure du bureau de la compagnie et fait changer la clef pour arrêter tout à fait la marche du service.

Aujourd'hui, la désorganisation est complète ; la police, sur les injonctions de la municipalité, protège les exclus qui ont été désignés, à tort, pour le service de garde de nuit — l'instruction est complètement arrêtée — la société de secours mutuels et de retraite ne peut plus, par la faute du citoyen Goude, faire face à ses engagements. Enfin, grâce à lui, l'anarchie est complète dans nos rangs.

Le capitaine commandant la compagnie a pour devoir de protester contre de pareils agissements et de revendiquer les droits du corps des sapeurs-pompiers..

L'intervention directe de la municipalité de Brest et spécialement de l'adjoint Goude dans le service, n'est pas fondée et les actes de violence de cet adjoint sont des *abus d'autorité*.

L'autorité compétente en est saisie, et, jusqu'à ce que le ministre ait pris une décision, *nul n'a qualité pour discuter les actes du commandant.*

Le capitaine rappelle, dans ce même ordre de service, que, en vertu de l'article 9 du décret du 10 novembre 1903, le corps des sapeurs-pompiers relève uniquement du ministre de l'Intérieur. Mais le ministre de l'Intérieur s'occupait aussi peu que possible de ces scandales. Il laissait aller, alors que l'adjoint Goude eût mérité cent fois la révocation et même... autre chose pour avoir publiquement traité le commandant des pompiers de concussionnaire.

Le 13 novembre, c'était un dimanche, soixante-quatre sapeurs (l'effectif de la compagnie était de 107) organisent une cavalcade. Ce jour là, dix sapeurs devaient passer au conseil de discipline. Mais les excitations révolutionnaires ont produit leur effet. Révoltés contre leurs officiers, les pompiers vont aller les conspuer devant leurs domiciles respectifs.

A neuf heures, une sonnerie de clairon indique le *garde à vous !* Aussitôt, la colonne se met en route.

En avant de la colonne marchaient les sapeurs qui devaient passer en conseil d'administration.

Venait ensuite, à cheval, l'ex-sapeur Manson, costumé en lieutenant : bottes, pantalon de velours, veston en cuir, sur lequel deux galons en tresse étaient fixés par des épingles, et le casque avec plumet rouge.

Les hommes portent des pancartes. L'une d'elles représente un officier de pompiers, sans galons, montrant de son sabre une maison enflammée.

Une autre porte l'inscription suivante :

Aujourd'hui, à dix heures, grand conseil de guerre chez les pompiers.

Président : *Langousta di Homardo* ; vice-président : *Corsosi di Sauterino.*

Qu'on se le dise ! ! !

Hallé voir, vous rirez *Fort.*

Les quatre officiers se trouvent ainsi visés ; MM. Ayme, commandant (qui fait le commerce des homards) ; Muracciole, lieutenant ; Hallé et Fort, sous-lieutenants.

Et cette mascarade dura près de deux ans, au bout desquels le brave commandant Ayme dut s'avouer vaincu.

Le gouvernement, au lieu de le soutenir, l'abandonna complètement. M. Ayme donna sa démission, absolument dégoûté, après avoir lutté désespérément contre l'anarchie.

L'affaire des pompiers servit d'intermède entre les grèves de 1904 et celles qui éclatèrent en mars 1905. (1)

La paix relative qui régna après les graves émeutes de juillet 1904 n'était qu'un armistice, durant lequel la Bourse du travail continua son œuvre de haine et de ruine. Elle devint une sorte d'école de guerre sociale où, chaque soir, de nombreux ouvriers venaient, après la journée finie, apprendre le sabotage et l'action directe généreusement enseignés à ces esprits simples et droits par les chevaliers de la C. G. T. Ce qui se disait dans ces réunions est inimaginable. Un témoin, digne de foi, raconte que l'on conseillait aux chefs de famille l'emploi du sabotage jusque dans l'accomplissement de leurs devoirs les plus intimes et que le tenancier de l'établissement exploitait une boutique d'objets innommables. Le respect de nos lecteurs et surtout de nos lectrices ne nous permet pas d'insister sur ce point.

Dès le commencement de l'année 1905, tout le

(1) Nous parlerons dans le chapitre VI des grèves de l'arsenal, qui éclatèrent en novembre 1904 et en novembre 1905. Le présent chapitre était réservé aux grèves civiles.

monde savait à Brest que la grève générale du bâtiment, entraînant celle de toutes les corporations, allait éclater. En effet, le 18 février, les entrepreneurs sont sommés par leurs ouvriers d'avoir à accorder sur-le-champ un certain nombre d'améliorations — augmentation des salaires et diminution des heures de travail. Le 19, au matin, les intéressés prennent connaissance, en assemblée plénière, de la réponse des patrons et décrètent la grève.

Quelques jours auparavant, le 13, le conseil municipal avait gravement délibéré sur l'emploi des troupes, et le maire, responsable de l'ordre, avait passé un vilain quart d'heure. Le conseiller Thoury et plusieurs de ses camarades avaient formellement déclaré que l'armée était seule cause de tous les troubles et que si, à nouveau, on mettait des soldats dans les rues, les plus graves événements étaient à craindre.

Un échantillon de cette discussion, au cours de laquelle les conseillers faillirent se battre à coups de poing, fera connaître le ton des débats socialistes et de quelle façon ces messieurs de l'hôtel de ville comprenaient leur devoir. Il est emprunté au compte rendu sténographique :

M. Martin. — Jamais, nous n'avons su qui réquisitionnait les troupes.

M. Litalien. — Ce ne pouvait être que le maire.

M. Martin. — Sommes-nous ici, oui ou non, pour défendre les ouvriers ?

M. Litalien. — Evidemment.

M. Martin. — Eh bien, alors ? Tant que vous aurez des troupes, vous aurez du désordre.

M. Rouzaut. — A quoi bon avoir des troupes, alors ?

(Quatre ou cinq conseillers parlent à la fois, debout, s'interpellant. Le bruit est intense. On n'entend plus ce qui se dit.)

M. Martin. — Il ne faut pas faire retomber sur la municipalité les troub'es du mois de juillet.

M. Rouzaut. — Si ces gens-là étaient calmes, il n'y aurait pas besoin de réquisitionner les troupes.

M. Jeannic. — Vous êtes bien heureux, vous, d'être patron !

M. Rouzaut. — Je ne suis pas plus heureux que vous.

A ce moment, l'huissier fait circuler une liste pour recueillir des signatures en vue d'un scrutin public.

M. Mornu. — Je voterai la confiance au maire et pas pour certain adjoint.

M. Litalien fait un signe de dénégation.

M. Mornu. — Parfaitement. Vous avez beau protester.

M. Novince. — Prenez garde de faire le jeu de la réaction !

Une voix. — Sur quoi porte le scrutin public ?

Une autre voix. — Sur la confiance à donner à la municipalité.

M. Goude. — La question, ainsi posée, ne signifie rien, puisque la municipalité ne se solidarise pas.

La question ne peut se poser ainsi.

M. Aubert. — Je demande le scrutin public. Toute la municipalité est engagée, puisque des réquisitions ont été prises par d'autres que par moi. Ils sont dans les mêmes conditions.

M. Goude. — Je n'ai jamais pris de réquisit'ons.

M. Aubert. — Parce que vous n'avez pas fait les fonctions de maire.

M. Vibert. — Je n'ai jamais fait de réquisit'ons.

M. Litalien. — Je ne crois pas qu'il s'agisse de savoir quels sont ceux qui ont fait des réqu'sitions. Le maire est l'homme responsable de la municipalité.

Je me solidarise avec le maire.

M. Gourivaud. — Je me solidarise avec le maire.

M. Vibert. — J'ai dit au maire que j'étais contre les réquisitions.

M. Aubert. — Il est facile de dire non quand on n'endosse pas de responsabilité.

M. Goude. — Si vous avez pris des réquisitions, c'est parce que vous êtes poussé par le sous-préfet pour nous mener à l'abîme. Vous n'avez pas la force de résister.

M. Aubert (sur un ton très vif). — J'ai assez de caractère pour faire ce que je veux. Si je le fais sur un ton différent que d'autres, je le fais tout de même !

M. Goude. — Vous devriez lui fermer votre porte. Vous en avez le droit, mais vous n'avez pas d'énergie !

M. Aubert. — Si j'ai manqué d'énergie, je demande le scrutin public !

M. Martin. — Alors, vous nous collerez des troupes jusqu'à perpette !

M. Thoury. — Je tiens à expliquer mon vote.

M. Le Ray. — Chacun sait ce qu'il a à faire, m... (ici le mot de Cambronne).

Le maire obtint, pour tout potage, douze voix approbatives.

On voit que si l'harmonie socialiste et collectiviste n'existe pas ailleurs, ce n'est pas au sein du conseil municipal brestois qu'il faut la venir chercher. Il y eut, pour la frime, bien entendu — échange de témoins, le soir même, entre les adjoints Goude et Gourivaud.

Mais la grève du bâtiment bat son plein.

Le maire hésite à montrer les soldats, crainte, sans doute, d'être interpellé à nouveau. La rue n'est déjà plus tranquille. Les manifestations tumultueuses recommencent. Des cavaliers, des gendarmes arrivent de toutes parts, et, le dimanche 26, au matin, la ville reprend l'aspect d'état de siège qu'elle avait au mois de juillet précédent. Le préfet du Finistère assume la direction des mesures d'ordre — ce qui n'est pas pour déplaire au maire socialiste.

Une grande réunion des grévistes se tient à neuf heures, à la salle de Venise, lieu de prédilection des agitateurs brestois. A la tribune apparaissent les adjoints. Une déclaration de l'un de ceux-ci, le citoyen Vibert, met l'auditoire au courant de la situation. Un des assistants ayant demandé qui avait réquisitionné les troupes, Vibert déclara qu'ayant appris que des soldats seraient placés aux environs de la salle de Venise, il était allé trouver le maire afin de se rendre près du sous-préfet et lui demander que la manifestation eût lieu.

M. Tourel me déclara, continue l'adjoint, que la loi de 1848 sur les attroupements existait et qu'il fallait la mettre en vigueur.

M. Collignon nous demanda ensuite quelles mesures d'ordre nous allions prendre.

Sur notre refus de ne réquisitionner aucune troupe, il déclara qu'il prenait en mains la direction des mesures d'ordre, tout en nous déclarant déchus des pouvoirs de police.

Voilà ce que nous avons fait. *(L'assemblée applaudit.)*

Vous aviez promis formellement de ne pas vous livrer à des violences, mais seulement à une simple manifestation pour montrer aux patrons que vous êtes unis.

Vous avez votre dignité d'hommes autant que tous les hauts fonctionnaires.

Nous avons accompli en conscience notre devoir de travailleurs.

En terminant, je vous engage à ne pas tomber dans le piège qui nous est tendu, car plusieurs voudraient que quelques travailleurs restassent sur le carreau.

Puis, c'est le tour de l'adjoint Goude. Ce dernier attaque le préfet et le sous-préfet avec une violence qui, sous tous les gouvernements bien constitués, lui eût valu la révocation immédiate.

Ainsi chauffés et surchauffés, les grévistes sortent et tentent une manifestation, mais ils se heurtent à la force armée et sont obligés de rengaîner, pour cette fois, leur *Carmagnole*.

Le comité de la Bourse du travail, toujours en éveil, essaie d'apitoyer les militaires et fait afficher ce placard :

Militaires,

Nous vous demandons seulement un peu de réflexion.

La consigne et les corvées pleuvent dru sur vous en ce moment. Pourquoi ? Parce que les ouvriers de toutes corporations de la ville, fatigués d'être exploités, *demandent un peu d'amélioration à leur sort et à celui de leurs familles.*

Immédiatement, on vous réquisitionne, on vous fatigue, *on vous excite*, pour que vous protégiez, par vos armes, l'exploitation patronale.

Et, brutalement, vous réprimez toute tentative de revendication de notre part, nous prenant en haine, nous considérant comme les seuls coupables de votre surmenage.

Camarades,

Les coupables sont les patrons, vos exploiteurs d'hier et de demain qui, malgré leurs coffres-forts garnis, refusent les concessions demandées par ceux qui crèvent de faim.

Ce n'est pas nous qui demandons votre réquisition.

Au lieu de vos *baïonnettes*, nous demandons : *du pain, du pain.*

Réfléchissez et agissez en hommes conscients.

Fraternité entre tous les malheureux !

Le comité fédéral de la Bourse.

Il faut dire que, durant ces périodes si troublées, les soldats firent, comme toujours, preuve d'une patience admirable. Ils ne méritaient pas l'accusation de « brutalité » que les révolutionnaires leur jetaient ainsi gratuitement.

Il est à remarquer que le mouvement gréviste brestois avait, à ce moment, gagné le département du Finistère tout entier. Les membres du comité de la Bourse du travail ne se contentaient pas d'exploiter la ville — ils voulaient aussi infester les campagnes. Si l'on ouvre les journaux de l'époque, on constate, en effet, que des grèves sévissent à Landerneau, à Morlaix, à Quimperlé, à Douarnenez, à Quimper et autres lieux. C'est une véritable épidémie.

Le citoyen Le Tréhuidic constate, avec grande joie, les résultats obtenus. Déclamant en un meeting, il dit :

Nous avons réussi à obtenir que les femmes se joignent à nous dans ces petits pays : je ne vois pas pourquoi, à Brest, elles ne marcheraient pas comme leurs sœurs de misère de Quimper et de Douarnenez.

Dans ce dernier pays, on ne savait, il y a quelques années, que prier la bonne sainte Anne. Mais, aujourd'hui, pêcheurs et sardinières sont revenus de leur erreur. On les a vus, le mois dernier, marcher en rangs serrés, portant bien haut le drapeau rouge de la Sociale.

Vous avez tous des femmes et des sœurs qui sont exploitées par les bourgeois. Il faut que cela cesse et je ne désespère pas, si la grève dure une huitaine de jours, de voir les couturières, modistes, bonnes, femmes de chambre, etc., venir se joindre à nous.

Effectivement, une certaine agitation se manifestait parmi les modistes, les couturières, les bonnes d'enfants et les femmes de chambre. Et le citoyen Le Tréhudic avait lieu d'être fier de sa propagande.

Le député radical Isnard saisit cette occasion pour se rappeler au souvenir de ses électeurs. Comme il était attaqué par ses anciens amis de la municipalité, il riposte, le 2 mars :

Je fus, en effet, le bon pilote aux élections municipales... le nom du député sur la liste, c'était la victoire assurée... me l'a-t-on assez dit et répété... et huit jours après, ceux-là mêmes que j'avais conduits à bon port ne s'en souvinrent plus : et maintenant que le navire est dans les cailloux en face des dangers, on se souvient du pilote. Mais, sans doute, moins pour lui savoir gré de son expérience que pour essayer d'entamer sa bonne réputation.

Le navire était, en effet, dans les cailloux, et bien près du naufrage. Une lettre publiée dans la *Dépêche de Brest* par « un citoyen brestois » indiquait, le lendemain, au député blocard quel eût été son devoir « de bon pilote ». Elle résumait la situation en quelques lignes saisissantes. Le « citoyen brestois » conseillait à l'élu de la première circonscription de monter à la tribune et de prononcer un discours ainsi conçu :

— Monsieur le président du conseil, depuis huit mois, la ville de Brest est en proie à l'anarchie la plus violente.

« Cette anarchie a été fomentée tout d'abord par des fonctionnaires, par des salariés de l'Etat : toutes les administrations, que l'Europe ne nous envie plus, comptent au moins un représentant au sein du conseil municipal de Brest, foyer de désordre, de provocation, de ruine et de désastre. Il y a là une douzaine d'employés de l'arsenal, des commis des contributions indirectes, des commis des postes et télégraphes, des professeurs de lycée, des instituteurs, des employés de l'Assistance publique, des maîtres d'études ;

en un mot, toute la lyre administrative chante dans ce concert collectiviste et révolutionnaire. Or, n'en doutez pas, c'est au conseil municipal que le feu qui embrase actuellement la ville de Brest a pris naissance. C'est le citoyen Vibert, ouvrier de l'arsenal, qui est le grand promoteur du « chahut » dans les rues. C'est le citoyen Goude, commis de l'arsenal, qui a obligé le vice-amiral Mallarmé à quitter son commandement. C'est le citoyen Martin, ouvrier de l'arsenal, qui, de concert avec l'ineffable Le Tréhuidic, excite les ouvriers civils à se mettre en grève. C'est le citoyen Novince, membre de l'Université, qui, de concert avec le citoyen Havel, autre membre de l'Université, injurie le préfet les soirs d'émeute. Je laisse, pour mémoire, les Hirlam, les Le Ray, les Mornu, dont le rôle actif dans toute cette anarchie brestoise est bien connu, et je vous le demande, monsieur le président du conseil, vous qui avez en mains le pouvoir légal, de débarrasser à jamais la ville de Brest de tous ces fonctionnaires, vous qui pouvez envoyer Goude au Sénégal, Vibert au Dahomey et Novince au lycée de Tahiti, — qu'attendez-vous, qu'attendez-vous !! »

Mais le député Isnard se garda bien, on le devine, de suivre ce conseil.

Le 3 mars, toutes les corporations sont en grève, depuis les maçons jusqu'aux cordonniers, en passant par les terrassiers et les cochers de fiacre. La Bourse du travail ne désemplit pas. Les meetings succèdent aux meetings. L'adjoint Vibert pousse à la résistance :

Je crois que vous serez persévérants, dit-il aux grévistes, car vous voyez les efforts faits par la Bourse du travail, ainsi que par vos délégués. Il faudra bien, un jour, que vous ayiez satisfaction.

Les patrons ne veulent pas céder parce qu'ils ont le monopole de l'argent. Mais vous, les ouvriers, vous avez le monopole du travail.

Vous avez le droit et le devoir de lutter pour l'amélioration de votre sort.

Nos ressources sont bien petites et c'est pourquoi il ne faut pas aller au cabaret.

Conservez votre argent pour continuer la lutte jusqu'à complète satisfaction.

Montrez aux bourgeois, qui se saoulent la nuit *(sic)*, qu'en faisant abstraction de tous les alcools vous êtes décidés à lutter jusqu'au bout et à obtenir votre part de soleil.

Un autre orateur, le citoyen Etard, secrétaire du Bâtiment de Paris, venu en villégiature à Brest, déclare ceci :

— Il n'est pas possible que les patrons soient de bonne foi, dit cet énergumène.

Parce qu'ils ont des « picaillons », qu'ils ont pris je ne sais où, ils se croient supérieurs aux autres.

A Paris, on crève de faim comme ici, mais on a une journée plus forte.

Si, aujourd'hui, les patrons sont acculés à vous donner satisfaction, c'est qu'ils ont peur de la « casse ».

Tout à l'heure, vous avez vu les provocations des troupiers, qui vous dispersaient alors qu'il n'y avait aucune obstruction.

Ils sont venus vous provoquer. Et si que'qu'un d'entre vous, plus vif que les autres, avait lancé une pierre sur ces gens, que vous nourrissez chaque jour, ils auraient pénétré ici et vous auraient délogés à coups de sabre et de botte.

Ces gens — j'allais dire ces bestiaux — qui sont déguisés toute l'année, croient qu'ils ont le droit de vous arrêter.

Je ne suis pas le père de ces bestiaux, mais j'en suis le père nourricier. Il faut faire cesser cette attitude.

S'il y a de faux frères qui travaillent, tous les moyens sont bons pour les déloger. Ceux qui travaillent n'ont pas de conscience.

Dans la lutte actuelle, vous devez vous éduquer pour les luttes futures. (Applaudissements.)

Si nous reproduisons toutes ces élucubrations que certains lecteurs finiront peut-être par trouver insipides, c'est parce qu'il importe de faire connaître l'usage qui est fait de ces institutions qualifiées « Bourse du Travail » subventionnées par l'argent des contribuables, tolérées par le gouvernement et qui préparent ouvertement la guerre civile — c'est aussi parce qu'elles justifient amplement la mesure vigoureuse prise plus tard par le préfet du Finistère contre les agitateurs habitués de l'officine révolutionnaire brestoise.

Le 6 mars, une tentative de conciliation échoue. La grève devient plus âpre. Le temps est détestable. Les ouvriers délibèrent sous la pluie. Ils ont froid ! Ils ont faim ! Les charretiers ont cessé le travail ; il faut faire escorter par la troupe tous les véhicules que les patrons conduisent. Le chef de gare de la Compagnie de l'Ouest informe la sous-préfecture qu'il lui est impossible d'assurer la livraison des marchandises. Les fossoyeurs refusent d'enterrer les morts et conspuent l'entrepreneur Salaun qui, mettant lui-même la main à la pâte, creuse un tombeau !

Le gros obstacle à l'entente est le travail aux pièces.

On est étonné de voir cette revendication tenir tant de place dans les préoccupations d'hommes qui dénoncent sans cesse, dans les termes les plus énergiques, l'asservissement en lequel les tient l'égoïsme patronal.

Les ouvriers devraient cependant se rendre compte que la substitution du travail aux pièces au travail à la journée est précisément ce qui distingue le patron de ce que le langage courant appelle un journalier. Le bourgeois qui commande à un menuisier une table ou une chaise n'accepterait pas de s'engager à payer d'une part les matériaux entrant dans la confection du meuble dont il a besoin, d'autre part le nombre d'heures consacrées à sa confection ; il veut savoir d'avance ce qu'il aura à payer ; il ne veut pas être assujetti à contrôler le temps passé ou la quantité de matériaux employée ; il veut surtout n'être pas obligé de se rendre compte si l'on a employé trop de temps ou trop de matériaux. Il conclut donc avec le menuisier un marché à la pièce ; le fournisseur y trouve l'avantage d'échapper au contrôle inquisitorial qu'un client grincheux ou simplement méticuleux serait en droit de lui imposer ; il est libre de son temps et de ses procédés, travaille quand il lui plaît et comme il lui plaît ; il n'a plus à revoir son client et à discuter avec lui qu'au moment de la livraison de la marchandise.

Ce mode de contrat, si commode et si avantageux à la fois pour le patron et pour son client, est exactement celui que condamnent si énergiquement les meneurs de la grève : ils ne veulent pas qu'un ouvrier puisse s'engager vis-à-vis d'un entrepreneur à tailler de la pierre ou à casser des cailloux à tant du mètre carré ou du mètre cube. Il est clair cependant que l'entrepreneur, débarrassé du souci de la surveillance, réalise par là même une économie de frais généraux que la loi de l'offre et de la demande, à laquelle personne ne peut échapper, l'oblige à partager avec le tâcheron, sans quoi personne n'accepterait de travailler à la tâche ; de son côté, l'ouvrier est débarrassé du contrôle du patron sur l'emploi de son temps ; il n'a plus besoin de commencer ou de cesser son travail à une heure fixe ; il n'a même plus besoin de venir travailler à un emplacement déterminé pour se mettre sous la surveillance du patron ou de ses préposés : il peut travailler à son domicile. Il n'est responsable de l'emploi de son temps qu'envers lui et envers ceux qu'il soutient de son travail, et cette responsabilité sauvegarde son indépendance et en fait la dignité.

Au contraire, le travail à l'heure comporte nécessairement pour l'ouvrier l'obligation de se soumettre à ce que le patron s'assure à chaque instant, soit par lui-même, soit par l'intermédiaire de subalternes souvent peu bienveillants, qu'il emploie utilement le temps qui lui est payé. Si l'asservissement dont parlent tant nos grévistes existe réellement, où se trouve-t-il, sinon dans cet assujettissement à un contrôle de tous les instants, qui est la conséquence inéluctable du paiement à l'heure ?

Assurément, plus la valeur morale de l'ouvrier s'élève, plus il a conscience des devoirs que lui impose un contrat librement consenti, plus la surveillance du patron devient discrète, au point de disparaître à peu près complètement ; elle n'en existe pas moins, en principe, et cela seul suffit pour que l'ouvrier reste le subordonné de son patron, tandis qu'il devient son égal, véritable patron lui-même, lorsqu'il travaille à la tâche : alors seulement, il a le droit absolu de se soustraire à tout contrôle de l'emploi de son temps.

Ce sont là des vérités d'une telle évidence qu'on se demande comment elles ne sont pas encore unanimement reconnues par tous les intéressés. En fait, elles sont aperçues plus ou moins distinctement par tous les travailleurs sérieux ; ceux-là seuls ne veulent pas les admettre qui ont peur de la responsabilité qu'elles comportent et qui, se sentant incapables d'un effort soutenu, prétendent se faire attribuer en échange d'un travail insuffisant le prix de l'heure stipulé en faveur des meilleurs ouvriers. Ces ouvriers médiocres ou mauvais ont pour eux les meneurs qui, s'ils ont toujours à la bouche les mots de liberté et d'indépendance, sont les derniers à vouloir sincèrement l'émancipation des travailleurs qu'ils exploitent, parce qu'ils savent bien que des ouvriers vraiment libres, conscients, non seulement de leurs droits, mais aussi de leurs devoirs et de leur dignité, ne subiraient pas un jour leur tyrannie aussi violente qu'elle est peu désintéressée.

Dans un appel adressé aux grévistes, le syndicat des entrepreneurs mettait les ouvriers en garde contre les tromperies de la Bourse du travail et leur disait que « les meneurs n'avaient pas le droit de vouloir supprimer le travail aux pièces, puisqu'il n'était imposé à personne et qu'il ne pouvait qu'améliorer le sort de beaucoup d'entre eux ». Mais c'était peine perdue ! Les ouvriers n'écoutaient plus que les excitations criminelles des agitateurs de profession.

Les esprits étaient très montés. La journée du 8 mars fut particulièrement mouvementée. A la sortie des meetings, où le nombre des assistants allait toujours croissant, de sérieuses bagarres éclatèrent entre la troupe et les grévistes. Des charges de dragons eurent lieu dans différents quartiers, notamment devant les chantiers de l'entrepreneur Salaun, où les émeutiers avaient élevé une barricade. L'agent de police Elloir reçut un coup de couteau dans le dos. Quatre-vingts ouvrières de la maison Lhermitte-Brunelat quittent le travail et viennent rejoindre les hommes au chant de la *Carmagnole*.

L'orateur Le Tréhuidic leur adresse ce salut cordial :

Il est temps que la femelle se joigne au mâle et montre que, comme les animaux, elle a de la malice.

Elle est chatte et doit arracher les yeux de la tête des patrons.

Nous voici revenus aux beaux jours de juillet 1904.

Etant donnée la tournure que prennent les événements, l'Union des syndicats patronaux de l'arrondissement de Brest étudie un projet de grève générale des patrons.

Le 9 mars, tout va de mal en pis.

Les rues sont, durant toute la journée, le théâtre de nombreuses bagarres. Les cavaliers chargent à chaque instant. La misère se fait sentir, terrible, et la Bourse du travail organise les soupes communistes. Le comité fait distribuer 3.000 portions par jour et déclare qu'il sera bientôt en mesure de nourrir 5.000 grévistes... D'où venait l'argent, sinon de la municipalité ? Ce jour même, en effet, le conseil municipal vote un crédit de 1.000 francs pour secourir les grévistes en même temps qu'une motion présentée par l'adjoint Goude et tendant au retrait des troupes... Le menu des soupes communistes était rédigé en style d'actualité :

DÉJEUNER

Soupe fermière
Potage de cheval à la Collignon

DINER

Potage Esaü
Lentilles à la Tourel

Le préfet et le sous-préfet étaient mis ainsi à toutes les sauces — et ils le méritaient bien !

Durant que la lutte s'éternisait ainsi, il se produisait au tribunal correctionnel un fait qui eût dû ouvrir les yeux des ouvriers. Quelques-uns des principaux meneurs des grèves de dockers comparaissaient devant les juges pour y répondre d'attentats contre les propriétés au cours de récentes émeutes. Ces grèves de dockers, les plus violentes dont Brest eut à pâtir, on le sait, aboutirent à l'échec de toutes les revendications des intéressés. Bien plus, les entrepreneurs de déchargement ont laissé dehors tout leur ancien personnel, et le syndicat des dockers n'existe plus qu'à l'état de mauvais souvenir.

Les débats du tribunal correctionnel de Brest mirent en lumière la qualité des personnages responsables de cette grève néfaste. C'étaient, tous, d'affreux repris de justice.

Le président du syndicat des dockers, Mariette, condamné à un an de prison, possédait un casier judiciaire orné de six condamnations ; Rohou, l'un de ses lieutenants, avait subi *ringt-huit condamnations* avant celle qui lui fut infligée ; Corre, autre meneur, avait été dix-huit fois condamné. Pour les autres camarades, le casier judiciaire était ainsi libellé : Cornec, treize condamnations ; Le Goff, onze condamnations ; Lichou, neuf condamnations ; Castel, cinq condamnations ; Rolland, deux condamnations.

C'étaient donc de véritables forbans qui bouleversaient ainsi, sous la protection municipale, toute une ville laborieuse et naguère encore absolument paisible !

Sous le givre glacé, l'endurance des grévistes tendait à se refroidir. Les patrons ne cèdent pas. Aucun espoir de réussite ne soutient les chômeurs. La Bourse du travail s'efforce de réchauffer leur zèle. Un placard est affiché, dont voici un extrait :

AUX PATRONS :
Vous avez la graisse,
vous n'aurez pas la peau.

AUX EXPLOITEURS :
Tondez les brebis,
ne les écorchez pas.

Camarades,

Depuis trop longtemps, on travaillait à Brest presque *pour rien.* **Les salaires étaient trop infimes pour une ville de cette importance, les journées trop longues.**

Mais le mouvement syndical s'est étendu, fortifié, et les ouvriers en général ont pris conscience *de leur misère et de leurs droits.*

Métallurgistes, boulangers, cochers, bouchers et similaires, employés et ouvriers de la Compagnie du gaz, garçons de café, coiffeurs, tailleurs, employés de tramways, cuisiniers et similaires, pâtissiers, garçons de magasins et de toutes sortes, bonnes et nourrices, typos, ouvriers des produits chimiques, charbonniers, travailleurs de la campagne, couturières, brossières, blanchisseuses, repasseuses, modistes, etc., en un mot, ouvriers et ouvrières de toutes corporations, l'occasion ne se présentera pas deux fois ; tant pis pour vous si vous la laissez passer !

Augmentez votre salaire, diminuez vos heures de travail !

Le citoyen Bousquet est revenu. Il importe de ranimer les énergies. Le délégué de la C. G. T. opère le samedi 11 mars :

Le proverbe est juste, s'écrie-t-il. On dit : « Têtu comme un Breton. »

Vous êtes têtus, camarades, je vous en félicite.

Ah ! oui, camarades, Bousquet était à Brest, il y a un an.

A cette époque, il y avait du bruit dans la ville. Les boulangers étaient en grève.

Ils ont obtenu satisfaction, puis les patrons les ont obligés, malgré eux, à reprendre le travail de nuit.

Ils recommenceront, cependant, et lundi, j'en ai obtenu la promesse formelle du secrétaire général de leur syndicat, ils viendront se joindre à nous.

Bousquet ne s'en ira pas de Brest avant que les « mitrons » ne travaillent de jour.

Tout le monde doit lutter à présent.

A Paris, nous luttons aussi, malgré la garde républicaine, qui est la garde-chiourme de la classe capitaliste.

Je dis que le camarade qui rentrera, ce soir, à la maison, et qui verra sa femme et ses enfants pleurer, parce qu'ils n'ont rien à manger, je dis que ce camarade a le droit d'aller prendre un pain chez le boulanger.

L'animal défend ses petits, l'homme a le droit de défendre ses enfants.

Si, camarades, pour obtenir ce que vous avez demandé, il faut descendre dans la rue, Bousquet sera à votre tête, et, si je suis obligé de partir à Paris dans trois ou quatre jours, il y a des délégués de la Confédération du travail prêts à venir me remplacer.

La Confédération du travail ne veut pas que des prolétaires soient battus et les protégera tant qu'elle pourra.

A la suite de ce beau discours, une manifestation s'organise. Les maisons des entrepreneurs Cabioch et Salaun sont assiégées par les grévistes. Les dragons sont lapidés. Le lieutenant-colonel Villers, major de la garnison, est accueilli par une grêle de cailloux lorsqu'il se présente dans la rue Turenne, où, depuis plus d'une heure, la troupe est engagée.

Le 12 mars est un dimanche, mais les grévistes, qui réclament pourtant le repos hebdomadaire, recommencent les manifestations de la veille. Payant d'audace, l'agitateur Bousquet pousse à l'action directe. Il engage les ouvriers accourus au meeting dominical à ne tenir aucun compte des mesures de sécurité prises par le sous-préfet Tourel, qui « tôt ou tard sera révoqué pour son attitude vis-à-vis des travailleurs ». C'était une prophétie, hélas !

Puis, aussitôt après, ce fut encore l'émeute déchaînée à travers la ville. Des cavaliers et leurs chevaux sont blessés. Des coups de revolver sont tirés. Une vingtaine d'arrestations sont opérées. Parmi les délinquants se trouvent des jeunes gens de quinze ans, mais aussi des hommes ayant atteint la quarantaine.

Le lendemain, les orateurs habitués de la Bourse du travail constatent avec désespoir que quelques camarades commencent à *flancher*... Grave découverte ! D'autre part, une tentative généreuse est faite par M. Tourel, sous-préfet, qui a convoqué les patrons et les présidents de syndicats ouvriers dans son cabinet, en vue d'une entente. Serait-ce la fin de la fête ? Peut-être.

Le mardi 14 mars, une première entrevue se tient dans le cabinet sous-préfectoral. Le 15 et le 16, nouvelles entrevues. Enfin, le 17, au matin, la population apprend avec une joie bien compréhensible qu'un traité de paix vient d'être signé entre les parties, que les chantiers sont ouverts et que, partout, la besogne va reprendre.

Quel résultat pratique avait donc été obtenu après de si longs jours de grève ? Il suffit de lire les procès-verbaux de conciliation pour se rendre compte de leur peu d'importance. Le travail aux pièces n'était pas supprimé ; il était simplement stipulé qu'il ne pourrait être donné à l'ouvrier « qu'individuellement et sur sa demande. » Or, il semble bien qu'il en avait toujours été ainsi. Quant aux salaires, les ouvriers eux-mêmes demandèrent plus tard à leurs entrepreneurs de reprendre les anciens tarifs, plus avantageux et plus rémunérateurs que ceux qu'ils prétendaient avoir conquis.

Le résultat, nous le verrons en d'autres chapitres, ce fut la détresse commerciale et industrielle pour beaucoup de patrons. Pour le plus grand nombre des ouvriers, ce fut la misère plus noire.

Le spectacle des événements dont la ville de Brest fut le théâtre éveille naturellement certaines réflexions d'une portée générale. Ce n'est pas aux orateurs de la Bourse du travail qu'il faut demander de dégager la philosophie de la grève, car si l'on doit s'indigner des violences qui forment le fond de leurs harangues incendiaires, on peut non moins justement s'attrister en constatant à quel point leur manquent le sens des réalités pratiques et le véritable esprit politique. Nous connaissons leur théorie ; elle consiste en ceci : l'ouvrier est misérable, et il l'est par la faute des capitalistes, personnifiés par le patron, qui l'exploitent et le frustrent du légitime produit de son travail.

On pourrait contester la première de ces affirmations en invoquant les statistiques les plus consciencieuses qui établissent que, pendant la deuxième moitié du XIXe siècle, les classes laborieuses ont vu leurs salaires presque doubler par rapport au coût de la vie, tandis que la rémunération des capitaux ne cessait de décroître. Mais, sans nous arrêter à ce premier point, nous voudrions rechercher quelle est la nature des relations des ouvriers avec leurs patrons et comment, de la nature de ces relations, se dégagent les moyens les plus efficaces d'améliorer la condition des ouvriers.

Il suffit de la plus superficielle observation des faits pour constater que l'ouvrier et le patron ne sont pas deux rivaux perpétuellement en guerre et dont l'un ne peut s'enrichir que de ce qu'il enlève à l'autre. Ce sont, au contraire, des collaborateurs, associés pour rendre aux consommateurs certains services dont la rémunération est constituée par le prix de vente des produits fabriqués. Le contrat qui lie le patron et l'ouvrier n'est pas une sorte de contrat de servage temporaire, mais un véritable contrat d'association.

Sans doute, des difficultés peuvent s'élever entre

des associés au sujet de la répartition des bénéfices. Mais loin d'être normales, inhérentes à l'essence même du contrat, comme le prétendent les
agitateurs ouvriers, ces difficultés ne peuvent être
qu'accidentelles, car la mésintelligence entre les associés serait fatale à la réussite de l'entreprise, et
le patron qui la provoquerait en s'arrogeant la part
du lion dans le partage des bénéfices de l'association
irait à l'encontre de ses intérêts les plus évidents. Il
est d'ailleurs facile à chacun des associés de faire
des sacrifices dans l'intérêt de l'entente commune
lorsque l'association est prospère et donne de larges
bénéfices ; les difficultés ne surgissent que lorsque
l'affaire venant à péricliter, les profits deviennent
insuffisants pour rémunérer convenablement les
apports de tous les contractants. Le meilleur
moyen d'assurer la paix sociale en satisfaisant à
la fois patrons et ouvriers est donc d'assurer la
prospérité de l'association qu'ils constituent.

Du prix de vente des produits fabriqués par
l'association, une fraction est d'abord employée à
solder les frais généraux de l'entreprise, c'est-à-dire
les frais de surveillance, de comptabilité, d'achat
des matières premières, d'entretien, de fonctionne-
ment et d'amortissement de l'outillage. C'est la
fraction du prix de vente qui n'est pas absorbée par
ces déductions qui constitue les bénéfices de l'association et qui sert à rémunérer d'une part le patron, qui apporte la clientèle, l'outillage, ses facul-
tés de direction et d'initiative, d'autre part les ouvriers, qui fournissent la main-d'œuvre. Plus les
frais généraux seront réduits, plus les bénéfices à
répartir entre le patron et l'ouvrier seront considé-

rables. Les ouvriers ont donc intérêt à se prêter à l'application de toutes les mesures propres à réduire les frais généraux. Par exemple, ils doivent être favorables à l'application du travail aux pièces, qui simplifie la surveillance du patron et intéresse l'ouvrier à produire économiquement. Ils ne doivent pas s'opposer à l'emploi des machines, qui est un des moyens les plus efficaces de réduire les frais généraux de production. Sans doute, le développement du machinisme peut produire des crises passagères pénibles pour ceux qu'elles atteignent directement, mais l'abaissement du prix de vente qui en résulte a pour effet immédiat d'imprimer à la consommation un élan qui ne tarde pas à ouvrir de nouveaux débouchés à la main-d'œuvre.

Il est intéressant de faire remarquer, à propos des crises industrielles qu'amène l'introduction de nouveaux procédés de fabrication, combien les ouvriers trouvent avantage, dans des circonstances difficiles, à appartenir à des établissements dont les directeurs ont su adopter à temps les nouveaux procédés et éviter ainsi la ruine ou la décadence. Les ouvriers peuvent alors se féliciter, non seulement de ce que leur patron est intelligent et avisé, mais encore de ce qu'il est suffisamment pourvu de capital — ce capital si maltraité par les orateurs de réunions publiques — sans lequel il faudrait renoncer à transformer un outillage démodé. Aucun exemple ne saurait mieux faire ressortir la solidarité étroite qui lie patrons et ouvriers.

S'il faut déplorer que les préjugés des ouvriers, soigneusement entretenus par ceux qui vivent de l'exploitation de ces ouvriers, leur fassent trop sou-

vent accueillir sans empressement, ou même avec
une hostilité déclarée, les efforts de leur patron
pour réduire les frais généraux de production, au
grand bénéfice de l'association commune, on ne saurait trop sévèrement condamner les agitateurs qui
osent conseiller aux ouvriers d'employer contre
leur patron l'arme odieuse du sabotage, consistant
à gaspiller les matériaux, à mettre en œuvre ou à
commettre des malfaçons voulues. Autant et plus
qu'au patron, c'est à eux-mêmes et à leurs camarades d'atelier que ces camarades sans scrupules portent préjudice, puisque les matériaux mal employés
et les salaires payés inutilement représentent une
perte sèche pour l'association.

Nous ignorons si ces réflexions vinrent à l'esprit
des ouvriers brestois pendant les quinze jours de
repos plus ou moins volontaire qu'ils avaient consa-
crés à discuter leurs revendications professionnelles.
Il est permis d'espérer que les plus sensés d'entre
eux les auront faites, et s'il en était ainsi, on pourrait presque dire de la grève qui venait de se terminer : « A quelque chose malheur fut bon. »

Avant de clore le récit de cette deuxième série
de grèves, nous croyons intéressant de reproduire
le jugement rendu, le jeudi 23 mars, par le tribunal
civil — jugement qui établit nettement la responsabilité des villes en matière de dégâts causés par les
grévistes au préjudice de particuliers. Voici ce jugement appelé à faire jurisprudence, qui pourra être
invoqué dans la suite, lorsque, à l'exemple de celle
de Brest, une municipalité quelconque favorisera
l'émeute ou même ne prendra pas les mesures indispensables à la garantie des propriétés privées :

Attendu qu'il n'est pas contesté par les parties en cause que, dans la nuit du 16 au 17 juin 1904, un attroupement, formé par des dockers en grève, a jeté à la mer une grande partie des marchandises qui avaient été déchargées le 16 du vapeur *Brestois*, appartenant aux défendeurs Chevillotte frères, armateurs, sur le quai du port de commerce de Brest ; que le déchargement aurait été effectué, dans la journée, sous la protection de la police municipale ;

Que, dans la nuit, trois agents de police seulement étaient de service au port de commerce et que, par conséquent, il n'existait qu'une force absolument insuffisante pour s'opposer au pillage des marchandises déposées sur les quais ;

Attendu que la municipalité de Brest, qui avait fait protéger le déchargement du vapeur *Brestois* contre la violence des dockers en grève, n'ignorait pas la surexcitation des grévistes dans la journée, surexcitation qui devait s'accroître dans la soirée sous l'effet des harangues violentes prononcées dans l'édifice municipal mis à leur disposition ;

Attendu que l'attroupement a été constitué vers onze heures du soir par les grévistes sortant dudit établissement pour se rendre au port de commerce où ne se trouvaient que trois agents de police, ainsi qu'il a été dit précédemment ;

Attendu que la ville de Brest, pour échapper à la responsabilité qu'elle encourt par l'application de l'article 106 de la loi du 5 avril 1884, cour de Rennes, 6 décembre 1904, prétend à tort que les défendeurs Chevillotte frères, avertis de leur côté de l'état d'esprit des grévistes, auraient dû prendre des mesures spéciales pour garantir leurs marchandises contre le pillage ;

Attendu que le législateur a mis à la charge des municipalités le soin d'assurer la sécurité publique, qu'il les a rendues responsables des dommages résultant des crimes ou délits commis à force ouverte ou par violence, sur leur territoire, par des attroupements ou rassemblements, soit envers des personnes, soit envers les propriétés publiques ou privées ;

Attendu que par l'article 108 de la loi du 5 avril 1884, les communes ne peuvent s'exonérer de cette responsabilité qu'en établissant qu'elles ont pris les mesures en leur pouvoir pour prévenir les attroupements et en faire connaître les auteurs, et non en établissant que les citoyens n'ont pas pris les mesures suffisantes pour défendre leurs personnes et leurs biens ;

Attendu que cette thèse serait, d'ailleurs, des plus dangereuses pour l'ordre public et aboutirait aux pires catastrophes si chacun en était réduit à organiser la force armée pour son usage particulier et pour défendre ses biens ;

Attendu que, dans ces conditions, la seule question que présente le litige est de déterminer le dommage et de dire quel sera le règlement à intervenir entre les parties ;

Attendu qu'au moment où les marchandises ont été jetées à la mer, elles étaient à quai, au compte des défendeurs Chevillotte frères, en ce sens qu'ils en étaient responsables comme transporteurs, le destinataire n'en ayant pas pris livraison et n'ayant pas été mis en demeure de le faire :

Attendu que la ville de Brest n'a pu établir qu'elle avait pris les mesures en son pouvoir pour prévenir l'attroupement qui a occasionné le dommage : qu'ainsi les demandeurs Chevillotte frères justifient qu'ils ont été, par suite d'un cas de force majeure, dans l'impossibilité de livrer au demandeur les marchandises qui ont été enlevées des quais par les grévistes et jetées à la mer ;

Attendu qu'ils sont, en conséquence, déchargés des obligations de leur contrat de transport :

Que le propriétaire des marchandises transportées à ses risques a, dès lors, une action directe, comme d'ailleurs toute personne lésée. (Sourdat. *Traité de la responsabilité*, tome II, n° 1.390. page 649. 5ᵉ édition), contre la commune responsable, justement mise en cause par les défendeurs :

Attendu qu'il n'est pas contesté que sur les vins portés sur la facture Darcin. expéditeur. 1.792 litres seulement étaient restés à bord et ont été livrés au destinataire ; que la différence de 7.160 litres représente une valeur de 2.531 fr. 70 : que, d'autre part, douze fûts vides contenant ces vins ont une **valeur de** 600 francs :

Attendu que sur les vins facturés par Constantin Cadet, 7.411 litres ont été livrés au destinataire, le surplus de 11.115 litres valant 3.410 fr. 20 et les 18 fûts vides 720 francs :

Attendu qu'au total les marchandises non livrées valent 6.963 fr. 90;

Attendu que la ville de Brest prétend que le demandeur Benoît ne devait point laisser pour compte au transporteur les marchandises jetées à la mer et sauvetées, sous le prétexte qu'elles étaient avariées par leur séjour en mer ;

Que le préjudice eût été moins important s'il en avait pris livraison pour les écouler dans son commerce, sauf à réclamer une indemnité de dépréciation ;

Attendu que le destinataire, aux termes du contrat de transport. n'était point tenu de prendre livraison de marchandises avariées. qui avaient cessé irrégulièrement d'être entre les mains du transporteur :

Attendu qu'aussitôt après le pillage du 16 juin les parties ont provoqué, par la voie d'un référé. une expertise et la nomination d'un consignataire, qui a fait vendre les marchandises avariées ;

Attendu que la vente des marchandises avariées a été réalisée, que le montant net de cette vente, étant de 2.276 fr. 71, devra être déduit des sommes dues par la ville de Brest au demandeur Benoît, qui est fondé à retenir sur les 4.159 francs. produit brut de la vente, les honoraires du commissaire-priseur, des experts, les frais de sauvetage, les frais de référé et tous ceux faits pour parvenir à la vente ;

Attendu que celui-ci justifie d'un préjudice s'élevant à 6.963 fr. 90, non compris les intérêts depuis le 17 juin 1904 ;

Attendu qu'il y a lieu de lui allouer aussi, à titre de supplément de dommages-intérêts, les frais de mise en cause du transporteur, faits à bon droit, puisque la preuve du cas de force majeure lui incombait ;

Par ces motifs :

Met les défendeurs Chevillotte frères hors de cause, sans dépens ;

Condamne M. le maire de la ville de Brest, ès qualité, à payer au demandeur Benoît la somme de 6.963 fr. 90, avec les intérêts au taux légal du 17 juin 1904 ;

Dit que le montant net de la vente des marchandises effectuée par M⁰ Barbedienne, commissaire - priseur, 2.276 fr. 71, sera déduit de la somme due ;

Condamne M. le maire de la ville de Brest, ès qualité, en tous les dépens, y compris, à titre de supplément de dommages-intérêts, ceux faits par et contre les défendeurs Chevillotte frères et ceux déduits du montant brut de la vente ;

Rejette le surplus des conclusions.

Ainsi donc, non seulement les citoyens sont pillés, mais, puisque les demandeurs sont contribuables, ils se remboursent à eux-mêmes une partie des dommages-intérêts alloués par le tribunal civil. Le maire de Brest était condamné, mais c'est l'ensemble des contribuables qui paya les frais de la casse. A ce compte, et bien que les villes soient, en telle occurrence, rendues responsables, les municipalités collectivistes, révolutionnaires et anticapitalistes, peuvent impunément favoriser l'émeute et l'action directe.

Après les grèves de 1904, les habitants de Brest avaient eu quelques mois de répit. Après celle de 1905, une réelle lassitude s'empara des ouvriers et la fête du Premier Mai se ressentit de cet état d'âme de la classe prolétarienne. Elle fut peu bruyante.

Dans l'arsenal même, sur 6.000 ouvriers, 435 seulement chômèrent. Une petite représentation fut donnée aux *militants* dans la salle de Venise, où, en présence de nombreux spectateurs, le drapeau tricolore fut foulé aux pieds, puis servit de mouchoir à l'un des interprètes du drame antimilitariste. Et ce fut tout...

Arrivons maintenant au Premier Mai 1906 et aux événements importants décisifs qui marquèrent cette période de déclin, de réelle déchéance pour les agitateurs de la Bourse du Travail. Ne pouvant tout rappeler, nous sommes obligé de négliger certains faits qui se produisirent dans l'intervalle et qui rappelèrent aux Brestois l'existence de l'officine révolutionnaire. Les membres du comité, entretenus pour la plupart aux frais des contribuables, essayèrent par tous les moyens de fomenter des troubles, d'organiser de nouveaux désordres, afin, sans doute, de gagner leur salaire municipal. Deux fois, ils réussirent : ce fut en novembre 1904 et en novembre 1905, époques auxquelles éclatèrent les grèves des arsenaux — mais le plan de ce livre comportant une étude spéciale de l'arsenal, nous parlerons de ces événements dans les pages du chapitre VI.

Le comité de la Bourse du travail préparait de longue main la « fête » du Premier Mai 1906. Elle devait être la revanche des défaites passées ! Les élections législatives n'allaient-elles pas favoriser un mouvement de la rue ? A la veille du scrutin, le gouvernement oserait-il montrer des soldats en armes contre les travailleurs ? Le ministre de la marine, M. Thomson, venait, par une circulaire tout au moins inutile et plutôt maladroite, d'autoriser les ouvriers de l'arsenal à chômer ce jour-là.

Comme l'agitation gagnait, le préfet du Finistère n'hésita pas. Il prit, dès le 28 avril, un arrêté interdisant toutes les manifestations, toutes les réunions, tous les cortèges sur la voie publique et prescrivant que les rassemblements qui se formeraient ou tenteraient de se former seraient dispersés par la force sans autre avertissement.

C'était net, catégorique. Les amateurs de tapage étaient prévenus.

Des troupes arrivent de toutes parts, et la ville, encore une fois, est transformée en camp retranché. Le 29, un meeting se tient à la Bourse du Travail. La vue des soldats bivouaquant sur les places publiques a surexcité au plus haut point les orateurs qui essaient par leurs discours incendiaires de galvaniser leurs auditeurs. Un individu, nommé Cessou, qui se donne comme ouvrier du bâtiment, déclare « qu'il faut que l'on envoie à l'hôpital au moins la moitié des hussards et les trois quarts des chevaux à la boucherie hippique ». Toutes les allocutions sont de ce style — mais on sent que les paroles sonnent creux, que les leaders révolutionnaires prêchent un peu dans le désert. A la sortie de la réunion, malgré les excitations à l'action directe les plus caractérisées, les ouvriers esquissent à peine une légère tentative de protestation. Ce n'était pas encore pour ce jour-là que les hussards seraient envoyés à l'hôpital...

Nous voici au 30 avril. C'est la veille de la Grande Journée. La Bourse du Travail est en effervescence. A huit heures du soir, plus de 3.000 ouvriers s'entassent dans le hall de la Société de gymnastique la *Brestoise*. Voici un échantillon des harangues prononcées devant ce peuple houleux :

> Que les mouchards qui sont ici pour répéter à l'infâme Collignon, qui a été l'organisateur des troubles, que l'infâme Collignon, dis-je, sache bien, par la bouche de tous les mouchards qui m'entourent, que si l'on fait violence aux travailleurs, ils ont assez d'énergie pour employer les mêmes armes que l'on tentera d'employer contre nous. (Applaudissements. A bas la calotte !)
>
> Oui, la calotte, camarades, n'existe pas seulement sous le chapeau de l'ecclésiastique, du curé ou de l'évêque ; la calotte est sous le képi du soldat, du gendarme, du flic.
>
> Il faut pendre la calotte, toutes les calottes, la calotte capitaliste surtout, qui paie toutes les calottes réunies.
>
> La société pourrie que nous voulons détruire, est-ce qu'elle n'est pas soutenue par le flic, le gendarme, le mouchard?

Ces paroles étaient sorties de la bouche du citoyen Roullier, secrétaire général de la Bourse du Travail — un gaillard qui, entretenu aux frais des contribuables par faveur spéciale du conseil municipal, tenait à montrer qu'il était bien *the right man in the right place*. L'infâme préfet Collignon, on le verra bientôt, n'était pas homme à se laisser intimider par un pareil langage...

A la sortie, dans la nuit, les hussards doivent charger à plusieurs reprises pour disperser des bandes d'énergumènes qui, énivrés d'éloquence, veulent absolument chanter la *Carmagnole*.

Comme par hasard, les dockers se trouvaient en grève le Premier Mai. Aussi sera-ce leur drapeau noir, semblable à un drap mortuaire, qui planera au-dessus des foules durant toute la journée. On l'aperçoit une première fois à un meeting matinal tenu, comme celui de la veille, dans le hall de la *Brestoise*. Remarquons que ce meeting est présidé par l'adjoint Vibert.

A la sortie, comme des bousculades se produi
saient et comme les dockers voulaient exhiber quand
même leur drapeau noir, qui est saisi par la police
le préfet intervient. L'adjoint Vibert s'avance ver:
M. Collignon et lui demande de tolérer la manifesta
tion ; mais le préfet lui réplique :

— Je ne puis admettre, monsieur Vibert, que cette
ville soit constamment, depuis deux ans, en état de
révolution. Je ne tolérerai ni cortège, ni chants, ni
bannières... Dites à vos amis ce que je viens de vous
dire et que mon arrêté sera respecté à tout prix. Si
vous aviez été tout à l'heure, vous, monsieur Vibert, dans le groupe qui entourait le drapeau des
dockers, vous seriez maintenant arrêté et écroué...

M. Collignon était indigné au plus haut point de
l'attitude des municipaux brestois. L'adjoint Vibert
fut, ce jour-là, sur le point d'être arrêté. Devant la
résolution du préfet, il se retira, penaud.

Le reste de la journée se passa en meetings, où
les adjoints Vibert et Goude apparurent et parlèrent leur langage ordinaire de haine et de violence.

En somme, cette journée du Premier Mai 1906
avait été plutôt un échec pour la Bourse du travail,
dont l'étoile rouge commençait à pâlir. Ce résultat
était surtout dû aux mesures énergiques, aux résolu-
tions inébranlables prises d'un commun accord par
M. Collignon, préfet du Finistère, et par son
actif collaborateur, M. Tourel, sous-préfet de Brest,
que l'émeute ne trouva jamais au dépourvu.

Le comité de la Bourse s'efforçait cependant de

faire croire à un mouvement de grève générale qui, en fait, n'existait pas. Le nombre des auditeurs qui, le 2, le 3 et le 4 mai, se rendirent aux réunions annoncées toujours à grands coups de grosse caisse, diminuait sensiblement. Les discours des agitateurs n'en étaient que plus odieux. Nous renonçons à les reproduire. Il y en a trop, et quand nous aurons dit que, depuis le président de la République jusqu'au dernier des patrons brestois, en passant par MM. Clemenceau et Briand, tout ce qui représente en France ou à Brest une parcelle d'autorité fut traîné abominablement dans le ruisseau, nous aurons suffisamment dépeint la situation au moment où va se produire un coup de théâtre inattendu.

Le vendredi 4 mai, en effet, vers midi, les Brestois virent une chose singulière : un peloton de gendarmes à cheval était venu cerner la Bourse du Travail, durant que le commissaire de police pénétrait dans le sanctuaire. Il y avait évidemment du nouveau. Les excitations des révolutionnaires avaient enfin réveillé la justice qui, comme toujours, avait dormi, depuis deux ans, du plus profond sommeil.

Au cours de la période si troublée que nous venons de suivre jour par jour, les occasions d'intervenir judiciairement n'avaient pourtant pas manqué.

Après avoir excité les soldats à l'indiscipline, poussé les malheureux travailleurs dans la voie du sabotage et de l'empoisonnement systématique des bourgeois, on était allé plus loin.

Les mesures d'ordre étant très rigoureuses, les révolutionnaires ne pouvant envahir les chantiers et les ateliers pour débaucher les ouvriers par la force, des menaces individuelles furent adressées aux patrons qui ne voulaient pas plier devant l'ultimatum de la Bourse du Travail, aux ouvriers qui ne voulaient pas abandonner l'outil.

D'autre part, des actes de sabotage de pain avaient été signalés aux autorités.

La chancellerie, mise au courant de tous ces faits, crut qu'elle ne pouvait plus rester inactive.

Elle informa le procureur général à Rennes d'avoir à suivre de près le mouvement révolutionnaire de Brest et de réprimer tous les actes contraires aux lois.

Dans la nuit du 3 au 4 mai, des instructions arrivèrent au parquet de Brest.

M. Denier, procureur de la République, saisit M. Leray, juge d'instruction, des faits délictueux reprochés à un certain nombre de révolutionnaires.

Le juge d'instruction lança immédiatement sept mandats d'amener contre :

CONCHES (Jules-Marie), *40 ans, se disant préparateur de pharmacie à la Bourse du Travail de Paris, né à Nérac, détaché à Brest par la Confédération générale du travail ;*

ROULLIER (Jules), *32 ans, né à Saint-Mars (Sarthe), demeurant rue Kérivin, à Brest, secrétaire général de la Bourse du Travail de Brest ;*

LE TRÉHUIDIC (Jean-Marie), *45 ans, né à Douarnenez, ancien adjoint au maire, secrétaire du syndicat du bâtiment, concierge de la Bourse du Travail ;*

DEMEULE (Henri), *né en 1862, demeurant rue Saint-Malo, ouvrier au port, l'orateur anarchiste bien connu des réunions publiques ;*

BEAUPERIN (Louis), *42 ans, demeurant 43, Grand'-Rue, afficheur de la Bourse du Travail ;*

BIHAN (Faou), *menuisier, qui, le 1ᵉʳ mai, mit un revolver sous le nez d'un officier de hussards, et qui se cachait depuis ;*

CESSOU, *l'ébéniste que l'on vit pérorer dans toutes les réunions en poussant à l'action directe.*

Lorsque la nouvelle fut connue en ville de cet acte d'énergie, une joie profonde s'empara de la population. On ne pavoisa pas, mais ce fut tout juste.

A quatre heures de l'après-midi, les perquisitions étant terminées à l'intérieur de la Bourse du Travail, les sept individus arrêtés furent conduits à la prison du Bouguen sous bonne escorte d'agents de police et de gendarmes, pendant que le colonel d'infanterie coloniale Beaujeux recevait l'ordre d'occuper militairement le local désormais assaini où, depuis deux ans, se fomentaient les complots contre la société, contre le patronat, contre l'armée, contre le bourgeois, contre le gouvernement, — contre tout le monde.

Le soir, les socialistes esquissèrent une sorte de meeting de protestation, mais les menaces proférées ne franchirent pas l'enceinte murée du hall de la *Brestoise,* que la municipalité s'était empressée de mettre à la disposition des gréviculteurs comme Bourse du Travail provisoire.

Le 5 mai, les organisateurs de meetings étaient obligés de constater que personne ne venait plus à leur appel. L'ère des agitations grévistes était terminée. Elle ne s'est jamais rouverte depuis. Donc, la fermeture de la Bourse du Travail avait été un acte vraiment méritoire et ce sera l'éternel honneur de M. Collignon, préfet du Finistère, et de M. Tourel, sous-préfet de Brest, d'en avoir assuré l'exécution.

Après deux ans et plus d'agitation révolutionnaire, après deux ans de ruines accumulées par la faute des mêmes, après deux ans d'outrages sanglants adressés à l'armée, à la République, au préfet, aux ministres, — le gouvernement s'était décidé à coffrer les tristes individus que la municipalité avait complaisamment logés dans un immeuble de la ville ; le gouvernement s'était aussi décidé à occuper militairement cet antre d'anarchie et de propagande par le fait, qui s'appelle la Bourse du Travail !

Il y avait mis le temps, le gouvernement !

Cette opération chirurgicale eût gagné à être entreprise plus tôt.

Les mesures de défense sociale n'auraient pas dû en rester là. L'œuvre d'épuration n'eût été complète que si la municipalité, du même coup, avait été dissoute. Les motifs ne manquaient pas à qui eût eu le courage de frapper.

Dix fois déjà, la municipalité et le conseil municipal avaient été pris en flagrant délit d'illégalité et de mauvaise administration ; dix fois, les municipaux étaient entrés en conflit violent avec l'administration supérieure, et nous avons vu le préfet du Finistère menacer publiquement l'adjoint Vibert de le faire coffrer.

C'est la municipalité qui avait fondé la Bourse du Travail. La responsabilité de la création d'un pareil foyer d'agitation révolutionnaire remonte tout droit au maire, aux adjoints et aux conseillers municipaux. La dissolution de cette assemblée révolutionnaire eût été la suite logique de l'acte énergique du 4 mai 1906.

Comment le gouvernement a-t-il pu tolérer que la ville de Brest fût dépourvue pendant deux ans d'une compagnie de pompiers régulièrement constituée et régulièrement payée ?

Comment a-t-il pu supporter que les contribuables fussent obligés de payer des émoluments aux grévi-culteurs de la Bourse du Travail ?

Comment le gouvernement n'a-t-il pas compris qu'en autorisant certains ouvriers de l'arsenal à injurier continuellement leurs chefs, il manquait à tous ses devoirs ?

Comment, enfin, lui a-t-il fallu deux ans de continuel scandale et de continuelle provocation pour se décider à sévir ?

La réponse à toutes ces questions nous fut fournie le 1er juillet suivant, lorsque M. Clemenceau, par une double mesure injustifiable, par un caprice, frappa de disgrâce le préfet du Finistère et le sous-préfet de Brest.

Ces deux fonctionnaires éminents, intrépides, furent victimes de leur dévouement à la République. Nous leur consacrerons dans une autre partie de cet ouvrage les pages qui leur sont dues.

Le 1er juillet, M. Collignon et M. Tourel étaient mis en disponibilité. Le 3 juillet, les portes de la prison du Bouguen s'ouvraient et les agitateurs de la Bourse du Travail étaient remis en liberté. Leur nombre s'était accru depuis le 4 mai. Huit autres individus avaient été incarcérés sur mandat d'arrêt du juge d'instruction Leray. Ainsi, après deux mois de prison préventive, la clef des champs était délivrée à ces quinze inculpés qui, du reste, ne furent jamais traduits devant aucun tribunal, et cette libération s'effectuait à l'heure même où les sauveurs de l'ordre qu'étaient le préfet et le sous-préfet de Brest étaient disgraciés.

Or, une simple remarque s'impose : ou les gréviculteurs étaient coupables de quelque délit, et il fallait les poursuivre, soit devant la juridiction correctionnelle, soit devant la cour d'assises ; ou ils étaient innocents, et M. Clemenceau, pour combler la mesure de bonté, eût dû leur distribuer de sérieux dédommagements. Nous avons suffisamment établi, par la reproduction même de leurs discours, leur entière culpabilité, et l'ordonnance du juge d'instruction Leray l'authentifia surabondamment. Nous laissons au lecteur le soin de conclure.

Mais, malgré M. Clemenceau, la Bourse du Travail avait bien reçu le coup de la mort des mains de MM. Collignon et Tourel.

Aux approches du 14 juillet 1907, son comité essaya de bluffer en répandant par la ville des placards antimilitaristes et révolutionnaires où les citoyens étaient conviés à organiser une manifestation nocturne à l'occasion de la retraite aux flambeaux du 13 et à se munir de sifflets pour la revue du lendemain.

L'effet de cette proclamation *in extremis* ne se fit pas attendre. Le successeur de M. Tourel à la sous-préfecture de Brest, M. Fontanès, enjoignit au maire de prendre un arrêté supprimant la retraite et interdisant toutes les réunions publiques annoncées pour le 14 juillet. Afin d'assurer l'exécution la plus stricte de cet arrêté, une compagnie d'infanterie fut envoyée à l'intérieur de la Bourse du Travail qui, encore une fois, fut occupée militairement !

Il n'était pas banal de voir ainsi, à un an de distance, et presque jour pour jour, M. Clemenceau ordonner au représentant de son gouvernement de prendre des mesures identiques à celles qui avaient déterminé le même ministre à frapper iniquement le prédécesseur de M. Fontanès !

L'incohérence de M. Clemenceau n'est peut-être jamais apparue plus clairement que dans les incidents brestois des années 1906 et 1907. Nous mettons au défi tel devineur de rébus, si malin qu'il puisse être, de nous expliquer pourquoi M. Tourel, sous-préfet de Brest, fut disgracié le 2 juillet 1906, alors qu'il avait exécuté les mêmes ordres que ceux donnés le 13 juillet 1907 à son successeur, M. Fontanès, dans les mêmes circonstances et contre les mêmes perturbateurs.

Nous avons terminé l'histoire de la Bourse du Travail de Brest. Cet établissement existe toujours à l'état d'institution municipale, — mais il n'est guère plus fréquenté que par quelques rares « militants ». Le jour est prochain, nous l'espérons, où il sera fermé et où il ne restera plus que le souvenir de sa malfaisance.

CHAPITRE VI·

L'Arsenal. — L'œuvre du Syndicat rouge.
Deux Préfets maritimes en fâcheuse posture

Nous avons vu que le syndicat « rouge » de l'arsenal avait joué un rôle très important dans les événements de 1904 et de 1905. Ce syndicat fut qualifié de *rouge* à partir du jour où sous l'influence de M. Biétry, député de Brest, un syndicat « jaune » ou indépendant se forma en 1906. La loi n'autorisant pas encore les syndicats de fonctionnaires, l'existence de ceux des arsenaux est parfaitement illégale. Le ministre du commerce du cabinet de M. de Freycinet, M. Jules Roche, soutenait le 17 novembre 1891, devant la Chambre des députés, que les agents du gouvernement n'avaient pas le droit de bénéficier de la loi du 21 mars 1884, « parce que, disait-il, cette loi ne s'applique pas à eux ; parce que s'ils se syndiquaient, ce serait contre la représentation nationale elle-même qu'ils organiseraient le syndicat ». La Chambre donna raison à M. Jules Roche. En 1894, M. Barthou soutint sans succès la thèse de M. Jules Roche et, le 22 mai, la majorité émettait le vœu suivant, qui entraîna la chute du ministère Casimir-Perier : « La Chambre, considérant que la loi de 1884 s'applique aux ouvriers et employés de l'Etat aussi bien qu'à ceux des industries privées, invite le gouvernement à la respecter et à en faciliter l'exécution. » En 1896, un membre du Sénat tenta vainement de faire dissoudre comme illégaux des syndicats. L'ordre du jour du 22 mai 1894 avait déjà produit son effet et de toutes parts, dans les manufactures de l'Etat, s'ébauchèrent des groupements syndicalistes.

Vint M. Camille Pelletan. A peine devenu le chef de la marine, celui-ci lançait la circulaire suivante :

Le ministre de la Marine à messieurs les vice-amiraux commandant en chef, préfets maritimes ; les directeurs des établissements hors des ports.

Paris, 25 octobre 1902.

Messieurs,

J'ai pu m'assurer à maintes reprises que les autorités locales relevant du département de la marine conservaient certaines hésitations au sujet des rapports qu'elles peuvent entretenir avec les syndicats d'ouvriers et d'employés civils jusqu'à ce que ces syndicats soient officiellement reconnus et comme si, aujourd'hui, ils étaient simplement tolérés.

Une loi déjà ancienne a créé la liberté des associations syndicales, en indiquant dans quelles conditions elles pouvaient se former. Toutes celles qui ont satisfait à ces conditions possèdent une existence légale, sans avoir besoin d'une reconnaissance officielle particulière.

On s'était demandé, au début, si la liberté des syndicats s'étendait aux personnels civils qui sont au service de l'Etat. La question est tranchée depuis longtemps, et le gouvernement, depuis un certain nombre d'années, est entré en relation avec des syndicats d'ouvriers ou d'employés relevant d'autres départements ministériels. *Il est impossible d'admettre que la marine ait un régime légal différent de celui du reste du pays.*

Les doutes que j'ai remarqués n'ont donc aucun motif, et les autorités des ports ou des établissements de la marine n'ont aucune raison d'hésiter à entrer en rapport avec les syndicats établis parmi leurs subordonnés en vertu de la loi du 21 mars 1884.

Camille PELLETAN.

Nous voici loin de la thèse des Jules Roche et des Barthou (1). Le ministre de la Marine du cabinet Combes ouvrait ainsi délibérément l'ère des difficultés pour les préfets maritimes, avec lesquels, désormais, les syndicats des arsenaux s'accoutumèrent à traiter d'égal à égal. Celui de l'arsenal de Brest se lança éperdument dans la politique active. Et comme il avait mené le bon combat socialiste, c'est dans son sein que les électeurs allèrent chercher les conseillers municipaux les plus marquants. Le 8 mai 1904, douze ouvriers ou employés de l'arsenal étaient élus. Lorsqu'il s'agit de choisir les membres de l'administration municipale, le commis de l'arsenal Goude et l'ouvrier Vibert furent nommés adjoints.

A cette occasion encore, M. Camille Pelletan témoigna à ces agents une sympathie sans limites.

Une circulaire du ministre de la Marine, vice-amiral Krantz, en date du 24 mai 1898, prescrivait que « les employés civils de la marine peuvent être conseillers municipaux, à la charge, toutefois, de n'accepter aucune mission de nature à absorber leur temps au détriment du service. Ils ne devront donc se laisser nommer ni maires, ni adjoints, ni membres de commissions susceptibles de les astreindre à des réunions fonctionnant pendant les heures de bureau ; ils auront soin, d'une manière générale, que leur service ne souffre en rien de l'accomplissement du mandat municipal. »

M. Camille Pelletan n'hésita pas à rapporter les décisions antérieures.

---

(1) On sait que M. Barthou, ministre des Travaux Publics du cabinet Clemenceau, a continué de se montrer hostile aux syndicats de fonctionnaires.

Le préfet maritime, ayant appelé l'attention du ministre de la Marine sur la situation irrégulière dans laquelle se trouvaient les deux adjoints, eu égard à la circulaire Krantz, reçut la réponse que voici :

Paris, le 21 mai 1904.

CIRCULAIRE

A la suite des dernières élections municipales, on m'a demandé si les membres des personnels civils relevant de la marine pouvaient accepter les fonctions de maire ou d'adjoint.

Là où la loi n'a établi aucune incompatibilité, je ne me reconnais pas le droit d'en établir une et d'empêcher les élus du suffrage universel de porter leur choix sur ceux de leurs collègues qui leur sembleraient les plus dignes.

On objecte que le service de l'Etat pourrait souffrir de l'obligation où se trouveraient les maires et adjoints pris dans le personnel de la marine de s'absenter de leur travail pendant les heures exigées pour l'accomplissement de leurs fonctions municipales.

Il est évident qu'il convient de leur laisser, sans les priver de leur pain quotidien, le temps de s'acquitter de leurs nouveaux devoirs.

Je pense qu'il suffira de s'adresser à leur bon sens et à leur conscience pour qu'ils n'essayent pas d'abuser de la faculté qui leur serait ainsi accordée et qu'ils continuent à assurer leur service aussi complètement qu'il sera possible.

S'il vous semblait qu'il en est autrement, vous m'en aviseriez, et, s'il le fallait, je ferais en sorte de limiter leur présence au temps strictement réclamé pour l'accomplissement de leur mandat. Si l'on se rappelle le petit nombre de cas sur lesquels porte la question posée, on aura quelque peine à croire que le service de l'Etat puisse souffrir d'absences aussi restreintes dans les limites raisonnables.

Signé : **PELLETAN.**

Dans ces conditions, MM. Vibert et Goude étaient autorisés à conserver leurs fonctions d'adjoints, à en remplir les différentes obligations sans s'exposer à « être privés de leur pain quotidien ».

Le syndicat *rouge* de l'arsenal se trouvait, du

même coup, formidablement armé. En outre, il allait trouver, dans le mécontentement général des ouvriers de l'arsenal, une base d'opération redoutable pour la campagne à mener contre la hiérarchie maritime, contre le *galon*, contre l'officier de tout grade.

Depuis de longues années, les ouvriers des arsenaux de la marine réclamaient, et ils réclament encore, des augmentations de salaires. Leurs réclamations ont presque toujours trouvé au Parlement un accueil sympathique. Ceux de Brest, en particulier, furent toujours soutenus par les représentants du Finistère, et cela malgré l'agitation malsaine de leur syndicat, dont l'attitude révolutionnaire a eu, dans toute la France, un fâcheux écho. Il ne faudrait pas croire, du reste, et nous le disons une fois pour toutes, que les travailleurs de l'immense usine militaire qui s'élève sur les deux rives de la Penfeld soient, en majorité, des insurgés, des anarchistes, des antimilitaristes.

Dans ses plus beaux jours, le syndicat rouge, fondé le 8 avril 1900, ne compta guère plus de 2 à 2.500 membres, sur un effectif total de 6.000 ouvriers. Aussi, dans l'étude que nous entreprenons, il importe de ne pas confondre la très énergique volonté que nous avons de montrer au pays le péril de l'action syndicaliste parmi le personnel des arsenaux, avec tel ou tel autre sentiment mesquin et coupable qui tendrait à vouloir discréditer aux yeux de l'opinion toute une catégorie de salariés très dignes d'intérêt, si l'on considère leurs besoins et les ressources mises à leur disposition par l'Etat-Patron. Il est deux façons de s'occuper des ouvriers-électeurs : la première, elle est coutumière aux politiciens arrivistes, consiste à les flatter, à leur promettre la lune, à les approuver dans tous leurs écarts et dans toutes leurs fautes ; la seconde, et c'est la meilleure, est de dire simplement aux prolétaires où est la vérité, de quelle façon légale et sage ils doivent aiguiller leurs revendications, de les mettre en garde surtout contre les moyens d'action directe et de révolte si étourdiment conseillés par les *militants* socialistes et révolutionnaires.

Le syndicat rouge a manœuvré de telle sorte que si, d'aventure, un étranger questionne un habitant de Brest appartenant à l'une quelconque des classes moyennes sur la situation des ouvriers de l'arsenal, il s'attire inévitablement cette réponse :

— L'ouvrier du port ! Intéressant ?... Vous voulez rire, sans doute ? Il n'a rien à faire. Son pain est assuré. De plus, il a une retraite... C'est un privilégié...

Or, voici quel est le privilège résumé en cette formule : salaires trop bas, personnel trop nombreux, organisation défectueuse du travail.

Salaires trop bas, et, en effet, sans sortir de France et des industries d'Etat, voici des ouvriers des arsenaux de la guerre avec des salaires de 30 0/0 supérieurs à ceux de leurs camarades de la marine ; ceux des tabacs supérieurs aussi et de 62 0/0 ; ceux des allumettes supérieurs de 90 0/0.

Le salaire moyen de l'ouvrier dans les arsenaux de la marine est de 3 fr. 50 par jour, très inférieur aux salaires accordés par l'industrie privée simi-

laire : aux chantiers de La Seyne, il est de 4 fr. 50 ;
à Saint-Nazaire, de 5 fr. 20 ; aux usines métallur-
giques de la Loire, de 4 fr. 35.

La retraite moyenne des ouvriers des arsenaux
est, à l'âge de 50 ans, après 25 ans de services, de
600 fr. Elle peut être portée à 750 fr. si le bénéfi-
ciaire prolonge son service au delà des limites sus-
indiquées.

Comparons maintenant avec l'étranger : Dans
l'arsenal de Plymouth, le salaire moyen de l'ouvrier
n'est pas inférieur à 6 fr. 50. Et cependant, la
France construit ses bateaux avec des majorations
variant de 35 à 50 0/0 sur les sommes dépensées
pour le même objet en Angleterre. De telle sorte
que la marine française s'arrange de façon à payer
ses vaisseaux 50 0/0 plus cher que la marine anglaise, tout en donnant à ses ouvriers des salaires
moitié moindres ! En tenant compte du bas prix des
matières premières chez nos voisins, on ne peut
s'empêcher de trouver de semblables écarts tout à
fait extraordinaires.

Il y a forcément quelque chose de mal organisé
chez nous, et ce défaut d'organisation, tout en gre-
vant le contribuable, a pour résultat de mettre l'ouvrier de la marine dans un état très voisin de la misère. Il faut méditer, à ce propos, le tableau dressé
par M. Dagnaud du budget de la famille ouvrière
réduite aux seules ressources du salaire moyen, soit
1.005 fr. par an ! (1)

Un préfet maritime le disait naguère :

« La solution de ces questions (salaires et orga-

______

(1) G. Dagnaud : *La Condition des ouvriers des arsenaux de
la marine (1904).*

nisation du travail) est d'autant plus grave que la race s'étiole et que les enfants arrivant à la puberté sans avoir été suffisamment nourris deviennent moins aptes à affronter les épreuves que réserve à notre pays le siècle qui est en train de s'ouvrir. »

Il y a là, très évidemment, des questions qui doivent intéresser tous les gens de cœur et de raison, sans acception de parti. Et, quand elles apparaissent, il faut avoir le courage, parfois très difficile, de repousser loin de soi les colères légitimes et les indignations que peuvent provoquer certains procédés de violence.

Les procédés de violence sont toujours regrettables, et il ne faut cesser de les blâmer. Mais l'écrivain impartial doit donner à chacun ce qui lui revient. Aussi devons-nous flétrir également les procédés de certains politiciens qui, par exemple, à la veille d'une élection, font miroiter aux yeux de pauvres diables d'ouvriers d'Etat, leurs électeurs, des promesses d'augmentation de salaire. Ce scandale s'est produit à Brest lors des élections législatives de 1902. Le député radical Isnard, craignant sans doute pour son siège, fit publier, deux jours avant le scrutin de ballottage, le tract que voici :

SCRUTIN DE BALLOTTAGE DU 11 MAI 1907

Aux Ouvriers du Port,

Leur député Isnard.

Pour couper aux manœuvres de la dernière heure, et aux bruits que nos adversaires font courir dans le port, relativement à l'avancement, pour semer le mécontentement parmi vous, je me vois dans la nécessité de publier la lettre suivante, que je viens de recevoir :

Ministère de la Marine   RÉPUBLIQUE FRANÇAISE

DIRECTION CENTRALE
des
CONSTRUCTIONS NAVALES

Paris, le 6 mai 1902.

Le Ministre de la Marine à M. Isnard, député.

Vous avez bien voulu appeler mon attention sur la *question de l'avancement des ouvriers du port de Brest*, qui vous ont exprimé leurs craintes de voir leur avancement normal réduit, par suite du relèvement du salaire minimum des ouvriers permanents et des ouvriers stagiaires.

Je m'empresse de vous faire savoir que ces craintes ne sont nullement fondées.

L'abaissement de la moyenne des salaires des ouvriers des constructions navales de Brest, au 1ᵉʳ octobre 1901, a laissé, en effet, *un disponible suffisant* pour pouvoir assurer au personnel, *en plus du relèvement du salaire minimum, l'avancement normal moyen* pour l'attribution des primes à l'ancienneté et à la capacité.

Agréez, etc.

Signé : DE LANESSAN.

1ᵒ Je suis avisé également que le ministère fait mettre à l'étude la **reconstitution des écoles d'apprentis** *et la création de cours pour développer l'instruction des jeunes ouvriers ;*

2ᵒ Les services sont invités, par une circulaire du 24 avril, à présenter leurs observations sur la manière dont il convient de répondre au désir exprimé par la Chambre des députés de modifier le travail à la tâche, et d'affecter les crédits rendus disponibles à un relèvement général des salaires de 0 fr. 20 centimes.

N.-B. — Je ne suis responsable en rien de la répartition des avancements. Mon devoir consiste à demander et à obtenir du Parlement des crédits pour l'amélioration du personnel, et pas autre chose.

A. ISNARD.

M. Isnard fut élu — et validé parce qu'il était du côté du gouvernement. Un député de l'opposition qui eût employé des moyens analogues eût été impitoyablement invalidé pour faits de corruption électorale.

Si encore les promesses du député élu avaient été

tenues ! Si la situation de ses électeurs bénévoles avait été réellement améliorée, ce procédé de chantage électoral eût pu passer inaperçu — mais il n'en fut rien. A force d'être bernés par leur député radical, les ouvriers de l'arsenal voulurent le remplacer, en 1906, par un député collectiviste. Ils ne réussirent pas, mais leur geste avait été provoqué par les tromperies de l'autre.

Ces choses dites, et il fallait les dire, nous allons voir le syndicat rouge à l'œuvre dès que la circulaire de M. Camille Pelletan lui eût ouvert les portes de la préfecture maritime. Et nous allons, certes ! en voir de raides.

C'est le 6 décembre 1903 que le « conseil d'administration du syndicat des travailleurs réunis du port » prend ouvertement position contre les autorités civiles et militaires et se déclare pour les émeutiers (1). Jusqu'alors, ce conseil d'administration avait agi dans l'ombre. Le factum *A bas les assassins !* indiquait nettement de quel esprit ce syndicat était animé. Il se lançait en plein dans la bataille politique, dans la guerre des rues...

Les élections municipales ont lieu. Voici les membres du « conseil d'administration » en force à l'hôtel de ville. Désormais, ces messieurs vont s'appliquer à créer au gouvernement, voire à leur bon ami Camille Pelletan, les pires difficultés.

La grève générale des arsenaux qui, jusqu'alors, était restée dans le domaine des rêves, semble vouloir devenir une réalité au commencement de juillet 1904, c'est-à-dire au moment même où la ville de

____

(1). Voir les pages 14 et 15 du présent ouvrage.

Brest était en proie à l'émeute. Une réunion générale des ouvriers a lieu, où il est décidé qu'un *referendum* sera organisé. Les agitateurs, en tête desquels apparaît l'adjoint Vibert, ont soin d'entourer leurs délibérations du plus grand mystère. Le *referendum* a lieu le 10 septembre 1904. Les résultats en sont tenus secrets. Le tract que voici avait été distribué aux intéressés :

Camarades,

Etes-vous partisans de la grève générale dans les trois cas suivants :

1° Si l'on veut vous enlever la journée de huit heures .... **OUI ou NON**

2° Si nous n'obtenons pas nos principales revendications : augmentation des retraites, retraites proportionnelles, relèvement des salaires...... **OUI ou NON**

3° Etes-vous d'avis de faire la grève par solidarité avec les autres ouvriers de l'Etat, si une de leurs organisations engage un mouvement pour obtenir la journée de huit heures.............. **OUI ou NON**

Nota. — *Chaque camarade est prié d'effacer une des deux réponses à chacune des deux questions ; effacer* oui, *si l'on veut voter* non ; *effacer* non, *si l'on veut voter* oui.

Camarades,

Le congrès de juin 1904 prit la décision de proposer un mouvement d'ensemble dans tous les établissements de la marine, si la commission du budget met une trop grande mauvaise volonté à répondre à nos justes revendications.

Camarades, réfléchissez et votez en toute conscience. Devons-nous entrer en lutte avec l'Etat-Patron, s'il n'a pas plus d'égards pour nous que les exploiteurs civils ? Ou devons-nous attendre encore longtemps la bonne volonté de nos gouvernants ? Devant les inconvénients de la grève, devons-nous reculer ?

Devons-nous craindre quelques privations pour obtenir nos revendications légitimes ? Camarades, répondez sincèrement, et quelle que soit votre décision, soutenez-la énergiquement et sans faiblesse.

Les préparatifs de ce *referendum* avaient naturellement donné lieu à des débordements oratoires qui provoquèrent l'intervention du vice-amiral Mallarmé, préfet maritime, commandant en chef le 2e arrondissement. L'amiral fit afficher l'ordre du jour que voici :

Brest, le 14 septembre 1904.

Le vice-amiral commandant en chef, préfet maritime, a eu connaissance des paroles regrettables prononcées par des ouvriers de l'arsenal au cours d'une réunion publique.

Il n'entre en rien dans ses intentions d'entraver l'exercice de la liberté syndicale. Il croit seulement utile de faire remarquer aux ouvriers que cette liberté peut parfaitement se concilier avec la correction que, comme agents de l'Etat, ils doivent conserver toujours, aussi bien en dehors que dans l'enceinte de l'arsenal. En cette qualité, ils sont tenus d'éviter soigneusement toute parole injurieuse à l'adresse du gouvernement ou des autorités, toute excitation publique à l'indiscipline, à la haine ou à la révolte.

En s'écartant de cette ligne de conduite élémentaire, les ouvriers s'exposeraient, jusques et y compris le congédiement de l'arsenal, à des peines disciplinaires que le vice-amiral commandant en chef, préfet maritime, ne prononcerait certainement qu'à regret, mais devant l'application desquelles son devoir ne lui permettrait pas de reculer. Auparavant, il tient à faire appel au bon esprit des ouvriers, et il espère fermement qu'ils sauront désormais, en toutes circonstances, conserver l'attitude digne et respectueuse des lois, qui est l'apanage des hommes libres.

Les recommandations qui précèdent s'appliquent à toutes les catégories de personnel civil de la marine, notamment aux commis du personnel de gestion et d'exécution.

Le présent ordre sera affiché dans tous les ateliers.

A MALLARMÉ.

On a remarqué le ton modéré de cet avis vraiment paternel.

Le préfet maritime a soin de mettre en dehors l'action de la liberté syndicaliste ; mais il rappelle énergiquement aux agents de l'Etat qu'aussi bien en dehors que dans l'enceinte de l'arsenal, ils doivent conserver de la tenue et de la correction vis-à-vis du gouvernement...

En d'autres termes, le grand chef du 2ᵉ arrondissement maritime conseille à ses employés de l'arsenal de ne jamais avoir recours aux violences, de discuter leurs intérêts professionnels avec calme et d'attendre sans colère la décision de leur patron, l'Etat.

M. le vice-amiral préfet maritime se met ainsi en conflit direct avec ceux qui, depuis longtemps, enseignent exactement le contraire aux travailleurs du port de guerre.

Ces derniers ne tarderont pas à faire comprendre à ce haut « galonné » qu'il se mêle de choses qui ne le regardent point. Nous ne sommes plus au temps où un amiral avait le droit de donner un ordre à un ouvrier ou un commis du port ! Devant la commission extraparlementaire de la Marine qui est venue à Brest, le préfet maritime déclare, le vendredi 23 septembre, « qu'il ne peut pas admettre que des employés des arsenaux, même en dehors de leur travail, puissent outrager leurs chefs ». Et c'est le langage même de la raison.

Or, le syndicat du port de guerre allait donner aux membres de la commission une petite fête à laquelle ceux-ci ne s'attendaient peut-être pas. C'était le samedi 24 septembre, les ouvriers de l'arsenal sont convoqués à un meeting, afin de protester contre l'ordre du jour de l'amiral. Le citoyen Vibert critique vertement cette intervention préfectorale. Puis, un membre du syndicat, le citoyen Le Gall, tient à préciser, afin que nul n'en ignore, les paroles qu'il a prononcées le 8 septembre et qui ont motivé la remontrance du grand chef. Voici ces paroles textuelles :

Nous avons le droit à la vie commune comme un président de la République et comme tous les foutus cochons qui nous gouvernent...

Personne ne m'empêchera de dire ce que je pense, ajoute l'ouvrier du port Le Gall, et l'on aura beau torturer les hommes, on n'étouffera jamais la pensée...

Il eût été vraiment dommage, en effet, d'étouffer des pensées aussi belles !...

Plusieurs autres orateurs parlent ensuite.

Le citoyen Le Gall fait de l'esprit :

Citoyens, cet ordre du jour n'existe plus, car nous n'en voulons pas.

Je crois, amiral, que quand vous n'aurez que des armes comme celles dont vous vous êtes servi à nous opposer, vous pourrez toujours signer « Mal armé ».

Un autre citoyen, Demeule, ouvrier également dans l'arsenal, s'exprime en ces termes :

« L'amiral Mallarmé protège la République parce qu'il touche 40.000 francs par an pour faire le fainéant.

« Je ne m'adresse pas à l'homme, ajoute-t-il, mais à l'autorité.

« Mallarmé est un fonctionnaire et moi un ouvrier ; il a fait vœu de défendre la patrie parce qu'il a une patrie ; moi, je n'ai rien sur la terre.

« Ce cher amiral Mallarmé m'a fait interroger par M. Jaouin, directeur des constructions navales par intérim.

« En me rendant à son appel, j'ai buté contre l'amarre du *Léon Gambetta*, le bateau marsouin, qui est chargé d'envoyer des cailloux dans le port.

« M. Jaouin m'a demandé s'il était vrai que j'aie injurié les galonnés à la tribune.

« Je lui ai répondu que oui, en lui disant que j'avais le droit de critiquer ceux qui f... les bateaux à la côte et des millions au fond de l'eau. »

Cette réunion véritablement édifiante se termine par un ordre du jour que les subordonnés de l'amiral lui adressèrent sous pli spécial :

Les citoyens réunis, le 24 septembre, à la salle de Venise, au nombre de 3.000, protestent énergiquement contre la circulaire du préfet maritime et demandent au ministre le retrait de cette circulaire et la déclare non avenue.

Afin de bien terminer la soirée, les ouvriers organisèrent une bruyante manifestation et s'en vinrent chanter devant la préfecture maritime :

Mallarmé à Charenton, ton taine,
Mallarmé à Charenton, ton, ton !

Il fallut disperser ces braillards à coups de crosse de fusil.

La guerre sévissait donc désormais entre le préfet maritime et le syndicat de l'arsenal, soutenu par la municipalité, soutenu aussi, on le verra plus tard, par le ministre de la Marine qui, finalement, lâcha complètement le préfet maritime...

Mais, pour le moment, et comme les membres de la commission parlementaire avaient vu de leurs yeux ce qui s'était passé le soir du 24 septembre devant la maison de l'amiral, M. Camille Pelletan fut obligé d'esquisser un geste d'énergie et de désavouer les syndiqués en révolte.

Il est vrai que la grève générale des arsenaux se préparait doucement et donnait à réfléchir au gouvernement de M. Combes.

L'attitude du syndicat brestois révolta même certains groupements des autres ports de guerre. Les commis des arsenaux de Cherbourg et de Toulon protestèrent par motion publique contre les agissements anarchistes de leurs camarades de Brest.

M. Tissier, celui qui fut surnommé l'Eminence Grise de M. Camille Pelletan, put se rendre compte, par lui-même, de la tournure que prenaient les événements, de la violence de la campagne entreprise de concert par la municipalité et le syndicat de l'arsenal contre l'amiral Mallarmé. A la séance du conseil municipal du 30 septembre 1904, le commis

Goude s'exprimait sur le compte de son chef, le préfet maritime, avec un cynisme vraiment stupéfiant (1).

Un employé subalterne pouvait se permettre de braver impunément le commandant en chef du 2e arrondissement maritime, sous les ordres directs duquel il était en service.

M. Cuvinot, sénateur républicain de l'Oise, rapporteur du budget de la Marine pour 1904, appréciait ainsi la situation :

Ce n'est pas seulement l'ardeur au travail dont on constate la disparition, mais aussi celle du respect envers les chefs et de la discipline. On cite des exemples d'insubordination très regrettables ; un ouvrier entre dans le bureau d'un ingénieur, faisant le salut militaire, la paume de la main en avant, dans laquelle il a tracé en grosses lettres le mot que Cambronne illustra ; un autre ouvrier, et celui-ci conseiller municipal de Brest, déclare à un ingénieur que, si l'amiral veut de lui des explications, il n'a qu'à venir les lui demander en réunion publique. Que réclament donc aujourd'hui les ouvriers de Brest dans les réunions si tapageuses qui leur ont valu le paternel ordre du jour de l'amiral Mallarmé ? Simplement le droit d'insulte publique aux galonnards qui sont leurs chefs et aux gouvernants qui ne veulent pas être leurs esclaves. Ils nient la patrie, bien qu'ils n'aient d'autre raison d'être que sa défense.

C'est le syndicat rouge des ouvriers du port qui est le maître de la municipalité de Brest ; le conseil municipal compte parmi ses membres un tiers d'adhérents de ce syndicat et, dans l'entrevue que la délégation des ouvriers eut avec la commission extraparlementaire, M. Vibert, adjoint, pour montrer combien les ouvriers étaient malheureux, dit que plus d'un millier étaient inscrits au bureau de bienfaisance ; M. Delobeau, ancien maire de Brest, fit observer que le nombre des assistés était moindre de son temps ; il est vrai qu'alors la municipalité de Brest comptait moins de frères et amis dans le syndicat ; mais

(1) Voir page 61.

le syndicat n'est pas encore content ; toujours par la voix
de M. Vibert, il a annoncé qu'il allait être forcé de demander un secours de 10.000 francs au conseil municipal.
Il n'y a pas de doute que le syndicat n'obtienne ce secours,
car il est en même temps conseil municipal.

On voit que le syndicat a de vastes appétits. Ce n'est pas
seulement la marine qu'il considère comme une vache à
lait, mais aussi le budget de la ville de Brest, qu'il essaye,
d'accord sans doute avec le conseil municipal, de terrori-
ser par des manifestations nocturnes réglées, si bien réglées que, samedi, une bande de cinq cents ouvriers est
allée librement conspuer le préfet maritime, et que la
manifestation s'est dispersée devant la police sans la
moindre bagarre, lorsque le groupe des manifestants a
voulu dépasser la préfecture.

Ces manifestations, cet amour du bruit et de la réclame
pourraient un jour tourner mal pour les ouvriers des arsenaux ; maintenant qu'il est nettement établi que ceux-
ci ne produisent plus en raison des salaires qu'ils tou-
chent, qu'ils sont une des causes de la déchéance de notre
marine, les représentants des populations non maritimes
auront donc à examiner si les sacrifices que ces populations consentent pour la défense navale ne sont pas hors
de proportion avec les résultats qu'ils donnent ; si la marine a toujours trouvé l'accueil le plus favorable à ses
demandes de crédits, c'est qu'elle représentait un élément
de sécurité pour le pays : du jour où l'on verra qu'elle
manque à sa tâche, l'ère des sacrifices sera terminée.

Loin de décroître, l'anarchie gagnait.

Le jeudi 13 octobre, une scène absolument inouïe,
et que l'on croirait volontiers inventée pour les besoins de la cause, si le compte rendu n'en était consigné dans des documents officiels, se déroulait
dans le cabinet même du préfet maritime.

Ensemble, mais pour des motifs différents, le
syndicat des ouvriers du port et celui des commis
avaient sollicité une entrevue avec l'amiral.

Le syndicat des ouvriers fut introduit le premier.
Et voici ce qui se passa :

Les citoyens Vibert, Martin, Demeule, Le Gall, Guillou, sont admis auprès du préfet maritime, qui est assisté du contre-amiral Germinet, chef d'état-major ; du contre-amiral Juhel, major général ; de M. Jaouin, ingénieur en chef des constructions navales, et de M. le lieutenant de vaisseau d'Adhémar de Cransac.

L'amiral, après avoir reproché aux délégués leur attitude vis-à-vis du commandement, les invite formellement à ne plus prendre désormais la parole dans les réunions publiques. Ajoutant que si, dans les réunions privées, il leur était loisible de traiter de leurs intérêts corporatifs, il n'était pas moins indispensable qu'ils conservassent à l'égard de leurs chefs toute la correction et toute la déférence nécessaires à la discipline des arsenaux.

Il interroge alors successivement les citoyens Le Gall, auteur de la phrase « *foutus cochons* » ; Demeule, qui montre les officiers de marine comme aptes surtout à jeter les navires à la côte, et Guillou, les invitant à rétracter leurs injures et à ne plus les répéter à l'avenir.

Les trois camarades refusent ironiquement, mais énergiquement, de rétracter leurs discours, et le bureau du syndicat présent se déclare absolument solidaire de leurs actes et de leurs paroles.

Il n'est pas difficile de comprendre qu'après un semblable entretien, rien ne se trouva arrangé... Au contraire !

D'ailleurs, presque aussitôt, on placardait en ville des affiches conviant les travailleurs à de nouveaux meetings de protestation.

Après l'entrevue des ouvriers, les commis furent admis devant le préfet maritime.

Justement émus de l'attitude de quelques-uns de leurs camarades, c'est-à-dire des citoyens Goude, Mornu et consorts, à l'égard du préfet maritime, les commis raisonnables du port avaient résolu de solliciter une entrevue avec l'amiral, afin de lui exprimer les sentiments véritables de la spécialité, sentiments qui sont loin d'être révolutionnaires.

Le préfet maritime avait refusé, tout d'abord, d'accéder au désir des commis ; mais il revint sur sa décision.

Il recevait donc une délégation composée des citoyens Goude, Chouanière, Mornu, Trémel, Gallic, Cabaret, Rozagoute, Bernard, etc., membres du bureau de l'Association des commis, Dussaubat, Bréard et Desbrousses, délégués.

Le citoyen Bréard prit la parole et fit connaître au préfet maritime que les commis de l'arsenal avaient pour leurs chefs le plus grand respect et le plus profond attachement.

Le préfet maritime déclara que son ordre visait deux imprudents et non le corps tout entier des commis, pour lequel il éprouve la plus grande estime.

L'amiral exprima, en outre, le désir que les injures adressées au cours des séances municipales, aussi bien contre MM. le contre-amiral Juhel et Ardouin, agent principal, que contre lui-même, fussent rétractées en sa présence, ajoutant que si les commis sont des citoyens libres de faire telle polémique qu'il leur semble bon, en dehors de l'arsenal, ils n'en doivent pas moins être respectueux à l'égard des officiers.

Le citoyen Goude prit alors la parole :

« Amiral, dit-il, retirez la lettre que vous avez écrite au maire de Brest, dans laquelle vous le priez de rappeler les conseillers au respect qui doit être dû à leurs chefs, et je retirerai alors les paroles prononcées au sein du conseil municipal. »

L'amiral fit alors remarquer au citoyen Goude qu'il aggravait plutôt son cas en posant pareille condition.

L'entrevue prit fin sur ces mots ; les délégués se retirèrent.

On conçoit l'émotion causée parmi la population par ces faits, racontés, le lendemain, tout au long dans les journaux de Brest et de Paris. Il est juste d'ajouter que le syndicat des commis désapprouva publiquement le « camarade » Goude.

Ce qu'il y eut de plus fort en toute cette extravagante aventure, c'est que l'amiral, au cours des entrevues du 13 octobre, avait donné connaissance à ses subordonnés d'une lettre-circulaire, assez raide, de M. Camille Pelletan. Celui que les ouvriers du port avaient surnommé « le ministre des petits » s'exprimait sévèrement sur le compte des agitateurs et des agités de l'arsenal. Qu'on en juge plutôt :

Paris, 11 octobre 1904.

J'étais absent quand votre lettre est arrivée au ministère. Je l'ai lue dans les derniers jours de mon court voyage, et j'y réponds dès mon retour.

Il résulte des renseignements que vous me donnez et de ceux que j'ai recueillis que, d'après les journaux et un certain nombre d'attestations que vous avez reçues, à une réunion publique, convoquée par le Syndicat des ouvriers du port, le gouvernement et les autorités maritimes auraient été grossièrement injuriés; qu'on aurait eu la prétention de prononcer, par un vote, la nullité d'un document que vous avez signé, et que des manifestations violentes, dirigées contre vous, auraient suivi la réunion.

Il importe de savoir quelle part revient de ces incidents au personnel relevant de la marine.

On ne saurait, en effet, tolérer de telles mœurs dans les arsenaux, où s'élaborent les armes de la défense nationale. Il est vrai que les ouvriers, sortis de l'arsenal, sont des citoyens ayant la même latitude d'action que tous les autres ; au point de vue pénal, ils ne relèvent que du droit commun. Mais encore faut-il, pour qu'ils soient en mesure de continuer leur travail, qu'ils puissent conserver dans l'arsenal des rapports normaux avec le personnel dirigeant. Ils seraient en droit de se plaindre si on les laissait sous les ordres de chefs qui les auraient collectivement et violemment outragés par des paroles rendues publiques ; à plus forte raison, ne peuvent-ils pas croire que je sois disposé à imposer à aucun de leurs chefs la collaboration d'hommes qui, placés dans l'atelier sous leur autorité, rempliraient la ville, une fois sortis, du bruit des outrages dont ils les accableraient. De telles violences de langage rendent évidemment imposs'bles les relations qu'exige un travail auquel des hommes qui ont quelque souci de leur dignité prennent part, les uns avec une mission de direction, les autres à titre de subordonnés, et celui qui s'y livrerait n'aurait pas à se plaindre s'il était rayé du nombre des ouvriers de la marine : il se serait exclu lui-même.

On aurait, il est vrai, d'après certains récits, essayé d'expliquer ces excès de langage en alléguant le manque d'instruction des orateurs. Je ne saurais m'arrêter à une pareille raison. Ce serait se faire des travailleurs l'idée la plus injuste que de considérer des insultes aussi grossières comme un langage naturel chez eux. Aucun de ceux qui ont pour eux quelque estime ne songe à invoquer, pour pallier les fautes de quelques-uns, une excuse injurieuse pour tous.

Il serait particulièrement grave que le Syndicat représentant légal des ouvriers du port, pût être considéré comme solidaire des faits que vous m'avez signalés. Conformément à l'état de choses établi par nos lois républicaines, j'ai voulu que, dans la marine comme dans d'autres administrations, l'autorité entrât en relations avec les organisations régulières chargées par les travailleurs de défendre leurs intérêts. Les rapports habituels que nécessite un tel régime excluent évidemment les procédés injurieux incompatibles avec la dignité et l'autorité des chefs de notre flotte.

Les ouvriers ne forment pas un corps militaire, mais ils vivent dans un milieu où tout appartient à la défense nationale, où la plupart des autres personnels sont soumis à la discipline de l'armée et où il serait plus déplorable que partout ailleurs de voir se répandre des habitudes de violences et d'injures, qui ne seraient acceptables nulle part.

La liberté de l'outrage n'est pas écrite dans nos lois. J'ajoute que ce n'est pas celle que revendiquent des citoyens dignes de leur titre. Si les paroles de la nature de celles qu'on a rapportées comme ayant été prononcées à Brest ne sont pas suivies de poursuites et de répressions pénales, ce n'est pas que la loi ne les frappe pas, c'est qu'un gouvernement de liberté n'a point de peine à les dédaigner et répugne à se mettre à la chasse de tous les gros mots prononcés contre lui.

Ici, certaines violences auraient des inconvénients dont la gravité ne peut échapper à un homme de bon sens.

Le gouvernement de la République s'efforce, depuis un certain nombre d'années, d'instituer entre lui et les travailleurs qu'il emploie des rapports conformes à son principe démocratique. Je me suis efforcé de compléter, à cet égard, dans la marine, l'œuvre commencée avant moi.

Les ouvriers des arsenaux ont des organisations syndicales qui ont toujours accès auprès des autorités des ports et auprès du ministre pour faire connaître leurs besoins et pour présenter leurs revendications. Un tel état de choses a paru, à beaucoup d'esprits, incompatible avec la double nécessité de discipline qu'imposent dans la flotte de guerre les règles constitutives de toutes les armées et celle de tout ce qui se rapporte à la navigation.

Il n'y a pas lieu de s'arrêter à cette objection. Les ouvriers ne sont ni des marins, ni des soldats : ils ont le droit à la situation, aux libertés et aux garanties que possèdent tous les ouvriers dans notre démocratie.

Le régime actuellement établi est donc conforme à l'esprit de nos institutions. Mais si les ouvriers, auxquels on a restitué le droit de défendre leurs revendications, semblaient vouloir s'ériger en maîtres ou en juges des autorités dont ils relèvent, outrager et menacer au lieu de discuter, et dicter des exigences aux pouvoirs publics au lieu de leur apporter des revendications et des raisons, il est trop aisé de voir le résultat qu'obtiendrait fatalement, à bref délai, je ne dis pas cette pratique, mais cette grossière parodie du régime que nous essayons d'instituer. A tort, mais inévitablement, par des actes ou des excès de langage isolés, elle en semblerait la condamnation expérimentale. Ni le pays, ni le Parlement n'accepteraient de voir le commandement de la défense nationale à la merci des décisions tumultueuses ou des 'njures d'un des personnels qui lui sont subordonnés. Les ouvriers des ports seraient bien aveugles s'ils ne voyaient pas, dans les auteurs de certains outrages grossiers, leurs pires et peut-être leurs plus perfides ennemis : car ceux-là réussiraient, à la longue, à amener contre eux les mesures que les partisans du régime ancien n'obtiendront jamais avec leurs calomnies incessantes.

Je suis presque certain que tous les ouvriers le comprennent, comme le font ceux de tous nos autres arsenaux militaires ; j'aime même à croire que les faits ont été grossis ou dénaturés, qu'ils doivent être attribués en grande partie à des éléments étrangers à la marine : que si des propos analogues à ceux que l'on rapporte ont été tenus, ils l'ont été par des exaltés ou des ivrognes, qu'on a eu tort de ne pas rappeler au respect. Mais la continuation des faits de ce genre ne peut être tolérée ; il n'entre pas dans les habitudes de la marine de prononcer sur ses personnels d'après les rapports de police. Je ne vous demande donc pas d'en provoquer à ce sujet, mais je vous prie, pour cette fois, d'appeler devant vous les représentants du Syndicat, de leur faire comprendre, en leur montrant cette lettre, les idées que je viens d'exposer, de les interroger sur les faits qui se sont produits, de leur rappeler que ce n'était point la peine de leur donner les moyens de porter des revendications devant vous et devant moi, si, avant de nous saisir de ces doléances, ils provoquent, pour les soutenir, des manifestations injurieuses et tumultueuses, et de réclamer d'eux un désaveu formel des propos et des procédés outrageants qu'on leur attribue ; désaveu sans lequel vous ne pourriez plus entretenir aucune relation avec le Syndicat des ouvriers du port de Brest.

Camille PELLETAN.

La lettre du « ministre des petits » n'eut pas plus d'effet sur l'esprit des membres du syndicat révolutionnaire que les paroles paternelles de l'amiral.

Le duel est désormais engagé à fond. Les fers sont croisés entre la discipline et l'anarchie. De quel côté sera donc la victoire finale ? Il ne s'agit plus, ici, d'une question brestoise. C'est la France tout entière et c'est la marine nationale qui sont intéressées à cette passe d'armes.

L'amiral Mallarmé, justement outré des insolences du commis de l'arsenal Goude, avait demandé au ministre la réunion d'un conseil d'enquête appelé à juger cet employé, qui était en état manifeste d'insubordination violente.

Le 26 octobre, le *Petit Parisien* annonçait, avec le *Temps*, que le préfet maritime, n'obtenant pas satisfaction, était disposé à demander sa mise en disponibilité. Goude étant devenu homme politique par suite de son élection au poste d'adjoint au maire, M. Pelletan hésitait à le frapper. Deux fois, l'amiral écrivit au ministre. Deux fois, le ministre fit la sourde oreille.

L'amiral se décida à partir pour Paris.

Les choses se compliquaient. En effet, M. Pelletan faisait ouvrir une campagne dans le journal la *Dépêche de Toulouse*, dont il est un des principaux collaborateurs ; son but était de rejeter maintenant tous les torts sur le préfet maritime. C'était une malice cousue de gros fil blanc. La feuille toulousaine et combiste accusait l'amiral de vouloir faire frapper un conseiller municipal. Or, le préfet maritime s'était uniquement plaint de l'attitude indisciplinée et souverainement inconvenante que M. Goude avait prise et conservée, pendant près d'une heure, dans les salons de la préfecture, le 13 octobre, lorsque, pour obéir à l'ordre même du ministre, l'amiral avait convoqué le bureau de l'Association des commis, dans le but de lui communiquer la lettre de M. Pelletan du 11 octobre.

La scène avait eu lieu devant de nombreux témoins, parmi lesquels les collègues de M. Goude ; il n'était donc point étonnant qu'elle se fût ébruitée ; M. Goude n'avait pas été convoqué à la préfecture maritime en sa qualité de conseiller muni-

cipal, mais bien en tant que commis de la marine ;
il se trouvait là en service commandé, de sorte que
son manque de correction ne pouvait relever que
de la discipline militaire. Prétendre le contraire,
c'était nier le principe même de cette discipline.

La *Dépêche de Toulouse* commettait une seconde
erreur en accusant l'amiral Mallarmé d'avoir voulu pousser son chef à un acte antirépublicain et
antidémocratique, car tous ceux qui ont approché
l'amiral savent que, tout autant que M. Pelletan,
il est l'ami et le protecteur des humbles.

La lettre ministérielle du 11 octobre avait pourtant produit la meilleure impression parmi les autorités maritimes, qui y avaient vu, très énergiquement exprimée, la résolution du ministre de ne plus
souffrir de la part du personnel civil les atteintes
graves à la discipline.

Or, dès le 13 octobre, une nouvelle infraction
était constatée à la charge d'un commis, avec cette
circonstance aggravante qu'elle se produisait en
service et pendant, ou immédiatement après, la
lecture de la lettre même du ministre.

N'était-ce pas là le cas de demander respectueusement à celui-ci de mettre ses actes d'accord avec ses
écrits ? Comment concilier son refus avec sa lettre
du 11 octobre ? Celle-ci aurait-elle été le résultat
d'une pression exercée sur sa volonté par ses collègues du cabinet, et, au fond du cœur, la réprou-
verait-il ?

Que voulait dire enfin la *Dépêche de Toulouse*
par l'expression « *l'amiral aurait voulu que le ministre fît traduire en justice un conseiller municipal* » ?

Ce journal ignore-t-il qu'un conseil d'enquête soit autre chose qu'un organe de juridiction disciplinaire et non pas pénale ?

Où est-il dit que même la citation en justice d'un conseiller municipal « soit une atteinte au droit du suffrage universel » ? Cette citation n'est-elle pas un droit pour tout citoyen qui se juge lésé, injurié ou diffamé par des propos tenus publiquement en séance du conseil municipal aussi bien que dans n'importe quel autre lieu de réunion ? Existe-il une loi qui crée, pour les conseillers municipaux, une immunité semblable à celle dont jouissent les députés et sénateurs, de par la Constitution ? Et si cette loi n'existe pas, comment qualifier la prétention de certains conseillers municipaux d'échapper au droit commun, absolument comme si elle existait ?

Allions-nous assister à ce phénomène : les anciens privilèges abolis dans la nuit du 4 août 1789 rétablis au profit exclusif des municipalités socialistes ?

La vérité est que l'incident Mallarmé-Goude mettait M. Pelletan en très fâcheuse posture socialiste. Et l'amiral fut sacrifié.

On ne sut jamais exactement ce qui se passa au cours des entrevues de M. Pelletan et de l'amiral, — ce dernier n'étant pas très enclin aux épanchements dans le sein de la presse. Le préfet revint à Brest, le 30 octobre, découragé. Evidemment, il avait été mal reçu.

Le 5 novembre, le conseil municipal tout entier, par un vote public, se solidarisait avec le camarade

Goude, « qui avait défendu la suprématie du pouvoir civil ».

La situation n'était plus tenable pour l'amiral. Il quitta Brest le mercredi 9 novembre pour ne plus revenir. Il avait sollicité un congé de trois mois, qu'il obtint, on le devine, sans difficulté.

Le *Temps* publiait à ce sujet les lignes suivantes :

Les incidents qui, depuis plusieurs mois, se succèdent, à Brest, entre la préfecture maritime et les ouvriers et commis de l'arsenal, que les dernières élections ont portés au conseil municipal de cette ville, ont leur épilogue.

Les cris de *Démission!* poussés par les ouvriers dans les manifestations nocturnes, devant la préfecture, ont été entendus et approuvés en haut lieu.

L'amiral Mallarmé a été obligé de demander un congé, faute par lui d'obtenir du ministre la juste satisfaction qu'il demandait. La lutte s'était circonscrite entre l'amiral et un de ses subordonnés, le commis Goude, qui, depuis qu'il a été nommé au conseil municipal de Brest, profitait de sa situation pour faire voter des blâmes au préfet maritime par l'assemblée socialiste.

On ne peut dire que les ouvriers fissent réellement cause commune avec le commis Goude, car on doit se souvenir que lorsque la délégation de la commission extraparlementaire était à Brest, le secrétaire général du Syndicat des ouvriers mit sur le compte de l'inhabileté de parole des orateurs les expressions injurieuses qui, en réunion publique, furent adressées aux autorités maritimes. De même, dans l'entrevue que l'amiral Mallarmé eut, sur l'ordre de M. Pelletan, avec les délégués du Syndicat des ouvriers et de la Fédération des commis, l'attitude de M. Vibert fut correcte, tandis que celle de M. Goude laissa beaucoup à désirer. De même encore, lorsqu'il s'agit de protester dans une réunion publique, M. Vibert s'excusa par lettre, se contentant de dire qu'il était de cœur avec les protestataires, tandis que M. Goude vint vitupérer à la tribune.

M. Goude ne trouve même pas, parmi ses camarades de l'administration, l'approbation de ses actes, puisque dans la dernière réunion de la Fédération, il a été obligé de se retirer avec ses amis, qui représentaient à peu près le quart des assistants.

Enfin, au conseil municipal, il n'a pu obtenir le vote du blâme contre le préfet maritime que par la moitié de l'assemblée, l'autre moitié s'abstenant.

Il résulte de cette situation que le ministre a pris visiblement parti pour le subordonné indiscipliné contre le chef.

Indépendamment de toute idée politique, ce qui a mis en lumière cette attitude, c'est le refus de M. Pelletan de laisser traduire devant un conseil d'enquête ce subordonné, non pour injures proférées contre l'amiral en tant que conseiller municipal ou électeur parlant en réunion publique, mais pour conduite incorrecte vis-à-vis de son chef à la préfecture maritime, dans une entrevue ordonnée par M. Pelletan lui-même.

Dans ces conditions, l'amiral Mallarmé ne pouvait continuer à occuper les fonctions que le ministre lui avait confiées, et dont il rendait lui-même l'exercice impossible.

Dans de pareilles conditions, et après semblable précédent, il n'y a plus qu'à supprimer la préfecture maritime de Brest, à moins de la confier à M. Goude lui-même, dont l'autorité sur l'amiral est officiellement et publiquement consacrée par M. le ministre de la Marine.

La plupart des officiers de marine jugèrent sévèrement le départ précipité de l'amiral, que d'aucuns assimilèrent à une désertion devant l'ennemi révolutionnaire. On eut aimé voir le préfet résister jusqu'au bout et mettre Camille Pelletan, ministre du « Péril National », comme le surnomma si justement M. Doumer, dans l'obligation de se prononcer ouvertement et catégoriquement pour l'anarchie triomphante en la personne de l'adjoint Goude. La cote mal taillée qu'accepta l'amiral Mallarmé était indigne d'un chef ayant en mains les responsabilités d'un commandement aussi important. Le capitaine des pompiers Ayme montra plus de courage, plus d'énergie, dans sa lutte de deux années contre les collectivistes révolutionnaires de l'hôtel de ville. Le vieux loup de mer se laissa trop facilement dévorer. Il pouvait encore se défendre. Son départ ressembla à une fuite.

Or, l'heure du danger était proche. La marine allait traverser une crise redoutable. Favorisée par Pelletan, l'anarchie marchait à grands pas. Le 19 novembre, le conseil d'administration du port de guerre fait voter par ses adhérents la grève générale par solidarité avec les artificiers du port de Lorient, qui avaient cessé le travail.

Le 23 novembre, la grève générale des arsenaux éclate dans les arsenaux de Brest, de Toulon, de Lorient. Surpris par ce mouvement, dont il était pourtant le principal ouvrier, M. Camille Pelletan s'épanche en interviews désolées et promet à toute la presse de tardives énergies.

La note juste était celle du *Journal des Débats :*

La comédie est vraiment bonne et la contradiction risible, disait notre confrère.

Au fond, nous savons fort bien que M Pelletan, s'il peut, en essayant de se sauver, se contredire en paroles, est incapable de réformer ses actes. Tous ces discours ne sont que l'effort désespéré d'une victime aux abois, dont la force vengeresse des choses aura bientôt fait justice pour le grand bien de la marine et du pays.

Et l'un des grévistes, le citoyen Le Gall (1), pouvait s'écrier avec une logique irréfutable :

On nous a donné le droit de nous former en syndicat, on nous a même donné la main à le faire; nous avons donc le droit, comme les camarades de l'industrie, de nous mettre en grève pour revendiquer nos droits.

Réfléchissez donc, camarades, à l'acte que vous allez commettre et songez qu'il s'agit de faire aboutir toutes nos revendications.

Savourons maintenant le langage de quelques beaux parleurs dans les réunions préparatoires.

Le citoyen Martin, ouvrier de l'arsenal et conseiller municipal, dit ceci :

Nous avons des camarades perdus par de sales bourgeois ; tous ceux qui nous entourent, c'est de la sale bourgeoisie.

(1) Cet ouvrier de l'arsenal, ayant continué ses excitations, fut arrêté, le 30 août 1907, pour excitations au meurtre et au pillage.

Si des camarades sont lésés, il faut terrasser tout ce qui se lèvera devant nous.

Je serai toujours contre les voleurs et les exploiteurs, et si nous avons du cœur au ventre, nous leur montrerons comment nous nous défendons.

Le citoyen Pengam :

Il faut faire voir aux gouvernementaux que nous existons et, si vous acceptez la grève, nous mettrons sur le cahier toutes les revendications formulées depuis la fondation du syndicat.

Regardez l'acte que vous allez commettre, c'est l'acte le plus beau que les prolétaires puissent commettre.

Le citoyen Vibert, qui s'est rendu à Lorient, télégraphie que les Lorientais ont voté la grève générale et que, par conséquent, les Brestois ne peuvent flancher — et les Brestois ne flanchent pas.

Le 24, au matin, le ministre de la Marine fait publier l'avis suivant :

Ministre à préfet maritime, Brest.

Gouvernement ne tolérera jamais suspension travail préparation défense nationale. Faites afficher que tout ouvrier qui n'aura pas repris travail vendredi matin sera considéré comme démissionnaire ; les plus coupables seront exclus, les autres rétrogradés.

Signé : **PELLETAN.**

Une douche ?

Le syndicat rouge riposte par une proclamation adressée à la population brestoise :

Bourse du Travail de Brest. — Syndicat du Port

AUX CAMARADES

Poussés à bout par l'intransigeance de vos dirigeants, vous avez déclaré la cessation du travail de votre plein gré.

*Nous comptons sur votre énergie et votre **persévérance** pour mener la lutte jusqu'au bout pour l'obtention de :*

L'augmentation des salaires,

L'augmentation des retraites,

Les retraites proportionnelles pour les veuves et les orphelins,

La réintégration des artificiers congédiés à Lorient.

Les circonstances étant graves, pas de lâches, tous debout la main dans la main. Tous pour un, un pour tous!

AU PUBLIC BRESTOIS

Concitoyens,

Vous connaissez nos revendications exposées ci-dessus ; nous demandons l'amélioration de notre sort ; pour les femmes, les enfants, les jeunes, les vieux, nous voulons plus de bien-être, moins de souffrance et de misère.

Nous allons lutter, nous comptons sur votre sympathie et votre solidarité.

Le conseil d'administration du Syndicat du port.

Et déjà les grévistes se sont portés aux différentes issues de l'arsenal, afin d'empêcher les ouvriers désireux de travailler de pouvoir y pénétrer. Il se produit des bagarres entre grévistes et non grévistes. Le syndicat jaune ou indépendant recrute de nombreux adhérents qui veulent travailler quand même. Mais le syndicat rouge reste maître du terrain et bientôt une manifestation s'organise, parcourt les rues avec d'immenses pancartes sur lesquelles on lit ces trois lignes :

La grève est votée !
Rendez-vous à la Bourse du Travail !
Vive la solidarité !

Les réunions succèdent aux réunions. La Bourse ne désemplit pas. L'adjoint Vibert bluffe à outrance et continue de télégraphier que tout l'arsenal de Lorient chôme. La vérité, c'est que Lorient ne marchait pas du tout, malgré les discours enflammés du missionnaire brestois. Sur 3.750 ouvriers que compte l'arsenal du 3ᵉ arrondissement, 370 seulement avaient abandonné les chantiers. Le bruit de cette défection parvint à Brest. Qui trompe-t-on, ici ? s'écrie l'un des pauvres hères qui, sous la neige glacée de cette sombre journée d'hiver, a suivi les camarades de peur d'être écharpé. On trompait tout le monde. Le conseil municipal de Brest voulait la grève ; il la voulait à tout prix. Cherbourg ne marche pas, ni Rochefort, ni Toulon.

Est-ce que Brest allait déchoir, à son tour? Hélas ! oui... Le télégramme du ministre avait achevé la besogne de refroidissement commencée par la neige. Dès le 24, à la rentrée du soir, on ne comptait guère que 2.000 grévistes sur 6.000 ouvriers.

Dans ces conditions, il ne restait plus qu'une chose à faire pour le citoyen Vibert, enfin revenu de Lorient : conseiller la reprise du travail. C'est ce qu'il fit dans la journée du 25. La cessation de la grève fut votée.

— Nous venons de faire des grandes manœuvres, opina l'un des orateurs de la Bourse du Travail. Le jour où il faudra marcher, nous nous retrouverons !

On se retrouvera, en effet, un an plus tard, pour recommencer le même petit jeu. Le conseil municipal de Brest, et principalement les adjoints Vibert et Goude, étaient furieux d'un échec aussi piteux. Ils avaient juré de prendre une revanche éclatante.

Entre temps, au mois de mai 1905, le vice-amiral Péphau avait succédé, après quatre mois d'intérim, au vice-amiral Mallarmé à la préfecture maritime de Brest. Le nouveau préfet trouvait la ville en plein tumulte ; la grève générale des ouvriers civils battait son plein. Dès son arrivée, le vice-amiral eut un avant-goût des joies qui l'attendaient et qui devaient, deux ans plus tard, l'obliger, lui aussi, à demander sa mise à la retraite anticipée.

Comme son prédécesseur, et aussitôt installé, le successeur de l'amiral Mallarmé dut avoir le sentiment très net de ses responsabilités. Il était envoyé dans un port où l'anarchie tenait le haut du pavé, où l'autorité militaire et l'autorité civile étaient systématiquement humiliées, rabaissées, froissées, avec l'assentiment non douteux du pouvoir central. Rien, jusqu'à ce moment, n'avait pu abattre l'arrogance des socialistes de l'hôtel de ville, et la propagande néfaste de la Bourse du Travail s'étendait partout, s'infiltrait, comme un poison, dans tous les services.

Ce n'était pas une sinécure qui était donnée à l'amiral.

Cependant, le ministre de la Marine était changé. M. Thomson avait remplacé M. Camille Pelletan, entraîné dans la chute du ministère Combes, depuis le 24 janvier. L'adjoint Goude, s'étant rendu à Paris pour inviter le nouveau ministre à assister au concours musical organisé par la municipalité, avait été reçu fraîchement : le ministre avait eu le courage de rappeler au commis de l'arsenal ses inconvenances précédentes à l'égard de l'amiral Mallarmé et que la place du chef de la marine ne pouvait pas être aux côtés de l'insulteur des amiraux...

Le 25 juin, l'amiral Péphau pouvait infliger impunément (c'est-à-dire avec l'approbation de la rue Royale) une mise à pied de quatre jours au conseiller municipal Martin, ouvrier de l'arsenal, pour injures par la voie de la presse au ministre de la Marine et aux autorités constituées. A quoi l'excellent Martin ripostait par de nouvelles inconvenances et constatait que « depuis que les cléricaux se sentent soutenus ils redressent la tête comme une vipère sur la queue de laquelle on marcherait ».

L'amiral Péphau ne se sentait pas d'humeur à supporter les injures de ses subordonnés. Nous ne pouvons relater ici tous les conflits plus ou moins graves qui furent soulevés par le conseil d'administration des ouvriers du port. Ses incorrigibles membres firent tant et si bien qu'en novembre le préfet maritime devait sévir et prononcer l'exclusion de l'arsenal, pour un mois, des *camarades* Pengam, Demeule, Le Gall, Martin, Le Bott et Muller.

On pense bien que cette mesure disciplinaire ne laissa pas d'irriter au plus haut point les politiciens de nos arsenaux. Dans les cinq ports de guerre, dès que la nouvelle fut connue, les meneurs parlèrent d'organiser la grève générale. L'échec de 1904 ne leur avait rien appris et, comme ils avaient promis de recommencer, ils saisirent l'occasion de remplir leur promesse. Les six ouvriers brestois ayant été frappés pour des discours de réunion publique, le mot d'ordre fut de réclamer, non seulement la réintégration pure et simple des exclus temporaires, mais, pour l'avenir, le droit absolu de tout dire et de tout écrire en dehors des heures de présence à l'atelier.

Le 6 novembre, le conseil d'administration du port de guerre recevait le télégramme suivant du Syndicat des ouvriers de l'arsenal de Toulon :

Les travailleurs de l'arsenal de Toulon :

1° Se solidarisant entièrement avec les camarades de Lorient et de Brest qui ont été sacrifiés par la haine qu'ont, pour la classe ouvrière, les dirigeants et, en particulier, les autorités maritimes ;

2° Les citoyens sont libres en dehors de leur contrat de louage ; ils revendiquent hautement leur droit et sauront le défendre contre les atteintes de fonctionnaires réactionnaires aux abois ;

3° Ils attendent avec confiance l'appel de la Fédération pour agir d'un commun accord pour la défense de toutes leurs libertés, par l'arme légale que possèdent les travailleurs las d'être exploités et molestés, c'est-à-dire la grève ;

4° Ils constatent, une fois de plus, qu'il n'y a place, dans la République bourgeoise, que pour les réactionnaires grassement payés.

Les réactionnaires grassement payés étaient, en l'occurrence, les amiraux Péphau et Melchior, ce dernier préfet du 3e arrondissement, ayant dû prendre une mesure disciplinaire analogue à celle dont se plaignaient les « victimes » de Brest contre un nommé Bertin.

Brest, Toulon, Lorient et Cherbourg marchaient cette fois dans la combinaison.

Le 7, grande réunion des ouvriers brestois à la Bourse du Travail. L'éloquence coutumière coule à pleins bords.

Nous en avons donné, déjà, de nombreux échantillons, mais nous croyons n'avoir encore rien reproduit d'aussi raide que le discours prononcé ce jour-là par le citoyen Martin, conseiller municipal, l'un des personnages punis par l'amiral Péphau.

Comme, dans ce livre, nous avons surtout pour but de mettre en vive lumière les faits les plus graves, afin de provoquer les réformes nécessaires, indispensables au rétablissement de l'ordre et de la discipline dans les arsenaux, nous citerons le speech du citoyen Martin. Le voici :

Camarades,

Personne ne m'ayant notifié la mise à pied dont je suis, paraît-il, l'objet, je ne sais pas encore si je suis puni. Je n'hésite donc pas à blâmer hautement les atrocités commises par le préfet maritime de Brest contre des pères de famille.

Les gens qui composent la clique autocrate militaire et autre se sentent forts parce qu'ils détiennent le pouvoir; ils n'ont pas peur de faire des saletés et condamnent injustement des ouvriers.

Péphau, je ne crains pas de le dire — j'ai le droit de parler, je ne sais pas si je suis puni — n'avait pas le droit, lui, de toucher aux camarades, et tous les aides de camp, qui sont derrière lui et le poussent à faire ce qu'il fait, étaient très heureux de nous trouver autrefois pour défendre Dreyfus.

Toute cette valetaille galonnée n'est même pas capable de torcher le d..... aux ouvriers.

Nous sommes capables, nous, de leur donner à manger ; mais eux ne peuvent même pas se servir à table et emploient, à cette besogne, nos femmes et nos filles.

Tous ces valets, habillés avec une livrée, sont des gens infects.

Beaucoup de nos lecteurs étrangers à Brest se demanderont si, après avoir tenu un pareil langage, le camarade Martin n'a pas été mis à la porte de l'arsenal. Afin de les renseigner tout de suite, nous leur apprendrons que l'orateur n'a subi aucun dommage du fait de ces injures adressées publiquement aux autorités maritimes. A l'heure présente, Martin sert encore sous les ordres de l'amiral l'éphau, dans l'arsenal, et il continue de conspuer la valetaille galonnée toutes les fois qu'il en trouve l'occasion.

Enthousiasmés, les auditeurs de Martin votèrent la grève générale par un ordre du jour où il est dit que « la clique ne cherche qu'à se venger de la force que prend la classe ouvrière ».

Pendant que le Syndicat rouge opérait de la sorte, le Syndicat indépendant s'opposait énergiquement aux entreprises des révoltés et informait la préfecture maritime que tous ses membres étaient résolus à demeurer à leur poste, pourvu que des mesures militaires fussent prises pour garantir la liberté du travail. Cette intervention du Syndicat indépendant est à noter. Elle révélait l'existence d'un mouvement de contre-anarchie très prononcé. Il est de toute justice de reconnaître — c'est de l'histoire — que l'organisateur de cette résistance vraiment méritoire avait été M. Biétry, élu l'année suivante député de Brest.

D'ailleurs, et malgré les efforts de la Bourse du Travail et les encouragements de la municipalité, la grève marchait doucement. Allait-elle donc, une fois encore, échouer piteusement ? L'adjoint Vibert et son ami Goude n'en revenaient pas. Ceux-là, pressés d'en finir avec les « galonnés » de toutes catégories, ne comprenaient pas qu'il fallût tant de palabres pour prendre la décision suprême.

La journée du 8 se passa sans incident notable (sans agitation, sans meeting). De même, celle du 9. Pour tuer le temps, le comité de la grève entretient une correspondance suivie avec les syndicats rouges des autres ports.

Le 10, le comité affiche une proclamation :

Syndicat des Travailleurs réunis du port de Brest

A l'opinion publique,
Aux habitants de Brest,
A tous les travailleurs,

Après avoir frappé Pengam, le préfet maritime vient de frapper cinq autres camarades, coupables de s'être solidarisés avec Pengam, en revendiquant la *liberté de parole, de penser et d'écrire.*

Vingt-huit personnes, composant les familles des victimes, sont ainsi réduites à la famine par l'arbitraire odieux de cet amiral qui, lui, continue de toucher les maigres appointements annuels de 40.000 francs.

En appliquant la mise à l'index au Casino brestois, le vice-amiral avait déjà plongé dans la misère les artistes et le personnel, au nombre de 70.

Notre camarade Martin fut également frappé, avant tous ces faits, pour un article de journal, de quatre jours de mise à pied.

Notre camarade Goude, délégué de son parti au congrès de Chalon, s'était vu refuser une permission (le ministre désapprouva, il est vrai, cette manière de voir de son préfet).

Des faits analogues se sont passés à Lorient, où notre camarade Bertin fut exclu de l'arsenal pour avoir signé une affiche simplement humanitaire.

Le préfet maritime a commis de lourdes fautes.

Le préfet maritime a illégalement frappé nos camarades.

Le préfet maritime a abusé de son pouvoir.

L'opinion publique sera avec nous pour crier à cet amiral d'un autre âge qu'en dehors des heures de travail, nous sommes des citoyens libres dans la République.

Que chacun, comme nous, prenne la responsabilité de ses actes, de ses paroles, et le public jugera.

Nous avons déclaré être en mesure de prouver la fausseté des accusations dirigées contre nos camarades et l'illégalité des mesures disciplinaires dont ils sont l'objet.

Par deux fois, notre syndicat a sollicité une entrevue sur l'incident Pengam, par deux fois le préfet maritime refusa.

Donc, le préfet Péphau est seul responsable du mouvement général qui met en lutte les travailleurs des ports, et de toutes les conséquences qui en découleront.

Tous ces faits démontrent que nos gouvernants veulent abattre nos syndicats, afin d'enrayer le puissant mouvement qui se dessine en faveur d'améliorations immédiates

Forts de leurs droits, les travailleurs de tous les arsenaux répondent à ces imbéciles provocations par la grève générale.

Dans quelques jours, la grève générale sera un fait accompli.

Pour assurer la conquête définitive de nos libertés, il faut présenter une force assez grande pour imposer aux dirigeants les concessions indispensables.

Vive la liberté de parole, de penser et d'écrire en dehors de l'arsenal !

Vive la grève générale !

LE COMITÉ D'ACTION.

Le 11, réunion à la Bourse du Travail — mais pas de grève... Le 12, rien encore que des discours. La préfecture maritime a donc eu tout le loisir de prendre les mesures nécessaires pour assurer le libre accès de l'arsenal aux ouvriers antigrévistes. Elle fait publier, le 14, ce placard sensationnel :

RÉPUBLIQUE FRANÇAISE

Le ministre de la Marine aux ouvriers de l'arsenal.

Au moment où à toutes ses tentatives d'apaisement, reconnues par les intéressés eux-mêmes, il est répondu finalement par une déclaration de grève générale, le ministre de la Marine rappelle que la sollicitude du gouvernement de la République et du Parlement envers les ouvriers de la marine n'a pas cessé de se maintenir dans ces dernières années.

Le salaire moyen a été augmenté de plus de quarante-cinq centimes depuis 1900 ;

La durée de la journée de travail a été abaissée à huit heures ;

La réglementation sur la discipline intérieure a été adoucie ;

Les revendications d'ordre professionnel formulées par les syndicats ont toujours été examinées avec le plus grand soin et, à l'heure actuelle, on étudie encore s'il ne serait pas possible d'améliorer le régime des retraites et celui des avancements ;

Mais la République, précisément parce qu'elle remplit son devoir vis-à-vis des ouvriers, a le droit de leur demander, en retour, de remplir aussi le leur vis-à-vis du pays.

La question de la liberté d'opinion ou de la liberté de parole, en dehors de l'arsenal, n'a jamais été en cause, mais jamais un gouvernement vraiment digne de ce nom ne tolérera que des travailleurs associés à l'œuvre de la défense nationale outragent les chefs qui en ont la lourde charge.

Jamais il ne tolérera qu'ils tiennent publiquement des propos qui ne tendraient à rien moins qu'à la destruction de la discipline et de l'armée.

Jamais il ne tolérera surtout qu'ils abandonnent leur travail, ce qui, de la part d'hommes chargés d'assurer de tels services, constituerait une véritable désertion.

Ceux donc qui feraient grève seraient considérés comme ayant rompu eux-mêmes le contrat qui les liait à l'Etat.

Ils seraient rayés des contrôles et perdraient tous leurs droits à être réadmis.

Et c'est parce qu'il n'envisage pas sans douleur ces conséquences qui s'imposeraient forcément à lui, que le ministre de la Marine, conscient d'avoir tout fait pour éviter de telles extrémités, adresse un dernier appel à la sagesse et au patriotisme des ouvriers, si inconsidérément engagés dans une aventure dont les effets seraient plus graves que les causes.

Signé : Gaston THOMSON.

Le communiqué officiel du ministre de la Marine n'était pas connu des ouvriers le 13 au soir, car ils décrétèrent la désertion de l'arsenal pour le lendemain, et c'est au moment même où l'étendard de la grève était levé que M. Thomson intervenait. Au Sénat, le président du conseil, M. Rouvier, n'avait pas été moins catégorique : « J'ignore si la grève des arsenaux se produira, avait-il dit, mais ai-je besoin de déclarer que le gouvernement tout entier n'admet pas que des ouvriers de l'Etat, employés à un service intéressant la défense nationale, puissent se mettre en grève ? »

L'effet de ces avertissements fut salutaire.

Malgré les rappels battus de tous côtés, malgré les excitations furieuses des membres du conseil d'administration, l'adjoint Vibert devait constater, le mardi 14 novembre, que la grève était encore une fois complètement ratée.

Voici les chiffres exacts des grévistes, relevés dans les arsenaux et établissements de la marine :

Cherbourg : 390 grévistes sur 4.000 ouvriers.

Brest : 607 grévistes sur 4.995 ouvriers.

Lorient : 1.164 grévistes sur 4.603 ouvriers.

Rochefort : 2.100 grévistes sur 2.600 ouvriers.

Toulon : 6.100 grévistes sur 6.500 ouvriers.

Ruelle : pas de grévistes.

Indret : 296 grévistes sur 1.180 ouvriers.

Guérigny : 373 grévistes sur 783 ouvriers.

Ce qui saute aux yeux, dès le premier examen de cette statistique, c'est que l'arsenal de Brest, d'où était parti le signal de la grève, était celui où, proportionnellement, le nombre des grévistes était le plus réduit.

L'échec était piteux.

La Bourse du Travail, la municipalité et le conseil d'administration furent atterrés. Travailleurs, l'heure est à l'action ! Evitez le piège qui vous est tendu ! Restez hommes ! s'époumonait à crier le citoyen Müller, secrétaire général du comité du port. C'était purement prêcher dans le désert. L'adjoint Vibert, juché sur les tréteaux de la Bourse du Travail, s'égosillait en vains discours, excitait les ouvriers à ne tenir aucun compte des menaces du ministre de la Marine, lequel, disait-il, « n'a pas le droit de rompre le contrat qui nous lie à l'Etat ». Cette phrase était une trouvaille. D'après ce brave révolutionnaire, le droit de rompre le contrat de travail serait le monopole de l'ouvrier ; l'Etat, lui, bien que patron en l'espèce, est obligé de respecter tous ses engagements !

Le président du Syndicat indépendant, M. Gouriou, fit afficher un avis aux travailleurs. Nous trouvons dans ce document certaines révélations qui produisirent sur la masse des ouvriers le plus salutaire effet :

> Le comité d'action vous a dit que, dans tous les autres arsenaux, on marchait en masse pour la grève.
>
> *C'est faux !*
>
> On vous a fait croire qu'à Indret il y a eu *1.100* grévistes contre *200* non grévistes, alors qu'en réalité il n'y a que *1.180* ouvriers dans cet établissement, et que 296 seulement n'ont pas réintégré leurs ateliers.
>
> A Toulon, on vous a dit qu'il y avait 6.500 partisans de la cessation du travail, mais on ne vous a pas dit comment les agitateurs de Toulon s'y étaient pris pour obtenir un tel résultat, qui serait évidemment un succès très sérieux s'il n'était dû à un manque de bonne foi et de loyauté de la part des meneurs.
>
> En effet, des renseignements que nous possédons, et dont nous pouvons garantir l'authenticité et l'exactitude, il résulte que la dépêche du ministre de la Marine, placardée à Toulon, comme à Brest, dans la nuit du 13 au 14, a été lacérée par les rouges avant que les camarades aient pu la voir et la lire.
>
> Pour atteindre leur but, les révolutionnaires de Toulon ont agi de façon que leurs compagnons d'ateliers ignorent un document d'une importance pourtant capitale, et qui devait avoir sur leur décision une influence considérable.

Toulon avait donné en grand. Les Provençaux marchaient ainsi pour les Bretons qui ne bougeaient pas !

La journée du 15 fut marquée par une légère augmentation du nombre des chômeurs. Une statistique profondément suggestive est celle qui fut dressée dans tous les ports, et sur laquelle furent consignés les chiffres réels des grévistes et ceux que les différentes Bourses du Travail communiquaient à la presse. Les chiffres des Bourses du Travail étaient tous fortement majorés. Qu'on en juge plutôt :

TABLEAU DE LA GRÈVE LE MERCREDI 15 NOVEMBRE

Cherbourg. — Effectif total. 4.000 ; nombre de grévistes : chiffres officiels, 356 ; chiffres de la Bourse du Travail, 1.100. — Nombre d'entrées : chiffres officiels, 3.644 ; chiffres de la Bourse du Travail, »».

Brest. — Effectif total : 4.995 ; nombre de grévistes : chiffres officiels, 960 ; chiffres de la Bourse du Travail, 3.000. — Nombre d'entrées : chiffres officiels, 4.035 ; chiffres de la Bourse du Travail, 1.995.

Lorient. — Effectif total, 4.603 ; nombre de grévistes : chiffres officiels, 2.624 ; chiffres de la Bourse du Travail, 3.100. — Nombre d'entrées : chiffres officiels, 3.979 ; chiffres de la Bourse du Travail, 400.

Rochefort. — Effectif total, 2.600 ; nombre de grévistes : chiffres officiels, 1.764 ; chiffres de la Bourse du Travail, 2.600. — Nombre d'entrées : chiffres officiels, 836 ; chiffres de la Bourse du Travail, 250.

Toulon. — Effectif total, 6.500 ; nombre de grévistes : chiffres officiels, 5.900 ; chiffres de la Bourse du Travail, 6.880. — Nombre d'entrées : chiffres officiels, 600 ; chiffres de la Bourse du Travail, 120.

Indret. — Effectif total, 1.180 ; nombre de grévistes : chiffres officiels, 81 ; chiffres de la Bourse du Travail, 1.100. — Nombre d'entrées : chiffres officiels, 1.099 ; chiffres de la Bourse du Travail, 200.

Guérigny. — Effectif total, 783 ; nombre de grévistes : chiffres officiels, 319 ; chiffres de la Bourse du Travail, 1.200. — Nombre d'entrées : chiffres officiels, 464 ; chiffres de la Bourse du Travail, 200.

Ruelle. — Pas de grévistes.

En somme, si la situation était très sérieuse, elle n'était heureusement pas aussi grave que le disaient les meneurs de la C. G. T. et leurs amis des Bourses de Travail.

Afin de répondre, sans doute, à l'argument fantaisiste de l'adjoint Vibert, reproduit plus haut, le vice-amiral Péphau avait mis la question au point dans un ordre qui avait été affiché aux portes des différents ateliers :

Par ordre du ministre de la Marine.

Le vice-amiral commandant en chef, préfet maritime,

Rappelle aux ouvriers de l'arsenal la circulaire ministérielle du 14 courant, les prévenant que les grévistes seront considérés comme ayant rompu eux-mêmes le contrat qui les lie à l'Etat, qu'ils seront rayés des contrôles et perdront tous leurs droits à être réadmis.

Par mesure d'extrême bienveillance, il attendra jusqu'à demain matin 16 novembre pour relever les noms de ceux qui n'auront pas repris le travail.

Signé : **PEPHAU.**

Les grévistes, cette fois, comprirent ce qui les attendait. Ils sentaient bien, du reste, que l'opinion n'était pas, n'avait jamais été avec eux. Leur député, M. Isnard, devenait subitement un adversaire forcené des gréviculteurs :

« Sur 6.000 ouvriers du port de Brest, il y aura 500 grévistes. »

Il y a quinze jours que je l'ai dit au président du conseil, écrivait-il.

L'événement m'a donné dix fois raison.

J'ajoute que, sur ces 500 grévistes, il y en a 450 qui n'avaient nulle envie de faire grève et qui reprendront leur travail demain.

Il faut que l'on sache que, depuis deux années, non seulement dans le Syndicat du port, mais aussi dans ceux des ouvriers civils, l'élément anarchiste s'est intronisé et qu'à force d'audace une minorité de citoyens, dits « d'action directe », fortement appuyée par la Bourse du Travail et la Confédération générale, a pu dicter ses lois, apporter un trouble profond dans l'organisation sociale des syndicats, les détourner de leur but professionnel et en faire des foyers de révolte contre les pouvoirs publics.

De là, les provocations, les réunions publiques à jet continu et le désordre.

De là, le malaise qui pèse sur notre grande cité et qui a déjà causé bien des ruines.

C'est assez !

Je dois prendre mes responsabilités.

Oui, cela doit finir !

Ce qui est fini, c'est l'ancien député de Brest.

Ce qui n'est pas encore fini, mais finira le jour où la marine sera *commandée*, c'est l'agitation révolutionnaire dans les arsenaux et, en particulier, dans celui de Brest.

Certes, la grève de 1905 échoua, au bout de trois jours, comme avait échoué celle de 1904. Obéissant à l'ordre de l'amiral Péphau, les grévistes, qui avaient commis la lourde faute d'écouter l'excitateur Vibert et les orateurs de la C. G. T., reprenaient, le 16 au matin, le travail, qu'ils n'auraient jamais dû abandonner — parce qu'ils n'en avaient pas le droit. Mais il faut noter ceci : le ministre de la Marine, en dépit de ses communiqués d'apparence énergique, manqua absolument de résolution et d'esprit gouvernemental. En présence d'une grève générale, qui pouvait être à certains égards assimilée à une désertion, il eût dû exiger la rentrée sur l'heure de tous les révoltés, et l'exiger sans aucune promesse, même la plus vague. Bien que non militarisés, les ouvriers des arsenaux sont des ouvrierssoldats. Il est inadmissible qu'ils puissent, à un moment donné, jeter bas l'outil et interrompre l'œuvre de préparation de la défense nationale. Or, M. Thomson accepta, *avant* la rentrée des grévistes à l'atelier, des conciliabules avec les délégués des ports. Il fit entrevoir qu'il était disposé à l'indulgence. C'était pousser trop loin la bonté.

Cette deuxième alerte eut, d'ailleurs, son dénouement devant la Chambre, où un débat très vif s'engagea le vendredi 17 novembre. Interpellé par MM. Allard et Ferrero, M. Thomson réédita et développa fort éloquemment les termes de sa circulaire aux ouvriers :

Les ouvriers peuvent-ils aller proférer des injures contre l'autorité, jusque sous les fenêtres d'un amiral? s'écria-t-il sur un ton d'indignation sincère.

Dans une circulaire récente du ministre de la Marine, le droit disciplinaire des préfets maritimes est défini :

« En principe, il ne doit pas s'exercer en dehors de l'arsenal ; en ce cas, l'autorité militaire ne doit intervenir qu'après le jugement des tribunaux civils. Le droit disciplinaire est reconnu exceptionnellement au préfet maritime, lorsque celui-ci juge sa responsabilité engagée. »

Dernièrement, à Brest, des paroles injurieuses, des outrages ridicules et odieux ont été proférés contre les autorités maritimes par des ouvriers des arsenaux. Le syndicat reconnut que cela était exact.

Il avait déclaré précédemment, aux membres de la commission extraparlementaire, que lorsque l'ouvrier a donné ses huit heures à l'Etat, il est libre de ses actes et de ses paroles. La commission protesta. (*Très bien! très bien!*)

Voilà quel était l'état d'esprit à Brest.

C'est dans ces conditions que l'ouvrier Pengam fit une conférence antimilitariste. Le préfet maritime, l'amiral Péphau, a jugé que la présence de Pengam à l'arsenal offrait des dangers, et il l'a exclu pour un mois.

Les orateurs de la Bourse du travail ont proféré des outrages grossiers contre les autorités maritimes. Jamais ils n'ont adressé un démenti aux journaux qui les ont reproduits.

M. Thomson apprit à la Chambre l'existence d'une Fédération qui, de Toulon, où elle siège, peut, d'un moment à l'autre, lancer un ordre et suspendre instantanément les travaux de la défense nationale.

Après une intervention de M. Rouvier, président du conseil, qui dénia le droit de grève aux ouvriers des arsenaux, la Chambre approuva les déclarations du gouvernement à la majorité formidable de 455 voix contre 80.

Au cours de cette mémorable séance, M. Camille Pelletan lui-même désavoua catégoriquement ses amis du Syndicat rouge — ceux qui, en 1903, le portaient en triomphe dans la gare de Brest...

Au mois de septembre 1906, M. Thomson, étant venu à Brest, reçut une délégation de ce syndicat — preuve qu'il vivait encore, le syndicat ! et qu'il n'entendait pas du tout mourir. La scène se passait le jeudi 20. Bourré de bonnes intentions à l'égard des ouvriers de l'arsenal, le ministre accueillit donc, à la préfecture maritime, les délégués du Syndicat rouge. Le secrétaire général, le citoyen Muller, le prit tout de suite de très haut avec M. Thomson. En présence de M. Louis, directeur des constructions navales, il soutint chaudement, appuyé par tous les camarades présents, le droit pour l'ouvrier de faire entendre toutes ses revendications à n'importe qui et dans les termes les plus catégoriques.

— Les ouvriers des arsenaux sont absolument surmenés ! s'écria le citoyen Muller.

— Surmenés ? ne put s'empêcher de protester le ministre, et vous ne faites que huit heures de présence ! Alors que nous avons chez nous des ouvriers aussi bons qu'à l'étranger, nous voyons ce spectacle qu'en France nos constructions neuves demandent un temps beaucoup plus long. Je répète que vous appartenez à un des arsenaux où l'on travaille le plus. En admettant que vous travailliez aux pièces, vous conviendrez que le surmenage dont vous parliez tout à l'heure ne peut exister avec la journée de huit heures. Si vous arriviez à vous faire des journées de six et sept francs, ce serait intéressant. Quand on a mis en pratique le travail à la tâche, on a mal fait, parce que l'on a partagé la surproduction entre l'ouvrier et l'Etat. Il faudrait laisser le surplus à l'ouvrier, l'Etat gagnant par la rapidité de la production.

M. Muller. — Si l'augmentation du salaire provient du surmenage, nous avons tout à perdre au changement.

Dans l'industrie privée, les ouvriers travaillent comme de véritables brutes pour faire gagner aux patrons des vingt et trente mille francs.

Un délégué. — Ne craignez-vous pas les abus avec le travail à la tâche ou aux pièces ?

Est-ce qu'un travail ne sera pas accepté par un surveillant lorsqu'il sera bien avec un ouvrier et refusé lorsqu'il en voudra à un autre ?

M. Thomson. — Les abus sont à craindre avec le système actuel. Vous vous en plaignez, d'ailleurs.

M. Muller. — Nous préférons voir le salaire augmenter *sans surproduction.*

M. Thomson, qui paraît très énervé de voir toutes ses propositions repoussées avec obstination, tire un télégramme de sa poche et lit :

> Le camarade Lévy, employé de commerce, délégué de la
> Confédération générale du travail, vous dira pour qui on
> nous vole, pour qui on nous tue, à quoi servent les casernes
> et les assassinats ; comment nous empêcherons les boucheries humaines.

Depuis plusieurs jours, s'étalaient sur les murs de Brest des affiches de la Bourse du Travail, conviant les ouvriers du port à une grande réunion antimilitariste.

Le télégramme lu par M. Thomson était un extrait de cette affiche, émanant pour une bonne part du Syndicat rouge du port.

M. Thomson (continuant). — Croyez-vous que, lorsqu'on est attaché à la défense nationale, il y ait intérêt à répandre ces idées ?

Un délégué. — Il n'est pas interdit de défendre ses idées.

M. Thomson. — Croyez-vous que vous êtes attachés à une œuvre de boucherie ! Que faites-vous quand vous construisez des bâtiments ?

Un délégué. — Nous travaillons pour notre alimentation *(sic)*.

M. Thomson. — Vous êtes attachés à une œuvre de défense nationale. C'est votre honneur. Quand on a l'honneur de travailler à la défense d'un pays, il faut se pénétrer de la grandeur de sa tâche.

M. Muller. — Tous les membres du Parlement ne comprennent pas la défense nationale de la même façon. Il y en a qui ne se gênent pas pour combattre ce que vous proposez.

M. Thomson. — Que l'on proteste contre des guerres de conquête, nous sommes d'accord. Qu'une œuvre de défense nationale soit présentée comme un assassinat, ce n'est pas admissible.

Je vous dis que vous, ouvriers, comme moi, ministre, nous sommes attachés à une œuvre de défense nationale et que votre mérite, c'est celui-là.

Un délégué. — Un cheval qui n'a pas d'avoine ne marche pas très bien.

M. Thomson. — Vous avez raison. C'est pourquoi, tout en vous laissant la responsabilité de votre comparaison peu respectueuse, je vous demande de m'aider à augmenter votre avoine.

Le dialogue prenait une tournure très vive. Le ministre congédia poliment ses ouvriers et, pour leur témoigner son mécontentement... accorda un jour de congé *payé* à tout le personnel. Bon père de famille, M. Thomson (1), — mais pas *chef* du tout. Evidemment, il ne s'attendait pas à pareille réception. On lui avait tant dit sur tous les tons que la presse réactionnaire et bourgeoise exagérait les choses, — on lui avait tant répété que de vulgaires plumitifs, à court de copie, étaient, seuls, instigateurs des mouvements révolutionnaires qui agitèrent Brest et l'arsenal et que, sans ces coupables inventeurs de fausses nouvelles, jamais il ne se fût produit ni grève, ni émeute, ni rien qui ressemble à un trouble quelconque !

Et maintenant, si l'on ne brise plus les vitres, on ne continue pas moins à comploter contre la patrie, derrière les volets clos. Le mode d'action adopté désormais par les socialistes est moins tumultueux, mais il n'est pas moins dangereux pour la chose publique, au contraire.

(1). Au mois d'avril 1907, M. Thomson décidait qu'il y avait lieu de payer intégralement au citoyen Muller, comme s'il les avait passées à l'arsenal, les dix journées que cet ouvrier avait consacrées au congrès des Associations des ports, à Paris.

L'état d'esprit est le même, — s'il n'est pire.

Allez donc parler de la Patrie, de la République, de l'armée, du devoir des citoyens devant l'invasion, à des gens qui vous tiennent un langage comme celui du citoyen Muller !

Ahuri, on l'eût été à moins, M. Thomson avait saisi le prétexte de la conférence antimilitariste annoncée pour le soir même, et il s'était élevé en termes énergiques contre toute participation des ouvriers de l'Etat à la propagande organisée en France par le citoyen Lévy, avec l'aide de la Confédération et de toutes les Bourses du Travail.

Cette propagande, on en connaît le but : détourner de l'accomplissement du devoir militaire tous ceux que la loi appelle sous les drapeaux, englober dans le mouvement les femmes elles-mêmes, épouses, mères, sœurs ou fiancées, de façon à agir plus efficacement sur l'esprit des soldats. Et le citoyen Lévy expliquait, le soir même, à ses auditeurs *« pour qui on nous vole, pour qui on nous tue, à quoi servent les casernes et les assassinats, comment nous empêcherons les boucheries humaines »*.

Bien vainement, M. Thomson avait tenté de faire comprendre à messieurs les délégués du Syndicat rouge ce que pareille campagne avait d'odieux, alors que, quoi qu'en disent les sycophantes de l'internationalisme, la France, entourée d'ennemis avides et voraces, est la seule nation où l'internationalisme fleurisse si vigoureusement, — alors que, de tous côtés, malgré les assurances pacifiques les plus éloquentes, les armements se continuent, s'accroissent, se développent à l'infini et transforment, non plus seulement l'Europe, mais le monde entier en un vaste camp, où retentit sans cesse le cliquetis des armes !

Peine perdue.

MM. les délégués souriaient aimablement, et l'un d'eux répétait sans cesse, d'un ton narquois :

— Nous n'avons pas assez d'avoine ! Quand un cheval n'a pas son picotin complet, il ne marche pas.

Eh bien ! puisqu'il s'agit d'avoine, c'est-à-dire de pitance, ce qu'il faut dire, ce qu'il faut crier sur tous les toits, ce qu'il importe de répéter sans cesse à ces pauvres égarés, c'est que si le picotin que leur sert la République leur semble insuffisant, celui qui leur serait offert demain, par le tyran victorieux, par l'envahisseur de nos frontières, serait encore bien plus maigre, bien plus réduit.

Ce ne serait même plus de l'avoine, ce serait du foin ou de la paille que l'étranger vainqueur et maître de la France dégénérée, pourrie, décomposée par le socialisme révolutionnaire et internationaliste, donnerait à manger aux esclaves qui, n'ayant pas voulu se battre pour défendre leur pays, seraient traités comme des bêtes de somme.

Voilà ce que M. Thomson pense, et ce que nous pensons aussi. Et c'est pourquoi l'attitude de messieurs les délégués du Syndicat rouge a produit sur tout le monde une déplorable impression.

Appréciant cette entrevue, le *Temps* publiait un article véhément contre l'incroyable attitude des délégués du syndicat :

Le ministre de la Marine, écœuré à bon droit, a essayé de leur faire comprendre l'absurdité et l'indignité de leur conduite. Il n'y a pas réussi.

Les délégués du syndicat lui ont répliqué froidement que chacun avait le droit de défendre son opinion.

Pour ce qui est de défendre la patrie, ce n'est pas sur eux qu'il faut compter.

En vérité, une pareille situation est-elle tolérable ? La Chambre la tolérera-t-elle plus longtemps ? Se décidera-t-elle enfin à prendre les mesures nécessaires à la sécurité nationale ?

Et depuis — comme le disait M. Charles Dupuy — la séance continue.

Tout récemment, le 16 mars 1907, le Syndicat du port organisait un meeting pour protester contre une punition infligée à vingt-deux ouvriers de la direction d'artillerie.

L'appel affiché à cette occasion se terminait comme suit :

Fût-on colonel d'artillerie, vice-amiral ou ministre, on n'a pas le droit de fouler aux pieds les règles les plus élémentaires de la justice.

Les ouvriers de toutes les directions de l'arsenal ont à cœur de montrer que s'il existe entre la classe galonnarde et le pouvoir bourgeois des liens de solidarité intime, il existe aussi chez eux des moyens de propagande et d'agitation à outrance dont ils n'hésiteront pas à se servir.

La solidarité ouvrière, assise sur le bon sens et la raison, inspirera plus de confiance au peuple juge que la solidarité bourgeoise, qui ne peut être ficelée que par des liens pourris.

Vive la solidarité ouvrière! A bas les conspirations bourgeoises!

Les conspirateurs se nomment :

BAUDIN (Louis-Léonce), lieutenant-colonel d'artillerie.

PÉPHAU (Jacques-Théophile), préfet du 2° arrondissement maritime.

THOMSON (Gaston), ministre démocrate de la Marine.

L'amiral Péphau n'hésita pas à riposter par l'ordre suivant, communiqué à tout le personnel de l'arsenal :

Brest, le 16 mars 1907.

Le vice-amiral commandant en chef, préfet maritime,

Vu l'affiche injurieuse pour les autorités maritimes, apposée sur les murs de Brest par le Syndicat des travailleurs réunis,

Décide :

A partir de la réception du présent ordre, toutes relations, soit écrites, soit verbales, seront rompues entre les diverses autorités maritimes du 2ᵉ arrondissement et le conseil d'administration dudit syndicat.

PÉPHAU.

Quelques jours après, le 21 mars, le syndicat, qui ne perd jamais une occasion d'injurier l'autorité maritime, prenait texte de la catastrophe de l'*Iéna* pour publier un nouveau papier — celui-là tout simplement odieux :

Le conseil d'administration du Syndicat de l'arsenal, réuni en assemblée de bureau le 20 mars 1907, proteste contre la dernière circulaire adressée au port de Brest par le ministre de la Marine.

M. Thomson, dans cette circulaire, invite les ouvriers de l'arsenal à souscrire pour les familles des victimes de l'Iéna, et, pour les obliger à verser leur obole, fait faire cette souscription au guichet de paie par les chefs-ouvriers payeurs, sous le contrôle des surveillants des compagnies.

De tels procédés sont d'une basse mesquinerie.

La marine a le devoir de venir en aide aux familles de ses victimes, mais si les six millions d'économies qu'a faits le ministre sur le budget de 1906 ne peuvent suffire pour les dédommager, le déficit ne saurait être comblé par les prolétaires des arsenaux, qui déclinent toute responsabilité dans les assassinats capitalistiques. (sic.)

Assimiler l'affreux accident de l'*Iéna* à un assassinat « capitalistique », c'était bien, n'est-ce pas? la réédition de la théorie sur les « boucheries humaines » que les délégués avaient revendiquée devant M. Thomson.

L'amiral Péphau fut plusieurs fois conspué, tout

comme son prédécesseur Mallarmé. Aussi, au mois d'août suivant (1907), découragé, comprenant qu'il lui était impossible d'enrayer le mouvement révolutionnaire et antimilitariste, parce que mal ou insuffisamment soutenu par son ministre, le préfet demanda-t-il sa mise à la retraite anticipée.

Nous croyons avoir mis sous les yeux du lecteur les éléments essentiels d'appréciation en ce qui concerne la situation morale des arsenaux, et notamment de celui de Brest. Il n'entre pas dans le cadre de cet ouvrage d'exposer les conséquences de l'indiscipline et de l'insubordination au point de vue de la production matérielle. Des spécialistes ont mis les choses au point à cet égard. Voici, par exemple, relativement au prix de revient, quelques chiffres extraits du rapport du comité d'examen des comptes des travaux de la marine et reproduits dans le cours d'administration à l'école supérieure de la Marine (année 1903), tôme 2, page 146 :

Pour peindre un canot Berthon (petit canot en toile pour torpilleur) : 73 fr. 92 de main-d'œuvre.

Pour réparer une baleinière de 8 m. 50 : 268 journées de travail s'élevant à 660 fr. 06 et 350 fr. 51 de main-d'œuvre, soit 1.010 fr. 67, non compris les dépenses indivises (ces dépenses s'élèvent en moyenne au tiers du montant des réparations). Le prix approximatif d'une baleinière neuve est d'environ 800 fr.

Pour réparer une plate (petite embarcation sans quille) : 65 journées de travail, soit 220 fr. 89, non compris les dépenses indivises. Le prix d'une plate est d'environ 250 fr.

Pour réparer trois pliants, il a été employé 23 journées, soit 69 fr. 27, non compris les dépenses indivises.

Pour réparer une lance en cuivre et un fanal de compas du *Duguay-Trouin*, il a été employé 352 journées. La dépense totale, non compris les dépenses indivises, s'est élevée à 1.022 fr. 39. Le prix d'un fanal de compas neuf est de 12 fr. et celui d'une lance 9 fr. 50. Total, 21 fr. 50

L'inspecteur général de 1re classe, M. Grasset, constatait, en juin 1907, dans l'arsenal de Toulon, « que les ouvriers regardent leurs machines qui tournent sans matière à ouvrer, que les voies et les terre-pleins sont remplis d'oisifs qui s'éparpillent à la vue des contrôleurs, et que la surveillance paraît à peu près nulle. »

A Brest, le même inspecteur a remarqué un peu plus d'activité (1), mais si l'on veut arriver à un rendement utile, il faudra nécessairement rétablir l'esprit de discipline et enseigner le respect du galon.

L'anarchie, quand elle n'est pas vigoureusement matée, fait de rapides ravages. A Brest, on a vu, au cours de l'année 1907, cette chose énorme, invraisemblable, d'une révolte à l'établissement des pupilles de la marine ! Ces enfants, élevés aux frais de l'Etat, avaient apporté de chez eux des germes d'insubordination. Ils se mutinèrent, insultèrent leurs chefs et leurs surveillants. Il fallut sévir et en licencier dix-huit.

Sur le bras d'un futur matelot âgé de douze ans, le médecin découvrit avec stupeur un tatouage ainsi conçu :

Mort aux vaches ! A bas les galonnés !

Ce gamin avait dû être élevé par quelque membre du Syndicat rouge du port de guerre, — et il commençait un peu tôt sa carrière révolutionnaire.

Nous le répétons, et ce sera la conclusion de ce

(1) Le 28 août 1907, M. Louis, directeur des constructions navales à Brest, félicitait dans une note officielle le personnel ouvrier employé à la construction de l'*Edgar Quinet*.

long chapitre, il est temps de réagir contre la propagande révolutionnaire et antimilitariste entretenue dans les arsenaux par les Bourses du Travail. Un peu de résolution et quelque esprit de suite dans le commandement suffiront à cette besogne salutaire, parce que le mal n'est pas encore assez généralisé pour être incurable.

Il suffira d'amputer les membres gangrenés. C'est affaire de chirurgie ministérielle.

CHAPITRE VII

Deux victimes de Clemenceau. — M. Collignon, préfet du Finistère ; M. Tourel, sous-préfet de Brest

L'aventure de M. Collignon, préfet du Finistère, et de M. Tourel, sous-préfet de Brest, est bien faite pour éloigner de l'administration politique les jeunes gens français doués d'intelligence, de courage et de conscience. Révoquer un préfet, envoyer en disgrâce un sous-préfet, cela se voit tous les jours.

Parfois, sur nos places publiques de province, il nous est arrivé d'assister au spectacle populaire de l'acrobate qui, les yeux bandés, marche, sans les écraser, au milieu des œufs parsemés sous ses pas.

C'est un sport difficile, assurément. Mais le fonctionnaire moderne, celui surtout dont la carrière s'écoule au sein des jeux de la politique et du hasard, certes, quand, vieilli et usé, il parvient au terme de son existence active sans avoir compromis son avenir dans quelque lamentable omelette, — celui-là peut se vanter d'être plus adroit, plus souple, plus insinuant que le marcheur forain allant, sans les briser, au milieu des rangées de coquilles blanches.

Toutefois, la tradition veut que pour révoquer un préfet ou un sous-préfet, un prétexte, si futile qu'il puisse être, soit produit au grand jour de l'opinion. Ce prétexte, on le trouve facilement, et l'infortuné fonctionnaire qui a cessé de plaire à son ministre est invité à boucler ses malles.

Or, en ce qui concerne les deux administrateurs dont nous nous occupons, ce prétexte n'existait même pas à l'état d'ombre. Et qu'on ne croie pas que notre appréciation soit inspirée par l'amitié ou la camaraderie. Ce que nous disons est de notoriété publique dans toute la Bretagne, où la double disgrâce qui frappa le préfet du Finistère et le sous-préfet de Brest eut un douloureux retentissement. Leur personnalité disparaissait. En les frappant, Clemenceau atteignait profondément le principe d'ordre et, par dessus la tête de ces deux fonctionnaires, le président du conseil, inspiré sans doute par quelque mouchard de bas étage, portait un coup terrible au prestige gouvernemental.

En effet, M. Collignon et M. Tourel étaient comme deux colonels auxquels un général en chef aurait confié une périlleuse mission et qui, l'ayant accomplie avec succès, auraient subi, pour prix de leur victoire chèrement achetée, le blâme et la défaveur.

Nous fûmes mêlé d'assez près aux événements de 1904, de 1905 et de 1906 pour pouvoir affirmer que les mesures rigoureuses et indispensables exécutées à Brest par l'autorité préfectorale furent toujours ordonnées de Paris même. C'était la place Beauvau qui, par le fil télégraphique, envoyait les instructions aux cabinets préfectoral et sous-préfectoral.

Au surplus, M. Collignon et M. Tourel avaient plein leurs poches de félicitations officielles reçues de leur ministre et si, après le coup de traîtrise dont ils furent victimes, ils ne se servirent pas de ces papiers, ce fut évidemment qu'ils poussèrent la délicatesse aux limites extrêmes et qu'ils eurent l'âme plus haut placée que ceux qui les sacrifièrent à la Sociale. « ...Le préfet ne tarda pas à sauter, écrivait M. de Lanessan dans un leader article du *Siècle* intitulé : *Une victime des collectivistes*. A son exemple, je ne rendrai pas responsable de sa disgrâce ni tel ou tel ministre, ni tel ou tel gouvernement, car il n'y a plus ni autorité ministérielle ni autorité gouvernementale qui puisse être rendue responsable de quoi que ce soit. Mais je crains fort qu'après avoir fait beaucoup de victimes de cette sorte, le collectivisme ne fasse une suprême victime : la République. Et c'est pourquoi je souhaite que les radicaux, imitant l'exemple de mon ami Dubief, se décident, enfin, à n'être plus les dupes du collectivisme révolutionnaire. »

Lorsque, dans les premiers jours de juillet 1906, M. Collignon quitta la préfecture de Quimper, où il était demeuré sept années, il fut accompagné jusqu'à son wagon par les représentants de toutes les nuances du parti républicain. Avant de partir, il prononça, devant son personnel assemblé, une allocution qui nous semble un véritable chef-d'œuvre de correction :

Je vais quitter ce pays que j'aime, dit-il. J'y ai connu de cruels moments, je crois y avoir fait mon **devoir**. Je l'ai fait même, vous le savez, au delà de mes forces, et je pars, la santé atteinte à jamais. Cependant, je ne me plains pas et je défends que personne me plaigne... J'accepte sans amertume la décision qui m'atteint. Je vous prie de l'accepter comme moi et de vous rappeler toujours que le premier devoir de ceux qui détiennent la moindre parcelle de la puissance publique est de témoigner de leur respect pour la discipline sociale. Ils le doivent par leurs paroles, par leurs actes, par leurs exemples. Il n'est pas d'anarchie plus dangereuse pour une démocratie que l'anarchie des services publics.

Nous savons avec quelle vigueur M. Collignon avait pris en mains la défense de l'ordre (1) dans des circonstances tragiques. Ce n'est pas seulement à Brest qu'il était intervenu pour régler les différends du travail.

A Douarnenez, où des troubles avaient abouti, il y a quelques années, une fois au pillage de la gare, et une autre à la destruction d'une usine, M. Collignon régla en deux jours les conditions nouvelles du travail et maintint, sans l'emploi de la force, l'effervescence d'une semaine, qu'avaient fait naître et entretenu, une fois ces conditions arrêtées, MM. Craissac, de la Confédération Générale du Travail, et Le Tréhuidic, de la Bourse du Travail de Brest.

C'est encore ce préfet modèle qui, au début de l'année 1903, organisa le comité de secours aux marins-pêcheurs, grâce auquel on a pu, depuis, distribuer plusieurs centaines de mille francs aux victimes de la pénurie de pêche. Il faillit mourir des fatigues endurées à cette époque de famine bretonne. S'étant levé avec la fièvre, de son lit, où il soignait un commencement de néphrite, pour aller faire, sur la côte, des tournées, par une pluie glacée, il tomba dangereusement malade.

Au point de vue politique, M. Collignon avait

(1) Voir le chapitre V.

constamment conservé une correction irréprochable. Le samedi 15 juillet 1905, présidant le banquet
de l'Association fraternelle et de l'Amicale des instituteurs du Finistère, le préfet faisait entendre des
paroles que tous les membres du cabinet Clemenceau auraient pu prononcer. Depuis, M. Barthou,
notamment, s'est exprimé fréquemment, soit dans
les banquets, soit à la tribune de la Chambre, dans
des termes presque identiques lorsqu'il combattait
les syndicats de fonctionnaires.

Je connais bien, disait M. Collignon aux instituteurs du Finistère, la théorie de la personnalité double du fonctionnaire, ser-
viteur dans sa fonction, citoyen en dehors, déférant pendant qu'il
« fait sa journée », libre d'être injurieux quand la journée est
finie. Quelle folie ! Voyez-vous cet homme qui viendra dire :
« J'obéis à la loi comme fonctionnaire, et je la viole comme
citoyen. Je suis plein de respect pour mon chef en tant que son
subordonné, mais en dehors de cela je lui crache mon mépris
au visage. Je sers le gouvernement dans ma fonction, mais en
dehors je le dessers : je lui crée des embarras, je lui suscite
des difficultés, je combats sa politique et je le fais publiquement,
en bénéficiant de ma qualité de fonctionnaire. »

Voyons, est-ce admissible ? Et à quel état d'anarchie cela ne
conduirait-il pas si ceux-là mêmes qui ont le devoir d'enseigner
la discipline étaient les premiers à y manquer ?

Qu'ils cherchent ou non à en tirer parti, la qualité de fonctionnaire ou d'agent de l'Etat donne à ceux qui en sont revêtus,
quelque modeste que soit leur emploi, une plus grande autorité
sur la foule que celle qu'aurait un citoyen ordinaire, et, qu'ils le
veuillent ou non, elle donne un caractère officiel à leur parole.
Peut-on admettre qu'ils emploient l'influence qu'ils en tirent à
créer, aux frais de l'Etat, un pouvoir à côté des pouvoirs établis
par la loi et qu'ils s'en fassent les tuteurs irresponsables et
sans mandat ?

Peut-on admettre que, parmi la multitude de ceux qui exer-
cent des fonctions publiques, se croient seuls en droit d'élever
la voix ceux qui n'en ont pas reçu la mission des lois ? Des lois !
la seule chose qui doive exister dans une démocratie qui veut
vivre. Et ce pouvoir à côté prétendrait gouverner le pays à son
gré, avec ou malgré le gouvernement régulier ! Mener les citoyens non fonctionnaires ! et tout le monde commanderait en
dehors de ceux qui ont reçu de la loi le pouvoir de commander !
Est-ce admissible ?

M. Combes, dans une circulaire en date du 26 novembre 1904, avait écrit ceci : « Au premier rang de ces fonctionnaires (ceux qui doivent être tenus en dehors des investigations politiques) se trouvent les instituteurs. Leur rôle social leur interdit toute participation aux luttes de partis. Le principe de la neutralité scolaire leur fait un devoir d'accorder un même dévouement et une même sollicitude à tous les enfants, sans distinction, dont l'éducation leur est confiée, quelles que soient les opinions ou les croyances des familles auxquelles ils appartiennent. »

La formule « l'instituteur à l'école, le curé à l'église » est à double effet ; et, s'il est vrai qu'il faut empêcher le pasteur d'une religion quelconque d'abuser de son ascendant moral dans les choses de la politique, il est non moins nécessaire de garantir le maître d'école contre les entraînements trop faciles de la lutte électorale.

Et ceux-là qui, au mépris de tout sens commun, au mépris de toute règle et de toute discipline, essayèrent, sous le ministère dit de défense républicaine, de jeter les maîtres de l'enseignement primaire au milieu de la cohue des partis, — ceux-là se trompaient lourdement lorsqu'ils s'imaginaient servir la cause ministérielle. La circulaire de ce bon petit père Combes, que M. Collignon avait rappelée devant les instituteurs, le démontre surabondamment. M. Combes n'entendait pas que la politique militante entrât à l'école laïque ; il désapprouvait le zèle de maladroits amis, zèle plus néfaste à sa cause que toutes les entreprises cléricales les plus violentes.

M. Collignou était donc bien dans la note gouvernementale. Qu'il ait à combattre la révolution ou qu'il ait à organiser de puissants secours pour toute une population affamée ; qu'il parle devant des instituteurs travaillés par l'esprit détestable des Amicales, ou qu'il se mêle aux conflits de grèves pour concilier patrons et ouvriers, — nous le retrouvons partout et toujours fonctionnaire irréprochable.

Et la preuve, c'est que le *Journal officiel* du 21 juillet 1905 publiait la promotion du préfet du Finistère au grade d'officier de la Légion d'honneur. Ce préfet qui, un an après, devait être l'objet d'une disgrâce inqualifiable, recevait ainsi, des mains de son ministre, la suprême récompense pour les services rendus !...

Ce que nous venons de dire du préfet, nous pourrions le répéter du sous-préfet qui, lui aussi, ce même 21 juillet, était compris dans la promotion et recevait la croix de la Légion d'honneur.

Que signifiait cette simultanéité dans la récompense ? Elle signifiait la satisfaction complète du gouvernement ; elle signifiait que le ministre de l'Intérieur voulait, du même coup, reconnaître les services du préfet et de son actif et courageux collaborateur de Brest.

Jamais décorations ne furent mieux méritées que celles-là !

En ce qui concerne le sous-préfet, la croix qui lui était donnée avait été demandée par la population tout entière et par les représentants les plus autorisés de la ville de Brest.

Voici un document qui en fait foi :

Brest, le 8 juillet 1904.

Monsieur et cher député, (1)

Nous apprenons avec la plus vive satisfaction que M. le préfet du Finistère a signalé d'une façon toute particulière à M. le ministre de l'Intérieur, président du conseil, le zèle et le dévouement de M. Tourel, notre honorable sous-préfet, dans les circonstances pénibles que nous traversons actuellement.

Les nombreuses et incessantes grèves qui ont fait de notre ville un centre de désordre que tout le commerce, durement éprouvé, déplore amèrement, ont créé à notre sous-préfet une situation des plus difficiles et nous sommes heureux de reconnaître que c'est grâce à son habile et énergique intervention que de grands malheurs ont pu être évités.

Aussi nous faisons-nous un devoir de venir, au nom du commerce et de l'industrie brestois, vous demander votre appui près de M. le ministre de l'Intérieur pour solliciter en faveur de M. Tourel la croix de la Légion d'honneur.

En le comprenant dans la première promotion, il récompensera les réels services rendus par notre sous-préfet.

Signé : A. ROLLAND,
président du tribunal de commerce.

MARFILLE,
président de la chambre de commerce.

A. HUAU,
président de l'Union des syndicats commerciaux
et industriels de l'arrondissement.

Comme cette lettre porte la signature de personnages qualifiés « patrons » et « capitalistes » par messieurs les socialistes, — il est intéressant de reproduire immédiatement une autre lettre qui porte la même date que la précédente et qui avait été adressée à M. Tourel par de braves travailleurs.

(1) Cette lettre était adressée à M. Isnard, député.

— 225 —

La voici :

Brest, le 8 juillet 1904.

Monsieur le sous-préfet,

Grâce à l'intérêt que vous avez toujours porté aux humbles, nous venons encore une fois d'obtenir satisfaction.

Par votre intermédiaire, la compagnie du gaz nous a accordé une augmentation de salaire et, cette fois-ci, c'est encore à vous que nous devons cette amélioration de notre modeste situation.

Nous vous en remercions du fond du cœur, ainsi que nos familles, et nous venons vous dire que le syndicat réuni vous a voté à l'unanimité des félicitations, que nous sommes heureux de vous transmettre.

Le conseil d'administration du Syndicat
des employés du gaz :

Signé : Le Dall, Balcon, Blayac,
Guillermou.

Ainsi donc, des ouvriers échappés à l'action dissolvante de la Bourse du Travail et de la municipalité rendaient un juste hommage au sous-préfet.

Lorsqu'un an après, la croix de la Légion d'honneur fut accordée à M. Tourel, une manifestation vraiment touchante, empreinte de la plus pure sympathie, s'organisa. La remise de la croix au nouveau chevalier fut faite par M. le docteur Piton, conseiller général, en présence de nombreux amis assemblés dans les salons de la sous-préfecture. Le préfet maritime, vice-amiral Péphau, les amiraux, les généraux et colonels de la garnison, les principaux représentants du commerce et de l'industrie, les présidents des sociétés locales étaient réunis autour de M. Tourel.

Mais l'homme dont la présence fut le plus remarquée fut le citoyen Aubert, maire de Brest.

Comment le chef de la municipalité socialiste, collectiviste et révolutionnaire, cause de tous les maux dont la ville souffrait depuis quinze mois, se trouvait-il là, — et que venait-il faire en cette galère ?

C'est simple :

Le citoyen Aubert avait souscrit pour l'achat du bronze superbe que les amis de M. Tourel allaient lui remettre en même temps que la croix enrichie de diamants. Il avait souscrit la somme de dix francs, et, par cette souscription aussi bien que par sa présence en une telle cérémonie, le maire socialiste de Brest proclamait tout ensemble les mérites de l'adversaire redoutable de l'anarchie et les fautes des municipaux. Ce n'était pas banal, à coup sûr ! Une photographie prise sur le champ montre ainsi le citoyen Aubert assis à la gauche du sous-préfet — en un fauteuil confortable. Un fauteuil ! La vue seule de ce siège rappela sans doute au maire l'une des scènes les plus grotesques de l'hôtel de ville — cette séance où les conseillers avaient voulu priver le sous-préfet de sa place au théâtre !

Mais le champagne pétillait dans les coupes. Le citoyen Aubert buvait d'enthousiasme au ruban de son adversaire, à ce ruban « rouge du sang du peuple », avait dit un orateur de la Bourse du Travail.

M. Huau, président de l'Union des syndicats industriels, commerciaux et agricoles de l'arrondissement, remettait à M. Tourel l'objet d'art acquis par souscription :

Monsieur le sous-préfet.

Vous avez vaillamment contribué à rendre à la ville de Brest le calme et la tranquillité indispensables aux affaires. Les commerçants et industriels brestois vous en sont très reconnaissants; ils vous prient de recevoir leurs sincères félicitations pour votre nomination dans l'ordre de la Légion d'honneur, juste récompense de vos bons services.

L'Union des syndicats commerciaux et industriels de l'arrondissement de Brest est très heureuse, en la circonstance, de se joindre au groupe de vos amis pour vous offrir ces bronzes de Barbedienne en témoignage de notre reconnaissance et de notre sympathie.

Tout le monde applaudissait.

Le maire de Brest avait les larmes aux yeux : Joie ? Repentir ? Mystère !

Et, maintenant, il est nécessaire de reproduire les deux délibérations dont ampliation fut remise au héros de cette petite fête par le président de la chambre de commerce, parce que ces documents établissent, en un texte officiel et irréfutable, les services rendus par celui qui en était l'objet .

M. Marfille, président de la chambre, lut d'abord ceci :

CHAMBRE DE COMMERCE DE BREST

EXTRAIT DU REGISTRE DES DELIBERATIONS

Séance du jeudi 27 juillet 1905

La séance est ouverte à deux heures, sous la présidence de M. Marfille, président.

Etaient présents : MM. Le Pivain, Deshayes, Méhouas, Coatélant, Fouché, Huau, Nicol, Le Dépensier, Lullien.

M. le président s'exprime en ces termes :

« Messieurs,

« Vous avez tous présents à la mémoire les événements malheureux dont la ville de Brest a été le théâtre. L'industrie et le commerce ont été particulièrement touchés par les grèves nombreuses qui se sont succédé pendant plusieurs mois. Grâce à l'énergie, au sang-froid de notre sous-préfet et aux mesures de sécurité qu'il a su prendre en temps opportun, de grands malheurs ont été certainement évités. Je pense que le moment est venu de témoigner à M. Tourel toute la gratitude du commerce et de l'industrie de l'arrondissement, dont nous sommes les représentants; en conséquence, je soumets à votre appréciation la délibération suivante :

« La chambre de commerce de Brest, reconnaissante, saisit
« avec empressement l'occasion qui lui est offerte pour féliciter
« M. Tourel de la distinction dont le gouvernement de la Répu-
« blique vient de l'honorer en le nommant chevalier de la Légion
« d'honneur, juste récompense des nombreux services qu'il a
« rendus à la région, et lui adresse en même temps l'expression
« de sa vive sympathie. »

Cette délibération est approuvée à l'unanimité et la chambre
charge son président de la transmettre à M. le sous-préfet de
Brest

Pour extrait conforme :

Le président, MARFILLE.

**Puis, ce fut le tour de M. Rolland, président du
tribunal de commerce, qui donna lecture du deuxième document :**

*Extrait du registre des délibérations du tribunal de commerce de
terre et de mer, séant à Brest, département du Finistère, du
vingt-huit juillet mil neuf cent cinq,*

Les membres du tribunal de commerce de terre et de mer de
l'arrondissement de Brest se sont réunis dans la chambre du
conseil, en réunion extraordinaire, le 28 juillet 1905, à deux
heures de l'après-midi.

Étaient présents : MM. Alexis Rolland, président ; Ernest
Holley, juge ; Eugène Berréhar, juge ; Auguste Salaün, juge ;
Pierre Crouan, juge ; Jean Corrigou, juge suppléant ; Charles
Bastit, juge suppléant.

La séance déclarée ouverte, le président prononce l'allocution
suivante :

« Messieurs,

« J'ai cru de mon devoir de vous réunir, aujourd'hui, pour
vous faire savoir que le gouvernement de la République vient
de nommer M. Tourel, sous-préfet de Brest, chevalier de la Légion d'honneur, et que l'Union des syndicats commerciaux, industriels et agricoles de l'arrondissement de Brest a eu l'heureuse pensée de lui offrir un souvenir de sympathie et d'estime
en reconnaissance des éminents services qu'il a rendus à la
population tout entière pendant les périodes difficiles et troublées que notre malheureuse région a traversées dans le courant de cette année, alors que, sans exagération aucune, nous
pouvons dire qu'elle était livrée à l'anarchie la plus complète.

« Le souvenir dont il s'agit, consistant en une œuvre d'art,
sera remis demain soir.

« J'ai pensé que les membres du tribunal de commerce, représentants autorisés des commerçants de l'arrondissement de Brest,

pourraient profiter de ce moment pour adresser à notre sous-préfet l'expression de leur vive sympathie et de leurs sentiments les plus reconnaissants.

« Je vous propose donc, messieurs, d'adresser un exemplaire de la présente délibération à M. le sous-préfet. »

Suivent les signatures :

ROLLAND, président; HOLLEY, BERRÉHAR, SALAUN et CROUAN, juges; CORRIGOU et BASTIT, juges suppléants.

Pour extrait conforme:

Le greffier, G. DELAPORTE.

Pour terminer la cérémonie, M. Piton, conseiller général, parrain du nouveau chevalier, prononce une allocution pleine de cœur et débordante d'affection :

Vous m'avez donné une grande marque d'affection en me choisissant comme parrain, dit-il ; j'en sens d'autant plus le prix que d'autres étaient certainement plus qualifiés pour guider vos premiers pas dans la Légion.

C'est la seconde fois que cet honneur m'échoit. Il y a deux ans, j'épinglais la croix des braves sur la poitrine d'Autret le patron du canot de sauvetage d'Audierne, à qui tant de marins bretons doivent l'existence.

Aujourd'hui je décore un second sauveteur. Que votre modestie me pardonne, mais nous avons le droit et le devoir de dire à tous combien vous avez contribué, dans des circonstances récentes, à ramener le calme dans les esprits troublés, en sauvegardant à la fois les intérêts de l'ouvrier et du patron..

Ainsi donc, voici un sous-préfet décoré sur la demande de toute la partie saine d'une ville de quatre-vingt mille âmes, — non seulement décoré, mais officiellement *félicité* et *remercié* par les représentants les plus autorisés de cette population.

Approuvé et récompensé par son gouvernement, encouragé et soutenu par ses administrés, le sous-préfet Tourel, dont l'œuvre d'assainissement n'était pas terminée à ce moment, nous l'avons vu d'autre part, continua et parvint, sous la direction bienveillante et courageuse de son chef direct, à mener à bien ce qu'il avait commencé.

Au mois de mai 1906, il ferme la Bourse du Travail — exemple qui fut suivi en 1907 par M. Clemenceau.

Puis, soudain, quelques semaines après, il est mis en disponibilité, *sine die*.

M. Tourel eut déshonoré l'administration préfectorale par quelque crime de droit commun qu'il n'eût pas été traité avec plus de rigueur !

A un jour d'intervalle, il suivait son préfet dans une disgrâce que le président du conseil avait promis devoir être *temporaire*, — mais qui dure encore...

Cette double iniquité indigna tellement tous ceux qui avaient vu à l'œuvre M. Collignon et M. Tourel que, sous la pression de l'opinion publique finistérienne, sénateurs, députés, conseillers généraux et d'arrondissement durent se rendre à Paris, afin de demander à M. Clemenceau une explication et des réparations légitimes.

Le président du conseil répondit à la délégation bretonne cette chose énorme, mais absolument authentique :

— Tourel ? Collignon ?... Je vous avoue que je n'ai jamais vu leurs dossiers... Je verrai et vous promets de réparer...

Telle est l'histoire véridique des deux administrateurs du Finistère. Nous l'avons intercalée dans ces pages pour servir à l'édification des fonctionnaires, qui y trouveront certainement des enseignements utiles.

Mais, n'est-il pas vrai que, comme nous le disions au début de ce chapitre, le métier de l'acrobate marchant au milieu des œufs, les yeux bandés, sans écraser les coquilles, est plus facile, de beaucoup, que celui des préfets et des sous-préfets sous le proconsulat clemenciste ?

CHAPITRE VIII

Les Contribuables brestois sont écrasés d'impôts

On pense bien qu'au milieu du désordre et de l'agitation dont nos lecteurs viennent de suivre les phases diverses, les contribuables n'avaient pas été épargnés. C'est à leurs frais que la municipalité socialiste, collectiviste et révolutionnaire s'amusait et se taillait une popularité. Jamais, et dans aucune ville, le chantage électoral ne s'étala avec tant d'impudence ; il se pratiqua sur une échelle tellement vaste qu'on est vraiment stupéfait de l'inertie gouvernementale en face d'abus aussi criants.

D'autre part, il est surprenant que la grève des contribuables ne soit pas venue se greffer sur les autres grèves : celle-là, au moins, eût été justifiée et elle eût certainement abouti à un résultat pratique. Les « bourgeois » et les « capitalistes » sont de bonne composition. Ils acceptent toutes les avanies et avalent toutes les couleuvres.

Avec un peu d'entente, ceux de Brest auraient pu mettre la municipalité qui les ruinait dans l'impossibilité absolue de nuire ; pour cela, il suffisait de refuser de payer l'impôt jusqu'à ce que le gouvernement ait bien voulu s'occuper de leur situation et donner à ses agents l'ordre d'étudier de près leur cas tout à fait extraordinaire. Les gens de Narbonne et des pays d'alentour organisèrent la guerre civile pour moins que cela. Si l'on s'était avisé de leur appliquer le régime fiscal, que les Brestois subissent depuis trois ans, les révoltés du Midi eussent tout brisé, tout brûlé, tout dévasté.

Il faut *prendre* l'argent là où il est ! s'écriait un membre de la municipalité collectiviste dans un de ces beaux mouvements d'éloquence qui électrisaient les auditeurs.

Ce fut, en effet, le premier soin des élus du 8 mai 1904.

Un article de la Constitution de 1793 est ainsi conçu : « Nul citoyen n'est affranchi de l'honorable obligation de contribuer aux charges publiques. » Les rédacteurs de cette Constitution étaient moins révolutionnaires que les édiles brestois. Nous l'allons prouver tout à l'heure.

Nous ferons grâce au lecteur de la prose emphatique et farineuse qui fut déversée à plein bord, en maintes séances municipales, avant l'établissement du nouveau mode de répartition de la cote mobilière, et afin de préparer les esprits à ce coup de Jarnac. En deux mots, les collectivistes annonçaient *urbi et orbi* qu'ils allaient dégrever la masse des électeurs et écraser la minorité bourgeoise et capitaliste.

Et il fut ainsi fait.

Qu'on en juge :

Armé des lois du 13 juillet 1903 et du 16 juillet 1904, le conseil municipal vota l'exonération de tous les loyers au-dessous de 150 francs et la déduction d'une constante de 100 francs sur le loyer réel de chaque contribuable. Ainsi présentée, la proposition n'a l'air de rien et semble démocratique au premier chef. Cependant, le directeur des contributions directes du Finistère aperçut le péril, puisqu'il demanda, sans succès d'ailleurs, que la constante fût réduite à 90 francs...

Voyons tout de suite les résultats de la nouvelle répartition :

En 1904, les habitants de la ville de Brest payaient pour la contribution mobilière, comme centime le franc de la valeur réelle des loyers.... 0 fr. 09

En 1905, par le vote du conseil municipal, en date du 7 janvier, d'une exonération des loyers au-dessous de 150 francs et la déduction d'une constante de 100 francs sur le loyer réel, le centime le franc s'élève à.................... 0 fr. 167

En 1906, par application de la même loi du 13 juillet 1903, il s'élève à................. 0 fr. 172

En 1907, le centime le franc atteint 0 fr. 21505

Remarquons cette progression, à laquelle correspond une diminution énorme du nombre des contribuables assujettis à la cote mobilière.

En 1904, le nombre des contribuables était de.................................... 14.080

En 1905, ce nombre est réduit à........ 6.385

En 1906, grâce à la campagne de la Ligue des contribuables, le chiffre monte à.. 6.691

En 1907, il atteint le total de.......... 6.911

Ainsi, les assujettis de la cote mobilière sont, en trois ans, diminués de plus de moitié.

On devine la perturbation profonde que la répartition nouvelle jeta dans tous les budgets. Du coup, les cotes augmentèrent, pour les petits loyers, de 50 0/0 en moyenne. Pour les loyers un peu élevés, ceux de 1.200 francs par exemple, l'augmentation fut de 70 0/0. Au dessus, la surtaxe atteignit 90 0/0, 100 0/0 et 200 0/0.

Il se forma aussitôt une Ligue de défense dont les registres se couvrirent de milliers de signatures.

Le nouveau mode de répartition proposé par le conseil municipal collectiviste, et malheureusement approuvé par le directeur des contributions directes et le préfet du Finistère, était arbitraire au premier chef.

Les lois sur lesquelles les édiles collectivistes s'étaient appuyés pour écorcher vif le malheureux bourgeois ont fait l'objet, à l'époque de leur promulgation, d'instructions confidentielles adressées aux trésoriers-payeurs généraux et aux directeurs des administrations financières. Il suffit de lire la circulaire qui suit pour se convaincre que les prescriptions ministérielles de 1904 avaient été méconnues :

Circulaire (25 juillet 1904) du ministre des Finances
(Direction du contrôle des administrations financières)

Contribution personnelle-mobilière. — Répartition individuelle.
Déduction d'un minimum de loyer

La loi du 13 juillet 1903 (art. 4) a admis, pour les chef-lieux de département et pour les communes dont la population agglomérée dépasse 5.000 habitants, un mode particulier de la répartition de la contribution mobilière.

Sur la demande des conseils municipaux, les loyers matriciels servant de base à cette contribution peuvent, dans les communes dont il sagit, être déterminés en déduisant de la valeur locative d'habitation de chaque contribuable, à titre de minimum de loyer, une somme constante dont *la quotité est laissée à l'appréciation des assemblées municipales, sous réserve de l'approbation préfectorale.*

Cette disposition législative a été complétée par l'article 4 de la loi du 20 juillet 1904, aux termes duquel le minimum de loyer peut, si le conseil municipal en fait la demande, être augmenté d'un dixième pour chaque personne en sus de la première, qui se trouve à la charge du contribuable et à son domicile, sans que, toutefo's, la déduction totale puisse dépasser le double du minimum.

Trois modes différents de la répartition mobilière sont donc susceptibles d'être employés dans les chef-lieux de département et dans les communes dont la population agglomérée dépasse 5.000 habitants. savoir :

1° La répartition proportionnelle aux loyers, telle qu'elle est pratiquée d'une manière générale depuis la mise en vigueur de la loi du 21 avril 1832.

2° La répartition spéciale avec déduction d'un minimum de loyer, prévue par la loi du 13 juillet 1903.

3° La même répartition complétée, conformément à l'article 4 de la loi du 20 juillet 1904, par la déduction des charges de famille.

Vous voudrez bien porter à la connaissance des municipalités intéressées le texte des nouvelles dispositions législatives applicable à la répartition de la contribution mobilière et prévenir celles de ces municipalités qui **estimeraient que le nouveau mode de répartition est de nature à donner, dans leur commune, de bons résultats, qu'elles devront profiter de la session d'août** pour saisir le consen municipal de la question et provoquer, de la part de cette assemblée, une délibération de principe.

Toute demande qui serait produite ultérieurement ne pourrait être examinée que pour 1906.

Il conviendra, avant que les assemblées municipales soient appelées à délibérer, de ne pas leur laisser ignorer que le **but du législateur, en autorisant la déduction d'un minimum de loyer pour la répartition de la contribution mobilière, a été non de créer de nouvelles catégories d'exemptés,** mais d'assurer légalement aux petits loyers le bénéfice des avantages **dont ils jouissent déjà en fait** dans un certain nombre de villes ; d'où cette conséquence que le minimum de loyer devra être choisi de manière, non seulement à maintenir autant que possible dans les rôles la généralité des cotes mobilières, **mais aussi à ne pas surelever sensiblement le taux d'impôt des loyers des catégories.** supérieures lorsque ce taux. par l'effet des atténuations dont **bénéficient actuellement les petits loyers, se trouvera déjà notablement supérieur au taux normal.**

Le directeur des contributions directes a d'ailleurs été invité à donner par votre intermédiaire, aux municipalités des communes où les conseils municipaux manifesteraient, par la délibération de principe aont il est question ci-dessus, l'intention de recourir au mode de répartition prévu par la loi du 13 juillet 1903, les renseignements nécessaires pour leur permettre de se rendre compte des effets du nouveau système et de fixer le minimum de loyer à un chiffre susceptible d'être approuvé par l'administration.

Il importera que les conseils municipaux, dès que les renseignements que le service des contributions directes est appelé à fournir leur auront été soumis, prennent immédiatement une délibération définitive, l'établissement de la matrice de la contribution personnelle mobilière qui doit commencer normalement le 1er octobre, ne pouvant être entrepris tant que le mode de répartition de cette contribution n'aura pas été fixé.

La nécessité d'une prompte décision s'imposera particulièrement à l'égard des communes dans lesquelles la déduction du minimum de loyer devra être complétée par la déduction des charges de famille. L'application de la mesure prévue par l'article 4 de la loi du 20 juillet 1904 exigera, en effet, le concours des intéressés, et il sera nécessaire, dans les communes qui réclameront le bénéfice de cette mesure, d'inviter les contribuables, par voie d'arrêté municipal, à faire à la mairie la déclaration de celles des personnes habitant avec eux, qui leur donneront droit, aux termes de l'article précité, à une diminution d'impôt. Il est à prévoir qu'un délai de 15 jours au moins devra être accordé pour la réception de ces déclarations

La volonté du gouvernement est que les dispositions libérales contenues dans les lois des 13 juillet 1903 (art. 4) et 20 juillet 1904 (art. 4) soient appliquées aussi largement que possible, mais il est essentiel que les communes sachent qu'elles ont toute liberté d'y recourir ou de n'y pas recourir et que, dans le cas de l'affirmative, elles fassent connaître leur décision assez à temps pour qu'il n'en résulte aucun retard dans le travail de la confection des rôles.

ROUVIER.

On a dit que les circulaires, comme les règlements, étaient faites pour être violées. Celle de M. Rouvier le fut abominablement, et 6.000 infortunés habitants de Brest ont payé et paient encore les frais de cet outrage aux bonnes mœurs fiscales...

La campagne très active de la Ligue des contribuables mit en lumière certains faits fort instructifs.

La première découverte, — et c'était le côté comique de cette crise locale, — fut que la plupart des conseillers municipaux étaient les premiers bénéficiaires de leur propre réforme. Un membre de la Ligue, ayant eu la curiosité d'aller chez le percepteur prendre copie des cotes de chacun des édiles pour le contingent de 1905, publia le résultat de ses recherches.

Il était bien suggestif, ce résultat !

Voici ce que payaient, ou plutôt ce que ne payaient pas ces administrateurs modèles :

MM.

Aubert, maire de Brest	0	
Martin, conseiller, débitant	0	
Havel, professeur agrégé au lycée	0	
Ligonnière, professeur à l'école d'industrie	0	
Kermarrec, commis des contributions indirectes	0	
Masson, employé des postes	0	
Le Ray, ouvrier au port	0	
Grosset, dessinateur	0	
Gerbault, mécanicien dentiste (n'existe pas aux rôles de recouvrement)	0	
Jannic, ouvrier au port	0	
Rouzaut, commerçant	0	
Lescouarch	0	
Moigne, ébéniste	0	
Thoury, ouvrier au port	0	
Hirlam, ouvrier au port	0	
Fouquet, typographe	0	
Tillet, imprimeur	0	
Mornu	10 fr.	05
Le Bras	10	05
Robert, adjoint au maire de Recouvrance	13	39
Omnès, ouvrier au port	16	74
Vibert, adjoint au maire	16	74
Chouanière	20	09
Goude, adjoint au maire	21	79
Le Gall, instituteur	23	44
Novince, répétiteur au lycée	37	66
Hascoët, professeur à l'école d'industrie	37	67
Allain, docteur-médecin	42	69
Couprie, musicien retraité	45	20
Vauthier, dégraisseur	50	23
Toullec, propriétaire	50	23

Isnard, député 66 97
Gourivaud, sous-inspecteur des Enfants
   assistés 83 72
Brillat, receveur buraliste 107 15
Litalien, professeur au lycée 125 57
Piton, docteur-médecin 209 28

Ainsi, sur 36 conseillers, 17 sont dispensés totalement de payer la cote mobilière :

Deux, MM. Mornu et Le Bras, paient 10 francs ;

Trois paient de 10 à 20 francs ;

Quatre paient de 30 à 50 francs ;

Deux paient 50 francs ;

Deux paient de 50 à 100 francs ;

Trois paient 100 francs et au-dessus.

La conclusion de ce qui précède est celle-ci : c'est que le budget de la ville de Brest était administré par des citoyens dont une grande partie ne payaient aucun impôt, dont les deux tiers, 24 sur 36, arrivaient à peine à verser une somme globale et annuelle de *cent francs* dans la caisse du percepteur !

La ville de Brest se trouvait ainsi transformée en un vaste bureau de bienfaisance auquel ses administrateurs s'étaient inscrits en première ligne

La divulgation des cotes municipales produisit naturellement l'effet connu du pavé dans la mare aux grenouilles.

Le citoyen Havel, professeur agrégé au lycée, reconnut dans une lettre rendue publique qu'il avait tort de ne pas payer d'impôt mobilier :

Vous objecterez, écrivait-il au président de la Ligue de Défense des Contribuables, qu'en tout cas un traitement de 4.500 francs me met à même de payer la taxe mobilière. Je n'en disconviens pas ; ceci m'amène à vous donner quelques explications d'un caractère un peu personnel, nécessaires, cependant, paraît-il.

J'ai voté le principe de la nouvelle contribution, parce que ce point faisait partie du programme sur lequel j'ai été élu, et parce que ce principe me paraissait conforme à la justice. Je conserve, d'ailleurs, cette manière de voir.

Dira-t-on qu'étant appelé à bénéficier du nouveau système, je devais, par discrétion, par désintéressement, m'opposer à son établissement ? A ceci je répondrai *que j'ignorais, quand j'ai voté le principe de la nouvelle taxe, qu'il dût avoir cette conséquence de me mettre au nombre des exemptés.*

En effet, je loge en garni. Je loue 65 francs par mois, soit 780 francs par an, un appartement plutôt modeste. Ceux qui m'ont fait l'honneur d'y pénétrer peuvent en témoigner. Or, dans les différentes villes où j'ai passé, — j'en ai, comme fonctionnaire, habité six avant Brest, — j'ai toujours payé une taxe mobilière calculée sur la moitié de la valeur locative totale de l'appartement. Payant donc 780 francs pour un appartement meublé, je m'attendais à ce que ma contribution mobilière fût établie d'après la moitié de cette somme, c'est-à-dire à payer pour un loyer de 350 francs à peu près.

Il n'en a pas été ainsi, et je me suis trouvé inopinément dégrevé. Pourquoi et comment ? Je n'en sais absolument rien. Mais ce que j'affirme, à nouveau, c'est qu'en votant la nouvelle taxe, j'étais persuadé qu'elle entraînerait une augmentation de ma contribution mobilière.

L'intervention du conseiller Havel justifiait surabondamment la campagne entreprise par la Ligue des contribuables, puisqu'elle établissait que cet édile était en mesure de payer l'impôt mobilier et qu'il s'en trouvait exempt par suite d'une application abusive de la loi.

La Ligue continua son œuvre. Elle fit imprimer une pétition couverte de plusieurs milliers de signatures et qui fut adressée à tous les ministres, à tous les députés et sénateurs, aux membres du conseil général et du conseil d'arrondissement du Finistère. Le 24 août 1906, le conseil général émettait à l'unanimité un avis favorable.

Le 20 décembre suivant, les Ligueurs déléguaient à Paris MM. Piton, conseiller général ; Marfille, président de la chambre de commerce, et Rolland, président du tribunal de commerce. Les délégués avaient accepté la mission d'aller porter les doléances des contribuables brestois à M. Caillaux, ministre des Finances. Ils remirent au ministre une note résumant la situation et concluant à ce que celui-ci veuille bien :

1° Prescrire que, à l'avenir, l'esprit des lois et des circulaires précitées soit respecté et qu'il en soit fait une application raisonnable, logique et modérée, en rejetant la délibération du conseil municipal en date du 12 juillet 1906 ;

2° Demander au gouvernement de compléter les lois en vigueur par un article additionnel précisant et limitant les pouvoirs des conseils municipaux en matière d'imposition mobilière.

Le ministre des Finances répondit que ses idées étaient en harmonie avec celles de ses prédécesseurs en ce qui concerne l'impôt mobilier, et que si les chiffres produits étaient réels, ils étaient évidemment excessifs.

Il promit d'examiner avec beaucoup d'attention et de bienveillance la pétition des contribuables brestois.

M. Caillaux reconnut spontanément les dangers de la situation fiscale actuelle à Brest et rappela qu'en Suisse il y avait eu, dans certains cantons, des combinaisons fiscales du même genre que celle dont se plaignent les Brestois, et qu'il avait fallu revenir sur ces combinaisons et les modifier rapidement pour ne pas tuer la poule aux œufs d'or (*sic*).

C'étaient de belles promesses auxquelles, jusqu'à présent du moins, il n'a été donné aucune espèce de suite.

Le 18 mai 1907, la Ligue des Contribuables tenait une réunion générale et, après examen de la
situation, décidait d'adresser sur-le-champ au ministre des Finances le télégramme suivant, reproduisant l'ordre du jour adopté par l'assemblée :

*Les contribuables brestois, réunis le samedi 18 mai à
la salle de l'Auto-Garage, à Brest, parlant au nom de
6.911 ligueurs surtaxés quant à la cote mobilière, adressent
à M. Caillaux, ministre des Finances, leurs respectueuses
salutations, le remercient de l'accueil bienveillant fait, le
9 décembre dernier, à leurs délégués, MM. Marfille, président de la chambre de commerce ; Rolland, président du
tribunal de commerce ; Piton, conseiller général, et des
promesses qu'il a faites à ces délégués relativement à
l'examen de leurs doléances ;*

*Renouvellent expressément le vœu que les pouvoirs publics veuillent bien faire réviser et compléter les lois de
1903 et de 1904 qui, interprétées comme elles le sont à
Brest, tendent à changer un impôt de répartition en une
charge imposée à quelques habitants seulement et pourraient même aboutir à faire payer tout le contingent de
la cote mobilière à un seul citoyen ;*

*Exposent au ministre des Finances qu'actuellement cette
façon de procéder paralyse l'essor de Brest au point de
vue commercial, industriel et maritime ; cause à la classe
ouvrière le plus grave préjudice par le renchérissement des
loyers et de toutes les choses nécessaires à la vie ; a pour
résultat qu'alors qu'un contribuable parisien paie, pour
un loyer de mille francs, un impôt de 88 francs, le même
contribuable paierait à Brest, pour un loyer de mille
francs, 192 fr. 86, c'est-à-dire plus du double.*

*Les contribuables brestois expriment le désir que le
ministre envoie sans tarder à Brest un inspecteur des
finances chargé d'examiner si la répartition des cotes mobilières a bien été faite conformément aux lois des 21
avril 1832 et 13 juillet 1903.*

Ce télégramme, en une forme concise et claire,
exposait de façon saisissante les effets produits
par l'application abusive de lois dont l'esprit était

méconnu. Il frappa le président du conseil, qui prit sa meilleure plume pour répondre à la Ligue une lettre assez bizarre dont le texte servira à édifier les contribuables de tous pays. La lettre de M. Clemenceau était adressée au préfet du Finistère, avec prière de la communiquer aux pétitionnaires. La voici :

Paris, le 25 juin 1907.

Le président du conseil, ministre de l'Intérieur, à monsieur le préfet du Finistère.

M. le ministre des Finances m'informe que « la Ligue de défense des Contribuables brestois » sollicite des pouvoirs publics la revision de l'article 4 de la loi du 13 juillet 1903 et de l'article 4 de celle du 20 juillet 1904 dont l'application, dans les conditions où elle est effectuée à Brest, aboutirait à une majoration abusive des cotes mobilières maintenues aux rôles.

L'application des lois dont il s'agit a été entourée dans la ville de Brest, au point de vue de la procédure, de toutes les garanties nécessaires et l'on ne saurait, d'autre part, prétendre qu'en fait le minimum du loyer de 100 francs, qui a été adopté, soit vraiment excessif.

Il est à remarquer, au surplus, que la déduction de ce minimum n'est pas, à beaucoup près, la cause principale de l'augmentation dont se plaignent les contribuables de Brest.

L'application de la loi de 1903 qui, d'ailleurs, a donné partout d'excellents résultats, n'aurait eu sur la répartition de l'impôt mobilier, dans cette ville, qu'une répercussion très acceptable, si le conseil municipal n'avait pas, en même temps, par application de l'article 18 de la loi du 21 avril 1832, exonéré de toute cotisation les loyers de 101 à 150 francs, exception faite seulement des habitants n'ayant à Brest qu'un pied à terre, des propriétaires fonciers et des patentés ayant un droit fixe égal ou supérieur à celui de la 5e classe du tableau A. De ce chef, un grand nombre d'imposés se sont trouvés éliminés, et la charge qu'ils auraient dû normalement supporter est retombée sur les contribuables qui ont continué à être inscrits au rôle. Or, il semble bien, étant donnée la situation économique de la ville de Brest, que le conseil ait fixé à un chiffre trop élevé la présomption d'indigence, et qu'il ait notamment étendu à tort l'exemption d'impôt à tous les patentables de la 6e classe du tableau A.

C'est là une question de mesure sur laquelle l'administration n'a pas, comme en matière de minimum de loyer, à exercer son contrôle ; mais les contribuables ne sont pas pour cela désarmés, car ils peuvent toujours soumettre aux tribunaux administratifs, par voie de réclamation, la question de savoir si le conseil municipal n'a pas excédé en fait à leur préjudice les pouvoirs qu'il tient de l'article 18 de la loi du 21 avril 1832.

Il ne faut pas cependant se dissimuler que, même s'il était reconnu que le conseil municipal de Brest a dans la circonstance excédé ses pouvoirs, la situation actuelle ne s'en trouverait pas encore très notablement améliorée.

La majoration que supportaient les cotisations mobilières résulte en effet, pour une grande part, de l'élévation continue des charges contributives qui pèsent sur la ville de Brest.

On peut évaluer à 45.000 francs la surtaxe que cette ville aurait été appelée à subir pour 1907, par suite de l'augmentation de son contingent personnel-mobilier et de l'accroissement des centimes départementaux, en supposant stationnaire le nombre des centimes communaux.

Mais le nombre des centimes communaux s'est élevé en même temps de 36 à 54, entraînant ainsi une nouvelle surcharge de 35.000 francs environ. D'où il suit que l'augmentation totale ressort pour 1907 à 80.000 francs, somme qui représente une majoration de 20 0/0 par rapport au montant de la contribution personnelle-mobilière de 1906.

Si l'on compare le contingent personnel-mobilier en principal et centimes additionnels de la ville de Brest pour 1907 (481.000 francs), avec celui qu'elle avait à supporter en 1904 (333.800 francs), année qui a précédé l'établissement du minimum de loyer, on constate une augmentation de 123.000 francs, soit 42 0/0, qui est due en dehors du mouvement normal de la matière imposable: à une majoration de 14.000 francs du principal, par le conseil d'arrondissement ; à un accroissement de 66 centimes 75 à 74 centimes 80 du nombre des centimes communaux.

En résumé, la plainte de la Ligue de défense des Contribuables brestois ne me paraît susceptible d'aucune suite, en ce qui concerne l'application des lois des 13 juillet 1903 et 20 juillet 1904. Relativement aux exemptions accordées en vertu de l'article 18 de la loi du 21 avril 1832, il me semblerait excessif de se fonder sur un fait isolé pour proposer au Parlement une modification de la législation sur ce point ; c'est aux intéressés à faire décider par la voie contentieuse, au cas où ils le jugeraient à propos, si le conseil municipal de Brest a ou non outrepassé ses pouvoirs.

Je vous prie de faire connaître cette situation aux réclamants, et j'appelle au surplus votre attention sur l'accroissement du nombre des centimes communaux pendant ces deux dernières années. Je désirerais savoir si cet accroissement est justifié par des besoins réels et urgents et si des abus se sont produits à cet égard.

Le président du conseil, ministre de l'Intérieur,

Signé : G. CLEMENCEAU.

Cette lettre n'a de valeur que si les socialistes, dont elle flatte doucement les passions corruptrices et approuve les agissements, veulent bien accorder que la circulaire Rouvier de juillet 1904 doit aussi être prise en considération.

M. Clemenceau, socialiste, déclare que l'application des lois du 13 juillet 1903 et du 20 juillet 1904 a été entourée, à Brest, de toutes les garanties nécessaires au point de vue de la procédure. C'est une opinion.

M. Rouvier, sous le ministère de qui la loi fut votée et promulguée, prescrivait à ses agents, par une circulaire en date du 25 juillet 1904, que l'application des lois nouvelles relatives à la cote mobilière ne devait pas faire dépasser sensiblement de plus de 33 0/0 le chiffre des contributions de l'année précédente. C'est une autre opinion.

De ces deux opinions, quelle est la bonne ?

A voir les effets de la répartition selon Clemenceau, il est évident que c'est M. Rouvier qui était dans le vrai. Il est impossible que le législateur ait voulu que toute la charge de la cote mobilière fût supportée, comme elle l'est à Brest depuis deux ans, par une infime minorité de contribuables — qu'il ait voulu aussi que le Brestois ait à solder une cote mobilière double de celle d'un Parisien !

Du reste, malgré son désir de ménager le chou collectiviste, chou stérile, et la chèvre contribuable, chèvre féconde, M. Clemenceau, lui-même, fait de très importantes réserves quant à la façon de procéder des municipaux jacobins.

Il est évident que le seul idéal de ces politiciens haineux est de payer leur bulletin de vote avec l'argent des contribuables, et leur programme social consiste en ceci : plus nous dégrèverons de citoyens, plus grand sera le nombre de nos électeurs.

C'est de l'immoralité pure, et si l'administration et le gouvernement continuent d'encourager cette iniquité flagrante contre laquelle les sinistrés brestois ne cesseront de protester, ceux-ci, à bout de ressources et livrés sans défense à d'irresponsables pillards, seront obligés d'imiter les gens du Midi et d'organiser la grève de l'impôt.

Le Conseil d'Etat est saisi de la question. Il jugera en dernier ressort.

Les socialistes de l'hôtel de ville, pour justifier leur œuvre inique, excipent de leur désir démocratique de soulager les pauvres.

Or, où trouver une corrélation quelconque entre l'esprit vraiment démocratique et cet abus de pouvoir odieux et si bien calculé que le premier bénéfice en revient à ses auteurs ? Le profit de quelques francs dégrevés sur la feuille d'impôt est bien mince pour tel contribuable qui voit, d'autre part, les sources du travail quotidien, où il prend sa vie, se tarir chaque jour : fuite des rentiers et gens aisés vers d'autres régions, gêne du commerce et de l'industrie, cessation presque complète des entreprises, arrêt des affaires. Deux francs de moins à porter chez le percepteur, oui, mais vingt, mais cent francs de moins dans la recette de l'ouvrier, du petit commerçant. Où est le profit ?

Le système actuel de répartition de l'impôt mobilier tend à faire croire que l'indigence réelle existe à Brest dans la proportion de 90 0/0 des habitants. Or, rien n'est plus faux. Si l'on se donne la peine d'étudier de près à qui profite le dégrèvement mobilier, on découvre parmi les bénéficiaires de cette mesure, que le législateur voulait réserver aux seuls indigents, des contribuables très à leur aise et parfaitement en état de payer.

Nous avons pris quelques exemples parmi les membres du conseil municipal, auteur de cette répartition, et nous avons constaté que tous ceux des édiles qui étaient exonérés étaient en situation de contribuer à l'impôt dans une mesure proportionnée à leurs ressources, — et qu'aucun d'eux n'était *indigent*.

Et lorsque ces révolutionnaires du vingtième siècle, désireux d'excuser leur tyrannie odieuse, parlent de leur esprit républicain, ne convient-il pas de leur rappeler l'opinion de Robespierre concernant cet impôt progressif qu'ils instituent dans une ville devenue leur proie, contrairement aux lois de 1832, de 1903 et de 1904 :

« J'ai partagé un moment, disait, dans une séance de la Convention, le fougueux révolutionnaire, l'erreur qu'on vient d'émettre ; je crois même l'avoir écrite quelque part ; mais j'en reviens aux principes, et je suis éclairé par le bon sens du peuple, qui sait que l'espèce de faveur qu'on lui présente est une injure. En effet, si vous décrétez constitutionnellement que la misère exempte de l'honorable obligation de contribuer aux besoins de la patrie, vous décrétez l'avilissement de la justice la plus pure de la nation. Vous décrétez l'aristocratie du riche, et bientôt s'établirait une classe d'ilotes, et l'égalité et la liberté périraient pour toujours. N'ôtez point aux citoyens ce qui leur est le plus nécessaire, la satisfaction de présenter à la République le denier de la veuve. »

La pensée de Robespierre s'est retrouvée à peu près textuellemnt dans la Constitution de 1793.

Les révolutionnaires de la Terreur étaient de simples réactionnaires si on les compare aux municipaux brestois de 1904.

CHAPITRE IX

La ville de Brest vouée à la ruine

Nous avons vu, dans le chapitre précédent, quelle situation était faite aux contribuables condamnés, pour leur malheur, à subir les fantaisies coûteuses d'un conseil municipal ennemi du travail, ennemi du capital et de l'épargne.

Il nous reste à montrer l'action néfaste de l'administration des citoyens révolutionnaires, d'abord sur les finances publiques, puis sur la marche des affaires particulières.

Il est de notoriété, il est établi par des pièces de comptabilité déposées aux archives de l'hôtel de ville que le jour où les socialistes s'emparèrent de la direction des services, un crédit absolument libre de 462.842 fr. 88 avait été laissé dans la caisse municipale par l'administration précédente — celle que présidait l'honorable M. Berger.

Le 8 mai 1904, la situation budgétaire de la ville était exactement la suivante :

Excédent des recettes de l'exercice 1903...	865.810 fr. 31
Dépenses engagées et non payées....	402.967 43
D'où un excédent réel des recettes de	462.842 fr. 88

Aucun des membres de la nouvelle municipalité ne savait, à ce moment, lire un budget. Aussi, avec un aplomb stupéfiant, le citoyen-maire affirmait-il, en son discours de prise de possession, n'avoir trouvé dans le coffre-fort confié à ses soins que la somme minime de 11.269 fr. 16. Il fallut toute une campagne de presse pour rectifier cette erreur probablement volontaire et dont le but était facile à deviner.

Le maire socialiste prenait ses précautions. Il ne voulait pas que, dans la suite, et au moment où il serait appelé à rendre ses comptes devant ses électeurs, on puisse l'accuser d'avoir compromis les intérêts de la cité et gaspillé l'argent des contribuables.

Or, c'est d'un document officiel daté de 1904 que le chiffre de 462,842 fr. 88 est extrait, et c'est aussi d'un autre document officiel (chapitres additionnels au budget de 1907) que nous extrayons le *nota bene* que voici :

N.-B. — *Il y a lieu d'observer qu'il n'est plus possible de faire état de l'excédent de recettes de 27.734 francs qui figure au règlement du budget primitif de 1907, attendu que la diminution des produits de l'octroi s'accentuant chaque mois, l'on peut prévoir actuellement une moins-value d'environ 30.000 francs sur les prévisions budgétaires de 1.360.000 francs.*

Le maire,

AUBERT, Victor.

**Ainsi donc, la municipalité collectiviste, qui avait

trouvé, à son arrivée, un boni de plus de 450.000 francs, avoue, par la plume et sous la signature de son chef, qu'elle a mené la barque à ses mains confiée au milieu des récifs du déficit et de la faillite. Cet aveu, dépouillé de tous artifices, fut publié au milieu de l'année 1907. Nous savons que, depuis, le déficit est allé croissant et que les tiroirs sont maintenant vidés à fond. Le samedi 17 août 1907, le citoyen conseiller Masson s'écriait en réunion publique :

— Eh bien ! oui, nous devons l'avouer : la caisse est vide ! Nous ne pouvons plus entreprendre aucun travail. Nous n'avons plus qu'à démissionner !...

On nous dispensera de fournir des preuves autres que celles-là ; elles suffisent amplement à la manifestation de la vérité financière.

Le déficit étant établi, reste à chercher de quelle façon il s'est produit, et quelles en sont les causes. Ce ne sera pas tâche bien difficile.

Le premier soin des édiles fut, nous l'avons déjà dit, de soigner leur popularité. Non contents d'augmenter tous les salaires des ouvriers et employés municipaux, ce qui eût été assurément méritoire si les ressources budgétaires l'avaient permis, ils ne se firent aucun scrupule de s'administrer, en la personne du maire, des émoluments annuels sérieux : 10.000 francs pour frais de représentation, voyage et divers. Dès la première année, de juillet à décembre 1904, ils votaient pour près de cent mille francs de dépenses nouvelles et notoirement improductives. La Bourse du Travail recevait un premier don de cinquante et un mille francs. On relève dans cette même période pour près de cinq mille francs de frais de voyage, soit pour les membres de la municipalité, soit pour les délégués aux différents congrès « sociaux ». L'adjoint au maire Goude s'en va à Rome — pourquoi pas au Japon ? — afin de représenter la ville de Brest à la fête de la Libre-Pensée... C'était un honneur, certes, pour les Brestois, d'être représentés au Capitole par un oiseau d'un aussi beau plumage, — mais ce déplacement coûta un peu cher pour ce qu'il rapporta...

Lorsqu'on leur reproche la dilapidation des deniers publics, les collectivistes répondent victorieusement que leurs actes sont toujours inspirés par le désir d'améliorer le sort des prolétaires. Cet argument semblera bien faible lorsqu'il sera brandi pour justifier un voyage à Rome. Mais passons et voyons un peu de quelle façon ces amis du peuple servent les pauvres gens.

Ainsi, les socialistes brestois, reprenant une idée depuis longtemps mise en avant par d'autres, instituèrent la Goutte de Lait. On sait en quoi consiste ce service : fournir du lait gratuitement aux mères nécessiteuses dont le sein est tari. Dans toutes les villes où il fonctionne, le résultat est excellent et les dépenses sont largement compensées par les bienfaits répandus parmi les familles si intéressantes de la classe ouvrière, où les enfants sont parfois, souvent, nombreux. L'abus en tout est un défaut, même dans l'exercice de la solidarité quand il prend sa source dans les soucis électoraux, quand il est inspiré surtout par les calculs politiques. A Brest, cela fut évident dès les premiers jours, la municipalité, en servant du lait aux nourrices sèches, avait pour

but principal de boire celui de la popularité à larges
lampées. Et il se produisit ceci, c'est qu'au lieu de
se borner à secourir les mères incapables de donner
le sein à leur progéniture, les municipaux encoura-
gèrent l'allaitement artificiel au point que les médecins les plus autorisés protestèrent en des écrits
publics et dans les journaux spéciaux (1). Mais il y
eut mieux. Et ici encore nous empruntons nos
chiffres aux documents municipaux. Le projet de
budget pour 1907, à l'article *Goutte de Lait*, porte
les chiffres suivants, qui sont fort instructifs :

Œuvre de la Goutte de Lait............	*35.000 francs*	
Détail { Frais d'administration ...	*18.000*	—
{ Lait distribué	*17.000*	—

A tout homme de bon sens, nous posons cette
question : est-il admissible que, pour distribuer dix-
sept mille francs de lait, une administration sou-
cieuse d'épargner l'argent de la communauté dépense la somme fantastique de dix-huit mille francs?
Que l'on confie le soin de cette distribution au premier commerçant venu et l'on verra quel parti il
saura tirer de la somme de 35.000 francs mise à sa
disposition. La proportion de ce budget de la charité devrait être renversée de la façon que voici : lait
distribué, 30.000 francs au moins ; frais d'administration, 5.000 francs. Et ce serait déjà fort beau
comme dépenses administratives ! Donner du lait
le plus possible, et consacrer le moins d'argent possible aux frais indispensables, voilà quelle serait la

(1) Docteur Variot, fondateur de la *Goutte de Lait* de Belleville.

raison... Mais ce procédé ne permettrait pas de donner satisfaction aux clients électoraux et de créer de petites sinécures au profit des frères et amis...

Une autre œuvre dont les municipaux étaient très fiers, fut celle des Caravanes scolaires. Aucun père de famille ne saurait être, sans forfaire au devoir humanitaire, l'ennemi de ce que l'on appelle la Caravane scolaire. C'est excellent lorsque c'est organisé par des gens vraiment amis de l'enfance pauvre et désireux de procurer quelque distraction réconfortante et salutaire aux écoliers et aux écolières dont les parents n'ont pas les moyens d'aller aux bains de mer ou en villégiature dans les bois et sur la montagne. Or, ici encore, l'abus fut criant. Le crédit prévu était de 10.000 francs pour chaque année. Dès le début, les municipaux opérèrent une sélection jalouse dans le choix des heureux bénéficiaires. Ils s'ingénièrent à éloigner de leurs parties de plaisir des enfants très pauvres et très intéressants pour ne faire profiter de l'aubaine que la fine fleur révolutionnaire. Ainsi, la première année, la municipalité avait indiqué comme lieu de séjour de la caravane la jolie et pittoresque plage du Trez-Hir.

L'endroit était merveilleusement choisi. Sur le bord même de l'Océan, la campagne revêt tous ses charmes les plus appréciés de verdure, de fertilité et de bon air salubre. Point d'agglomération. Quelques bourgeois cossus, seuls, se partagent les terrains disponibles sur lesquels des villas confortables et deux ou trois hôtels ont été construits. Dès que les petits protégés de la municipalité furent arrivés, ces bourgeois eurent fini de dormir tranquillement leur sommeil de « repus », comme disait l'adjoint

Vibert. La Caravane leur servit soir et matin des *Internationale* variées, et les baigneurs égarés en ces parages étaient invariablement salués par les chants de :

> *Tous les bourgeois à la lanterne.*
> *Ah ! ça ira ! ça ira ! ça ira !*
> *Tous les bourgeois, on les pendra !*

Il n'y a pas encore de lanternes au Trez-Hir, et c'est fort heureux, mais *ça alla* si bien que les habitués de ce pays ont demandé énergiquement qu'on les débarrassât à jamais de cette jeunesse turbulente. Les enfants ne profitaient pas seuls de la Caravane et c'est là qu'apparaît encore une fois l'esprit pratique des révolutionnaires brestois. Durant que les petits prolétaires se repaissaient de quelque maigre brouet spartiate, les délégués du conseil municipal s'installaient à la table bien garnie du Grand Hôtel voisin.

Un collectionneur a bien voulu nous communiquer les menus d'une fête donnée au Trez-Hir, le 8 août 1904, en l'honneur de la Caravane scolaire.

Le menu des petits prolétaires était celui-ci :

Soupe aux lentilles
Haricots
Bœuf bouilli
Petite bière

Celui des membres du conseil municipal consommant au Grand Hôtel indiquait la différence des appétits.

Le voici :

Apéritifs divers

HORS D'ŒUVRE

Radis, beurre, crevettes, palourdes, bigorneaux,
crabes de Camaret, poisson,
Homard sauce mousseline

ENTRÉE

Sauté de mouton printanier

LÉGUMES

Haricots verts sautés

ROTI

Poulets de grain, cresson

ENTREMETS

Bavaroise au café

DESSERT

Fromage, fruits et gâteaux
Bordeaux vieux
Café
Liqueurs
Chartreuse, bénédictine, triple-sec, etc.
Cigares de la Havane, londrecitos
Bocks

Les municipaux n'oubliaient pas, on le voit, de se soigner congrûment. Ce menu fut publié lors d'un procès fait à l'un des adjoints, qui refusait de payer la note, par le traiteur intéressé.

Sous couleur d'humanitarisme, donc, les municipaux gaspillaient l'argent des contribuables.

Puis, lorsqu'ils voulurent se mêler de choses artistiques, un nouveau trou se creusa, par lequel l'or des Brestois s'écoula comme en une sorte de tonneau des Danaïdes. Le Grand Théâtre constitue l'unique distraction offerte à la population. Comme tous les théâtres de province, celui-ci allait cahin-caha, et ses directeurs joignaient péniblement les deux bouts.

On cite cependant des directions comme celle de M. Broussan, aujourd'hui co-directeur de l'Opéra de Paris, qui, à force de travail opiniâtre, réussirent à réaliser des bénéfices.

Les municipaux collectivistes voulurent être les maîtres du théâtre ; ils organisèrent une sorte de régie bâtarde aux termes de laquelle l'administration de la scène était entre leurs mains et échappait à peu près complètement au directeur réel. Il importait, en effet, de changer les mœurs théâtrales, de les approprier aux goûts du jour. M. Litalien, professeur agrégé au Lycée, adjoint au maire, fut délégué à ce service. Un cahier des charges impossible fut imposé au concessionnaire de la scène. Il lui fallut passer par toutes les exigences les plus ridicules, les plus abracadabrantes. Le répertoire fut chambardé et, à la place des ouvrages à succès qui font recette, l'adjoint spécialisé aux Beaux-Arts ordonna des représentations de pièces dites « sociales » — celles, notamment, où le bourgeois, le curé, le capitaliste, le patron et l'officier sont tournés en dérision et dépeints sous les couleurs les plus désobligeantes et les plus fausses.

L'effet fut désastreux.

La clientèle habituée déserta immédiatement le théâtre. Les places *payantes* se vidèrent peu à peu ; il en fut de même de la caisse du directeur.

Les pièces sociales avaient mis en fuite les bourgeois. Afin de combler les trous, le conseil municipal décida que l'entrée gratuite et obligatoire serait accordée à chacun de ses membres et comme ces « membres » amenaient généralement leurs amis et connaissances, toujours pour le même prix, la quarantaine théâtrale s'accentua rapidement, et le résultat de cette mirifique combinaison est tout entier consigné dans un rapport de l'adjoint Litalien, lu à la séance du conseil du 26 février 1907. Le rapport constate que « l'expérience municipale n'a pas réussi et conclut au vote d'un crédit de 20.000 francs pour combler le déficit ». Le crédit fut voté, naturellement, parce que s'il ne l'avait pas été, et comme on était en pleine exploitation théâtrale, il eût fallu fermer les portes de l'établissement. Ces portes restèrent ouvertes, mais le public continua à ne plus venir, de sorte que le déficit réel a été double de celui annoncé par l'adjoint aux Beaux-Arts.

Les recettes de l'Octroi subirent forcément le contre-coup du malaise général des affaires.

Lorsque nous affirmons que la gestion collectiviste a eu pour résultat d'affamer le prolétaire, d'obliger l'ouvrier à se priver des aliments les plus nécessaires à sa santé et à celle de sa famille, nous n'avançons rien qui ne soit rigoureusement exact.

Le tableau reproduit ci-dessous est, à ce point de vue, un précieux élément d'appréciation ; nous en recommandons l'examen attentif aux économistes et aux sociologues.

Résumé comparatif de la consommation à Brest des viandes de boucherie proprement dites et des viandes chevalines pendant les périodes des trois années 1901-1902-1903 avec les trois années suivantes 1904-1905-1906.

ANNÉES	VIANDES de boucherie	VIANDES chevalines	CONSOMMATION générale
1901	4.091.897 k.	129.071 k.	4.220.968 k.
1902	3.949.470	156.030	4.105.200
1903	3.805.541	182.467	3.988.008
	11.846.608 k.	467.568 k.	12.314.176 k.
Moyenne annuelle de ces trois années..	3.948.869 k.	155.856 k.	4.104.725 k.

ANNÉES	VIANDES de boucherie	VIANDES chevalines	CONSOMMATION générale
1904	3.761.260 k.	231.575 k.	3.992.835 k.
1905	3.941.407	258.956	4.200.363
1906	3.905.901	285.163	4.191.064
	11.608.568 k.	775.694 k.	12.384.262 k.
Moyenne annuelle de ces trois années...	3.869.522 k.	258.565 k.	4.128.087 k.
Report de la moyenne précédente...	3.948.869	155.856	»
Différences : EN MOINS, pr les viandes de boucherie. 79.347 k.		102.709 k. EN PLUS, pour les viandes chevalines.	

Il ressort de cette statistique indiscutable que,
grâce à l'intérêt marqué que leur portait la municipalité socialiste, les ouvriers brestois ont consommé,
durant les trois années d'administration collectiviste, environ quatre-vingt mille kilos de moins de
viande de boucherie, mais qu'ils se sont rattrapés
en mangeant du cheval dans la proportion de cent
mille kilos de plus !

Est-ce là un signe d'amélioration sociale ?

Au lecteur de répondre.

Si nous examinons maintenant la situation au
point de vue de l'alimentation *bourgeoise*, nous allons constater des effets non moins instructifs.

Prenons le gibier. Les collectivistes sont à peine
installés à l'hôtel de ville, qu'ils se mettent en devoir de rechercher les moyens les plus sûrs de taquiner le bourgeois. Le gibier leur apparaît tout de
suite comme devant être frappé de taxes écrasantes
et ils y vont bon train. Le gibier le plus commun à
Brest, lièvre et lapin de garenne, frappé d'une
taxe triple, passe de 0 fr. 10 à 0 fr. 30 le kilo. Le tableau reproduit ci-dessous montre l'effet produit
dans les recettes d'octroi au cours des trois années

1901, 1902 et 1903, comparées aux trois années 1904, 1905, 1906 :

NOMBRE

Année 1901............	51.574 kilogr.
— 1902............	50.991 —
— 1903............	53.591 —
— 1904............	56.515 —

Puis, les taxes nouvelles étant établies :

Année 1905............	30.029 kilogr.
— 1906............	30.414 —

Certes, le bourgeois mange moins de lièvre — mais le prolétaire qui, de temps à autre, s'offrait une gibelotte, est obligé de se rattraper sur le... gigot de cheval !

La férocité collectiviste ne s'exerce pas seulement sur l'estomac des bourgeois et des ouvriers. Elle veut aussi affamer les chevaux et autres bêtes, en frappant les fourrages de droits exorbitants :

Avant le 1er janvier 1905, les taxes d'octroi sur les fourrages étaient ainsi fixées :

Foins,	les 100 kilos,	0 fr. 40	La délibération du conseil municipal du 19 juillet 1904 éleva ainsi les droits ci-contre : Foins, les 100 kilos, 0 fr. 60 ; avoines, 2 fr. ; pailles, 0 fr. 50 ; sons, 1 fr.
Pailles	id.	0 fr. 30	
Avoines	id.	1 fr. 50	
Sons	id.	0 fr. 50	

La consommation des *foins et pailles* se maintint à peu près au taux des années précédant ces augmentations, parce qu'elles étaient légères sur ces deux articles et qu'à partir de 1904, en 1905 et 1906, de nombreuses troupes de cavalerie et de gendarmerie séjournèrent à Brest, à l'occasion des troubles, grèves, etc.

Mais en ce qui concerne les *avoines et les sons*, dont l'élévation des taxes devenait très sensible —

malgré les circonstances de séjour des troupes — l'on observe la progression suivante dans la diminution de la consommation :

	SONS	AVOINES
Année 1901.........	424.545 kilogr.	1.395.660 kilogr.
— 1902.........	361.490 —	1.363.434 —
— 1903.........	415.400 —	1.341.763 —
— 1904.........	437.457 —	1.406.039 —
— 1905 (A)......	415.403 —	1.301.641 —
— 1906.........	316.635 —	1.272.459 —

Il y eut un autre contre-coup immédiat, c'est que le syndicat des voituriers augmenta sur-le-champ, et dans des proportions qui ne sont plus en rapport avec les besoins modernes, le prix de location des fiacres à l'heure et à la course.

Nous avons vu, d'autre part, que l'adjoint Le Tréhuidic s'était signalé en proposant de surtaxer les savons et, en général, tous les parfums de toilette. Au 1ᵉʳ janvier 1905, les taxes sur ces produits sont élevées de 0 fr. 15 le kilo à 0 fr. 24. La consommation baisse immédiatement. Alors qu'en 1904 elle était de 26,841 kilos, elle tombe, en 1905, à 20.037 kilos. Etant donné le peu de pesanteur des articles de parfumerie, cette diminution est considérable.

Tous les commerces, toutes les industries souffraient et souffrent encore de cet état de choses. Les doléances sont générales. Elles furent à différentes reprises signalées dans les délibérations de la Chambre de commerce. A la fin de 1904, un rapport adres-

(A) 1ʳᵉ année des augmentations des taxes. Pour éviter l'effet de ces augmentations sur les « Fourrages », les camionneurs portent leurs écuries dans les communes voisines de Lambézellec, de Saint-Marc et de Saint-Pierre Quilbignon, d'où l'abaissement dans la consommation locale qui est nettement accentuée en 1906.

sé par le président de cette Compagnie au préfet du Finistère contient ces lignes :

Toutes les industries de notre région souffrent et envisagent l'avenir avec inquiétude.... Le renchérissement du coût de la production est tel que la diminution d'affaires est considérable... A toutes ces causes de dépression, il faut ajouter l'insécurité des rues, envahies à toute heure de jour et de nuit par des foules plus ou moins avinées. On comprendra que, dans ces conditions, le commerce de détail soit, lui aussi, profondément atteint.

Le 26 janvier 1905, le sous-préfet de Brest préside la séance d'installation de la Chambre de commerce. Le président, l'honorable M. Marfille, prononce un discours :

D'une enquête à laquelle je me suis livré, il résulte, dit-il, qu'en 1903, il avait été enregistré à Brest 1.483 protêts, tandis qu'en 1904, leur nombre s'élève à 1.729. Cette progression n'indique pas une situation bien prospère.

On a dit et répété que, quand le bâtiment va, tout va. Or, aujourd'hui à Brest, le bâtiment ne va plus, et il est difficile de prévoir le moment où les constructions reprendront...

Et il allait si peu le bâtiment, que les recettes d'octroi pour les matériaux de construction accusent un fléchissement considérable : en 1901, il entrait à Brest des matériaux produisant une recette totale de 207.336 fr. 65. En 1906, ce chiffre est tombé à 91.488 fr. 62. (1).

Lorsque nous prétendons que les ouvriers, les prolétaires, les salariés, ont été les premières victimes de la tyrannie socialiste et collectiviste installée à

(1) Nous ne comprenons pas dans ce relevé les produits des matériaux entrés pour la construction d'une forme de radoub, actuellement terminée, d'ailleurs, et qui était un travail tout à fait exceptionnel et momentané.

l'hôtel de ville, nous n'avançons rien qui ne soit appuyé sur des chiffres, sur des statistiques absolument sincères.

Les grèves de 1904 et de 1905 eurent pour premier effet la fermeture immédiate de nombreux chantiers et le licenciement de centaines et de centaines d'ouvriers, jetés sur le pavé du jour au lendemain, sans pain. Beaucoup s'expatrièrent.

Nous avons demandé à l'un des principaux entrepreneurs de la ville de vouloir bien nous fournir, à ce sujet, des indications précises. Voici dans quelles proportions le nombre de ses ouvriers a diminué :

En 1902, cet entrepreneur embauchait environ 105 ouvriers par mois ; en 1903, 110 ; en 1904 (demi-année de régime collectiviste), 80 ; en 1905, 75 ; en 1906, 70 ; en 1907, 50. Soit, aujourd'hui, la moitié moins qu'avant l'élection du 8 mai 1904.

C'est que le bâtiment ne va plus à Brest, comme le déclare le président de la Chambre de commerce dans ses discours et dans ses rapports. Les chiffres accusent ici encore une chute fantastique. Ceux que nous reproduisons ci-dessous ont été pris, nous ne saurions trop le répéter, dans les documents administratifs mêmes. Voici par année, depuis 1902, le nombre des constructions neuves :

1902	120	constructions
1903	94	—
1904	63	—
1905	47	—
1906	32	—
1907	15	—

La crise du bâtiment, dont toute la responsabilité

remonte à la municipalité et à la Bourse du travail, sévit à Brest avec une intensité effrayante. Elle se produit à une époque où, pourtant, les capitalistes ont une tendance marquée à consacrer leurs économies à l'exploitation de la propriété bâtie. L'essor des constructions neuves a été complètement arrêté par les mesures fiscales iniques qui ont écrasé le contribuable. Les orateurs de la Bourse du travail et de la municipalité qui, avec tant d'ardeur, poussaient les malheureux ouvriers au chômage, ont vu leur désir exaucé, et bien plus qu'ils ne le pensaient. La grève des patrons, dont ils riaient, s'est faite sans bruit, sans éclat, mais elle dure depuis trois ans, inexorable. L'argent mis autrefois dans la circulation se renferme soigneusement dans le bas de laine et reste improductif. Est-il besoin de démontrer plus abondamment que la première victime, et la plus douloureusement atteinte, du socialisme-collectiviste et révolutionnaire, c'est le salarié ? La preuve est produite au débat, et si les bras sont au repos, si les estomacs crient famine dans la demeure froide et nue du prolétaire brestois, où chercher les responsables, où trouver les auteurs de ce crime social, sinon parmi les agitateurs de la mairie, de l'arsenal et de la C. G. T. !

Sans doute, cela représente une grosse perte de bénéfices pour les entrepreneurs, — mais les ouvriers, aussi, sont profondément atteints et ce sont des salaires qui restent en dehors des portes de l'octroi, avec les matériaux qui n'entrent plus.

Dans son compte rendu de l'année 1905, le président de la Chambre de commerce insiste à nouveau sur la triste situation des affaires :

Les affaires commerciales, est-il constaté dans ce document officiel, ont été très affectées par l'effervescence qui a régné à Brest toute l'année.

Le commerçant, ne vendant pas, n'a pas fait venir de marchandises, et la démonstration nous en est fournie par la Banque de France, *dont les encaissements, qui constituent les 8/10 de l'ensemble de ceux qui s'effectuent sur la place de Brest, ont diminué dans le 2e semestre de 1904 de près de 1.800.000 francs.*

On voit la perte que le commerce de détail a subi de ce fait.

Et le président de la Chambre de commerce constate que l'insécurité des rues et l'augmentation des impôts concourent à cette perte.

Même note dans le compte rendu des travaux de la Chambre en 1906 :

... Les affaires commerciales ont été très affectées par l'effervescence qui a régné à Brest pendant une notable partie de l'année.

Les commerçants en détail, faisant beaucoup de crédits, éprouvent de très grandes difficultés à opérer leurs recouvrements, *par suite du chômage qui prive un grand nombre d'ouvriers de leurs salaires, chômage qui a été plus important en 1905 que les années précédentes...*

Les ouvriers sont les premiers et le plus gravement atteints. Ils n'ont plus de salaires. Le boulanger, l'épicier ne sont pas payés. L'ouvrier mange du cheval. L'ouvrier se serre le ventre. L'ouvrier ne trouve plus à se loger parce que le propriétaire, écrasé d'impôts, augmente d'autant ses loyers. Et l'ouvrier n'a jamais été si malheureux, si pauvre, que depuis que ses prétendus amis, enfin au pouvoir, se sont appliqués à améliorer son sort.

Le prix des vivres a, d'ailleurs, augmenté considérablement.

En 1906, les registres du Bureau de bienfaisance accusaient le chiffre énorme de 23,584 assistés, soit 17,595 indigents pour les secours divers et 5,989 pour l'assistance médicale gratuite à domicile. Or, d'après le recensement du 4 mars de la même année, la population *stagnante* est à Brest de 71,163 habitants.

La ville de Brest a donc été ruinée par l'administration collectiviste-révolutionnaire, ruinée au profit de quelle catégorie de citoyens ? Nous le demandons.

Certes, le bourgeois a été profondément étrillé, mais nul n'ignore que dans les périodes où le capitalisme souffre, le prolétariat pâtit davantage encore. Ainsi que le constate le télégramme adressé au ministre des Finances au mois de mai 1907, par la Ligue de Défense des Contribuables, les rentiers, petits ou gros, que des attaches de famille ou des intérêts absorbants ne retiennent pas dans la Cité socialiste, fuient à toutes jambes vers d'autres régions moins contaminées. Les directeurs des banques locales ont vu maints portefeuilles extraits de leurs coffres-forts de location pour n'y plus rentrer. Cet exode est l'une des causes principales du marasme commercial signalé à différentes reprises par les délibérations de la Chambre de commerce.

Lors des élections du conseil général, en juillet 1907, l'honorable M. Delobeau, sénateur progressiste, qui fut élu à une écrasante majorité, battant à la fois et du même coup un radical et un collectiviste — M. Delobeau résumait l'œuvre des révolutionnaires :

— Qu'ont-ils fait ? demandait-il. Quelles améliorations ont-ils apportées pour compenser les maux dont ils ont accablé la ville ?

Et il répondait à cette question par ces trois mots :

— Rien ! Rien ! Rien !

Ils n'ont rien fait dans une ville où le programme d'une municipalité vraiment réformatrice est pour ainsi dire illimité.

Ont-ils seulement essayé de faire quelque chose, en dehors de quelques combinaisons plutôt bizarres, tel certain traité avec une prétendue Société d'hygiène, dirigée par un faux médecin, poursuivi, depuis, devant les tribunaux pour usurpation de titres ; — tel aussi ce traité avec une soi-disant Société de Frigorifique, traité déclaré nul et non avenu par l'autorité préfectorale ?... Et ainsi de suite.

La première condition d'hygiène dans les villes, c'est l'eau, l'eau pure pour la consommation, l'eau abondante pour le lavage des rues. Or, à Brest, où il pleut si souvent, le maire socialiste Aubert prenait, l'été dernier, un arrêté privant la population de l'usage des fontaines publiques et particulières, pendant douze heures sur vingt-quatre ! Aucune amélioration n'a été apportée à un régime des eaux défectueux, dangereux pour la santé publique, durant les quatre années de tyrannie socialiste, collectiviste et révolutionnaire.

Les fortifications, vieilles murailles nauséabondes et pestilentielles, n'ont même pas été entamées, alors qu'à Lorient, ville voisine, elles sont par terre depuis deux ans.

Quant à l'hôpital, dont l'installation défectueuse

au centre d'un quartier populeux éveille l'inquiétude du corps médical, à voir le peu d'empressement que les municipaux collectivistes ont apporté à l'améliorer on devine que ces farouches réformateurs espèrent y envoyer quelque jour tous les bourgeois, tous les patrons, tous les capitalistes et tous les galonnés.

CHAPITRE X

La débâcle

Nous connaissons maintenant par le menu les résultats d'une expérience municipale socialiste et collectiviste au point de vue commercial, industriel, maritime et financier. Après quatre années, la ville qui a eu le malheur de subir un tel régime est dans le même état de délabrement et de misère que si elle avait eu à supporter les ravages d'un cyclone.

Mais le Socialisme collectiviste porte en soi les germes de mort, et nous allons désormais assister à la lente agonie, à la désagrégation piteuse d'une assemblée d'édiles dont chaque membre s'était donné comme réformateur vigoureux et sûr de l'avenir, dont le programme des jours de scrutin était, pour le moins, la régénération de la société décadente, corrompue, pourrie, où se complaisent bourgeoisie, patronat et militarisme.

A l'heure où nous écrivons ces dernières pages, le conseil municipal brestois, si bruyant au début, si fier de sa renommée mondiale, s'en va littéralement par morceau comme un cadavre décomposé. Rien de tout ce que nous avons montré au lecteur jusqu'ici n'aura été aussi probant, aussi décisif pour le triomphe de notre thèse antisocialiste que cette fin piteuse, — honteuse presque, sous le mépris et la risée.

On ne les a pas tués, ces collectivistes — ils se suicident, et, l'un après l'autre, tombent dans le néant. Leur dernier spasme est un geste ridicule.

Au cours des graves événements de 1904 et de 1905, alors que la municipalité, appuyée et approuvée par le conseil municipal tout entier, encourageait l'émeute et refusait de prendre des mesures de police, le devoir du gouvernement était de dissoudre cette bande de perturbateurs et d'en appeler au verdict des électeurs.

Dix fois, vingt fois, le gouvernement eut l'occasion de chasser de l'hôtel de ville ces trente-six personnages qui le bafouaient outrageusement, qui l'injuriaient soit directement, soit en la personne des préfets maritimes, des préfets civils, des hauts fonctionnaires.

Le ministère crut politique de se borner à de simples mesures toutes bénignes, comme celle qui consiste à annuler une délibération contenant des passages irrévérencieux, des critiques blessantes. Singulière façon de gouverner ! Il en est résulté ceci, c'est que, finalement, Clemenceau et Thomson ont été mis dans le même sac que les amiraux Mallarmé et Péphau. Oignez vilain, il vous poindra.

Les électeurs, fort heureusement, jugèrent autrement, et toutes les fois qu'ils furent consultés, depuis la journée fatale du 8 mai 1904, ils infligèrent aux candidats socialistes et collectivistes les défaites les plus retentissantes.

Dès 1904, au mois d'août, pour une élection au

conseil d'arrondissement dans le premier canton, le citoyen Mornu, candidat municipal, était battu à une écrasante majorité par un vieux républicain de nuance progressiste, M. Lamarque.

Puis, comme deux sièges s'étaient trouvés vacants au sein même du conseil municipal, par suite du départ du citoyen Le Tréhuidic, promu concierge de la Bourse du Travail, et de la découverte d'un cas d'inéligibilité de l'un des membres de l'assemblée, les collectivistes n'osèrent pas affronter la lutte. Ils laissèrent passer deux candidats de l'ordre, MM. les docteurs Piton et Allain, tous les deux conseillers généraux.

Il suffit aux deux candidats de dire ceci dans leur profession de foi du 26 février 1905 :

« Nous sommes des hommes d'ordre, ennemis de la violence.

« Il vous appartient de déclarer, par votre bulletin de vote, si vous voulez mettre un terme à l'anarchie et à la crise révolutionnaire qui désolent notre cité. »

Et ils furent élus par de très nombreux suffrages.

Puis, vinrent les élections générales de mai 1906.

M. Isnard, dont nous connaissons l'attitude vis-à-vis des révolutionnaires, paya de son siège ses complaisances coupables. Malgré son programme édulcoré, présenté sous l'enseigne inédite de « radical-progressiste », il fut battu dès le premier tour de scrutin, le 6 mai, et arriva bon troisième avec 3.515 voix, alors que M. Biétry, président de la Fédération nationale des Jaunes, en obtenait 8.010, et le citoyen Goude, 4.349.

Désireux de pousser la palinodie et la trahison jusqu'aux extrêmes limites, M. Isnard oublia l'affront que lui avaient infligé ses anciens amis du conseil municipal, — il oublia les grèves, les émeutes, la propagande révolutionnaire, et, voulant sans doute se venger de Brest, qui le reniait, il publia son désistement en engageant ses électeurs à reporter leurs voix sur le nom du révolutionnaire Goude !

La lutte, ainsi circonscrite entre M. Pierre Biétry, candidat de l'ordre, et le citoyen Goude, candidat de la révolution sociale et de l'hervéisme, se simplifia, mais elle fut rude. M. Biétry l'emporta de 600 voix.

Enfin, aux élections du conseil général de juillet-août 1907, les collectivistes furent vaincus dans les trois cantons de Brest. La victoire la plus éclatante fut celle de M. Delobeau, sénateur du Finistère, qui, malgré la pression officielle et sournoise du sous-préfet Fontanès, malgré les attaques furieuses des révolutionnaires, battit du premier coup et le collectiviste Masson, conseiller municipal, et le radical Mouret, candidat de la sous-préfecture. Ce dernier n'eut que 200 voix, alors que M. Delobeau arrivait en tête et était élu avec 900 voix de majorité.

Si l'on considère donc dans l'ensemble et dans le détail tous les scrutins qui ont eu lieu à Brest depuis le 8 mai 1904, on constate que les socialistes ont constamment mordu la poussière. Il y a donc lieu de croire que, lorsqu'au mois de mai 1908, les électeurs brestois seront appelés à choisir un nouveau conseil municipal, ils sauront donner un vigoureux et définitif coup de balai à la Révolution sociale. C'est surtout leurs intérêts à tous qui sont en jeu, et non point ceux des candidats qui accepteront le combat et qui consentiront à entrer à l'hôtel de ville pour y découvrir on ne sait trop quoi et y rechercher, dans le désordre et dans le chaos, les moyens pratiques de reconstituer les finances et d'insuffler à la vie locale une nouvelle vigueur.

Les élus du 8 mai 1904 ont pris soin, d'ailleurs, de préparer leur propre débâcle en se dénigrant avec une mutuelle et édifiante âpreté.

Le premier qui se détacha de la troupe fut le docteur Gourivaud, sous-inspecteur des Enfants assistés, homme d'un naturel paisible, et qui avait été lancé dans la politique un peu à son corps défendant, dit-on, et n'avait accepté que parce qu'ami personnel de M. Combes, dont il est le compatriote, il espérait quelque dédommagement futur des embarras qu'allait lui susciter le présent.

M. Gourivaud, qui avait été choisi comme adjoint, donnait sa démission le 23 mai 1906.

Voici de quelle façon il traitait ses camarades de la veille dans la lettre qu'il adressait au maire de Brest et qu'il livra à la publicité :

Je me refuse à combattre pour un programme qui a cessé d'être le mien, écrit-il au citoyen Aubert. Je demeure, en agissant ainsi, fidèle à celui sur lequel nous avons été élus le 8 mai 1904 ; c'était un programme de réformes démocratiques, et non de complaisances révolutionnaires.

Mais, depuis notre élection, plusieurs adjoints et conseillers municipaux, dans certaines manifestations et réunions publiques, ont pris une attitude et *prononcé des harangues qui avaient un caractère révolutionnaire : ils sont ainsi sortis, de façon très compromettante pour leurs collègues et pour l'autorité municipale, de la réserve que leur imposaient leurs fonctions.*

Comme conséquence de ces agissements, des différends se sont élevés, même en séance du conseil, sur la question de savoir si la municipalité avait ou non compris sa mission en prenant, dans diverses circonstances, certaines mesures d'ordre dans la rue.

Poser la question, c'était y répondre.

Veuillez, cependant, vous rappeler les colères dont je fus l'objet à l'occasion de la première grève des arsenaux pour avoir réquisitionné les troupes (je faisais alors fonctions de maire en votre absence et celle de M. Vibert, qui soutenait la grève à Lorient).

Rappelez-vous les injures qui me furent adressées, en séance du conseil, lors des manifestations de janvier 1905, parce que, faisant encore fonctions de maire, j'avais donné *l'ordre de disperser les émeutiers qui se disposaient à lapider le vice-consulat de Russie.*

Le docteur Gourivaud devint suspect dès le moment où il voulut — contre le gré de ses collègues — s'opposer à la guerre civile et maintenir l'ordre. Il ne va point se gêner, du reste, pour traiter ceux-là comme ils le méritent :

A ces causes premières de désaccord, accompagnées de beaucoup d'autres, sur lesquelles il serait trop long de m'étendre, sont venues se joindre d'autres causes plus récentes qui achèvent de nous séparer, continue-t-il.

A l'occasion du 1ᵉʳ Mai, en effet, des adjoints et des conseillers municipaux, c'est-à-dire des représentants de l'autorité et, par conséquent, de l'ordre, ont prononcé des harangues que je ne puis qualifier autrement que d'incitation à l'action directe, et ont acclamé la révolution sociale, c'est-à-dire le désordre.

Certain adjoint a même laissé dire, à côté de lui, sans protester, qu'il fallait vitrioler et pétroler les produits d'alimentation.

Cet adjoint devait être le citoyen Goude, à moins que ce ne fût le citoyen Vibert. Mais peu importe ! L'intéressant est, en cette aventure, de retenir l'accusation formelle portée contre ses collègues de la municipalité par le docteur, écœuré.

Il s'en va pour ne pas partager des responsabilités

qu'il prévoit devoir être graves. Il repousse toute solidarité révolutionnaire, et il termine ainsi son réquisitoire :

Désormais, malgré les œuvres auxquelles je m'intéressais, il ne saurait me convenir, en vous continuant ma collaboration, d'accepter de me solidariser avec des hommes dont les manifestations révolutionnaires ont valu à la municipalité l'hostilité de toutes les administrations et de toutes les autorités, et dont l'attitude empêchera, évidemment, de réaliser les améliorations et les réformes que nous nous proposions.

Cette appréciation du docteur Gourivaud sur des gens qu'il connaissait bien pour les avoir vus à l'œuvre d'aussi près que possible, produisit sur l'opinion l'effet que l'on devine. Mais, chose inexplicable ! la démission de cet adjoint, bien qu'envoyée au sous-préfet de Brest et au préfet du Finistère avec toutes les formalités prescrites par la loi, ne fut jamais acceptée. M. Gourivaud n'en reçut jamais l'accusé de réception.

Ce premier départ fut suivi de beaucoup d'autres, pour des raisons diverses.

Nous allons assister, désormais, à la fuite, à la débandade, comme si la panique s'était emparée des municipaux.

Après M. Gourivaud, un deuxième adjoint, le citoyen Robert, donne avec fracas sa démission, à la suite d'une discussion sur le cahier des charges du théâtre, au cours de la séance du conseil municipal du 22 mars 1907.

Le ton des conversations entre municipaux s'est singulièrement aigri. Qu'on en juge :

M. l'adjoint Robert. — Tous les services que vous mettrez en régie sont autant de trous dans la caisse municipale.

Une voix. — Ce n'est pas prouvé.

M. Robert. — Pour parler ainsi, c'est que vous n'avez jamais été à la tête d'une exploitation industrielle ou commerciale.

Quand l'œil du maître manque, tout manque, et l'œil du maître manque dans la régie.

M. Le Bras. — Ce n'est pas digne, ce que vous dites là.

M. Robert. — Dans votre exploitation en régie, la caisse municipale ne faillira pas parce qu'elle est riche.

Mais notre rôle n'est pas de l'épuiser. C'est de défendre les intérêts des contribuables, des petits commerçants.

M. Le Bras. — Alors, selon vous, il faut un maître pour faire marcher les ouvriers !

M. Robert. — Vous mangerez de l'argent à la caisse municipale. C'est ce à quoi vous arriverez ; mais, aussi, vous en porterez la responsabilité.

M. Goude. — Je ne voulais pas prendre la parole, mais je m'y vois forcé parce que la question est portée sur un autre terrain.

M. Robert a dit que le régime de la régie était un système dans lequel l'ouvrier ne fait rien.

Je m'oppose contre cette théorie. Mais, comme notre programme tend à l'aboutissement du régime collectiviste, en admettant que l'on travaille moins dans ce régime, qu'importe si la production reste la même ?

Nous sommes à la municipalité. Nous avons le droit de dépenser les fonds municipaux d'autre façon que le faisaient les bourgeois. Cet argent est pris dans certaines poches pour le remettre dans d'autres.

Nous sommes assez attaqués au dehors pour qu'on ne vienne pas au conseil apporter des arguments réactionnaires.

M. Robert (se lève et s'écrie avec énergie en se tournant vers l'adjoint Goude). — Ce que vous faites ici, c'est du « chiqué » !

Quant à moi, j'ai un autre rôle, qui est de sauvegarder les intérêts des petits patrons, des petits commerçants, des moyens contribuables.

M. Goude. — Je vous demande, monsieur le maire, de ne pas laisser dire que ce que nous faisons ici, c'est du « chiqué » !

M. Robert. — Oui, c'est du « chiqué » ! Vous ne faites que cela !

M. Goude. — Je demande à M. le maire de me faire respecter au conseil municipal.

M. Robert. — Je vous respecte. Mais j'ai le droit de dire toute ma pensée.

Quand je suis entré au conseil municipal, c'était avec l'intention de défendre et de sauvegarder les intérêts de nos concitoyens, de servir les intérêts des travailleurs, sans léser ceux des autres.

Depuis, des circonstances imprévues ont modifié les choses au sein de cette assemblée.

Notre assemblée municipale est composée de différents groupes, dont deux parfaitement distincts.

Le premier de ces groupes est composé de citoyens qui ne demandent qu'à remplir leur mandat ; le deuxième groupe est composé de conseillers qui semblent vouloir viser le pouvoir et les honneurs.

Je ne veux pas faire partie de ce deuxième groupe.

Et, demain, pour rester conscient, *j'adresserai ma démission à l'autorité supérieure.*

Je suis venu ici pour défendre les intérêts de la ville, je ne suis pas venu ici pour faire du « chiqué » !

L'appréciation de l'adjoint Robert — *experto crede Roberto* — sur l'œuvre à laquelle il collabora, est sévère, mais juste. Le mot « chiqué » employé par cet édile n'est peut-être pas très académique, mais il exprime admirablement la pensée de celui qui l'emploie. L'opinion publique ratifia cette expression pittoresque ; et puisqu'un membre de la municipalité déclare que ses camarades n'ont offert que du « chiqué » à leur clientèle électorale, nous voilà bien obligé de le croire sur parole !

Cette deuxième démission — notons la bizarrerie du procédé — resta, comme celle de l'ex-adjoint Gourivaud, sans accusé de réception. Le préfet du Finistère n'en tint aucun compte. Détail plus bizarre encore : l'adjoint Robert, après avoir bruyamment annoncé sa démission et lui avoir fait suivre la voie hiérarchique, continua de marier les gens à la mairie du quartier de Recouvrance et de remplir toutes les fonctions dont il était chargé auparavant. Il s'abstint seulement d'assister aux séances du conseil.

Le mouvement était donné.

Les élections cantonales de juillet-août 1907 surviennent. Les municipaux présentent un des leurs, le citoyen Masson ; publient de vibrants appels au peuple, et sont battus à plate couture avec leur champion. Mauvaise affaire pour le parti ! Alors, tout le monde démissionne.

Deux autres adjoints, les citoyens Goude — qui l'eût cru ? — et Litalien envoient à la tête des électeurs leur écharpe tricolore — une couleur qu'ils n'aiment point, étant antimilitaristes ardents.

Une réunion publique est organisée le 17 août 1907, où l'on procède à un lavage public de linge sale.

Ecoutez l'adjoint Goude, cet homme terrible devant lequel, abandonnés par leurs ministres, de vieux amiraux blanchis sous l'uniforme durent baisser pavillon :

> Je suis démissionnaire, dit l'illustre commis de l'arsenal.
>
> Notre décision a été librement prise au sein du groupe socialiste ; il a décidé que nous devions faire abandon de nos fonctions. Nous obéirons.
>
> Je ne veux pas partir comme un petit garçon, en claquant les portes, mais ma décision est inébranlable. J'ai encore quatre jours de permission ; je vais les employer à mettre mes papiers en ordre à la mairie, et, lorsque j'aurai terminé, j'adresserai ma démission à qui de droit.

Après avoir déclaré que la caisse municipale est à sec, le citoyen Goude s'écrie, dans un beau mouvement :

Est-ce que nous sommes, après tout, à la mairie pour jouer au maire ou à l'adjoint ?

Des radicaux sincères pourraient, s'ils le voulaient, faire les mêmes réformes que nous.

Il ne faut pas oublier que nous gouvernons la ville avec des lois établies ; il faut que nous luttions contre la bourgeoisie et le cléricalisme.

Nous avons bien eu le plaisir d'empêcher des amiraux de s'immiscer dans les affaires municipales et leur avons prouvé qu'ils étaient des colosses aux pieds d'argile, mais nous avons quand même au-dessus de nous des lois mal faites, qui mettent entrave à bien des projets qui amélioreraient le sort des travailleurs.

Nous sommes, à l'heure actuelle, des *conseillers amoindris,* et nous éprouvons le besoin de redemander de la force à nos électeurs pour gouverner la ville dont ils nous ont confié les intérêts.

Le camarade Masson, candidat malheureux au conseil général, renchérit et opine qu'après la « belle veste » (*sic*) qu'il a remportée, il lui est impossible de conserver le mandat dont les électeurs l'ont investi et grâce auquel il a pu tenir haut et ferme le fier drapeau de la Sociale.

Le but des deux compères est d'obliger un autre adjoint, le citoyen Vibert, premier lieutenant du maire, de les suivre dans cette retraite aussi volontaire que tintamarresque. Mais celui-ci ne veut rien entendre ; il ne marche pas. On ne sait pour quelle raison secrète, il se cramponne à son mandat. « A la tribune ! » lui crie-t-on. Et l'adjoint récalcitrant grimpe sur les tréteaux. Il traite son ami Goude de « dictateur », déclare que, contrairement aux affirmations des précédents orateurs, il y a encore de l'argent, beaucoup d'argent dans la caisse, et qu'il importe au parti socialiste que ses élus demeurent à leur poste, afin d'assurer du travail aux ouvriers guettés par l'affreux chômage.

Et le camarade Masson de répliquer vivement :

On vous parle d'écoles à construire, de chapelle à démolir ; du bluff que tout ça, du « chiqué » !

Vibert, je le répète, s'est engagé à démissionner, et, maintenant, il ne veut plus marcher ; c'est de la mauvaise foi de sa part.

Quant à moi, je démissionnerai.

Je vais mettre mes affaires en règle, et je quitterai le conseil.

Du « chiqué » ! Toujours du « chiqué » !

Les auditeurs, édifiés par ce langage, par cette scène de famille jouée devant 2.000 personnes, votèrent un ordre du jour invitant les élus du peuple à s'en aller le plus rapidement possible.

On faillit se donner des coups de poing, à la sortie de cette séance mémorable.

Quelques jours après, un quatrième adjoint, le citoyen Litalien, professeur au Lycée, alors en villégiature en Suisse, adhère publiquement à l'idée de démission collective. Il écrit ceci :

Ce qui fait la force de la solution présente, c'est que le Parti y a été amené par le souci de ne pas nous donner, à lui tout seul, l'approbation que les électeurs nous ont refusée le 28 juillet et le 4 août. Car les électeurs, « les travailleurs de la ville et de l'arsenal, le prolétariat brestois tout entier », nous les avons convoqués dans leurs sections de vote, deux dimanches de suite, nous leur avons adressé maint appel, et par le journal, et par l'affiche, et par les réunions publiques, et c'est justement l'indifférence bien constatée de nos électeurs ouvriers qui nous fait un devoir de donner notre démission.

Le conseiller Havel démissionne à son tour ; comme son collègue du Lycée de Brest, il estime que la défaite du parti aux deux scrutins du 28 juillet et du 4 août est une invitation à déguerpir.

Puis, c'est le troupeau des simples édiles qui suit. Aujourd'hui, deux nouvelles démissions sont annoncées ; demain, il y en a une demi-douzaine. Si bien que vers la mi-septembre, il ne reste presque plus personne autour du citoyen-maire et de son fidèle Achate, Vibert.

Depuis quelque temps, du reste, la « fraternité » ne régnait précisément pas entre les conseillers. Les amabilités de la réunion publique du 17 août avaient été précédées d'un incident significatif.

On sait (1), que le 13 juillet 1907, le maire avait été obligé de prendre un arrêté supprimant la retraite aux flambeaux et interdisant toutes les réunions publiques organisées et annoncées à grand fracas par la Bourse du Travail.

Or, le brave citoyen Aubert fut désapprouvé par tout son conseil municipal.

Le 15 juillet, une protestation des conseillers, contre leur propre maire, était affichée dans toute la ville :

PARTI SOCIALISTE
Section française de l'Internationale ouvrière

Le groupe brestois du parti socialiste regrette que le maire de Brest ait cédé, en interdisant le meeting du 13 juillet et en faisant occuper militairement la Bourse du Travail, aux suggestions des représentants du gouvernement, et affirme l'autonomie nécessaire des Bourses du Travail, dont l'action doit se développer dans une pleine indépendance à l'égard du gouvernement et des autorités municipales.

Brest, le 15 juillet 1907.

Pour le bureau :
Les élus municipaux du parti,

**Chouanière, Couprie, Goude, Grosset, Jeannic,
Le Bras, Le Gall, Le Ray. Litalien, Masson,
Martin, Toullec, Vibert.**

(1) Voir page 156.

Le citoyen Aubert en avait vu bien d'autres. Il ne broncha pas...

Sur ces entrefaites, et comme on ne parlait que de démissions, le conseiller municipal Kermarrec, commis des contributions indirectes, confia à certain reporter indiscret les raisons pour lesquelles il croyait ne pas devoir abandonner l'hôtel de ville.

Le motif invoqué par ce fonctionnaire modèle vaut son pesant d'or :

« Je ne démissionne pas, déclare fièrement le citoyen Kermarrec, parce que mon administration — contrairement à l'esprit de la loi municipale — n'a jamais voulu me permettre de siéger près de mes camarades du conseil municipal, qui, eux, sont autorisés par leurs administrations respectives.

« Ma démission serait donc, dans ce cas, une sorte de capitulation ».

Il résulte de cette déclaration que :

1° M. Kermarrec a été élu conseiller municipal et a rempli son mandat malgré l'interdiction formelle de son administration ;

2° M. Kermarrec ne démissionne pas parce qu'il aurait l'air d'obéir à ses chefs.

L'administration des contributions indirectes serait-elle devenue une succursale de la cour légendaire du roi Petaud ? Le citoyen Kermarrec nous oblige à le supposer...

Est-il possible d'admettre qu'un employé se moque impunément de la sorte de ses chefs ? Et si l'on tolère pareil langage chez un subordonné, que devient l'autorité du directeur ? Bien plus, que devient celle du ministre qui laisse de pareils scandales s'épanouir ? Que devient toute cette belle administration française dont l'Europe parlait autrefois, dit-on, avec une envieuse admiration ?

La présence du citoyen Kermarrec au sein d'une assemblée élue par le suffrage universel constituait déjà un assez fort contre-sens, car les fonctions de dresseur de procès-verbaux ne doivent pas être précisément faciles à celui qui a besoin des électeurs. Comment instrumenter d'une main impartiale contre un délinquant ami politique ?

C'est, à n'en pas douter, pour toutes ces raisons excellentes que l'administration des contributions indirectes voyait d'un mauvais œil l'un de ses commis lancé dans la politique active. Mais qu'importait au conseiller Kermarrec ! Un avancement au choix viendra quelque jour récompenser ses exploits socialistes, collectivistes et révolutionnaires.

Au mois de septembre 1907, donc, alors que les rats abandonnent le navire en perdition, le conseiller Kermarrec déclare que sa conscience d'homme libre et indépendant lui commande de demeurer.

Le 8 septembre, l'adjoint Goude, qui publie une petite feuille hebdomadaire, se charge de faire connaître lui-même au public l'état, à ce jour, de la crise municipale. La Section socialiste brestoise veut absolument que tout le conseil s'en aille. Une assemblée générale est convoquée à cet effet, où les « élus du parti » sont invités à donner leur démission.

Des délégués sont chargés de se rendre au domicile des camarades conseillers récalcitrants et de leur faire entendre raison.

Et voici, d'après le journal de la municipalité, quel fut l'accueil fait aux ambassadeurs par les intéressés. Nous citons textuellement :

AUBERT (maire) a déclaré qu'il ne démissionnait pas ; qu'il n'envisageait pas la question de la même façon que la section, que vu la nature des élections dernières, leur résultat ne prouvait rien au point de vue municipal.

COUPRIE (conseiller) a déclaré qu'il ne démissionnait pas et a donné les mêmes arguments qu'Aubert.

LE RAY (conseiller) a déclaré qu'il approuvait les camarades qui avaient donné leur démission, mais qu'il n'admettait pas le procédé employé : c'était aux élus eux-mêmes à prendre la décision de démissionner ; a déclaré en outre qu'il trouvait que les camarades qui s'obstinaient à ne pas donner leur démission faisaient le jeu de la réaction.

MOIGNE (conseiller) a déclaré qu'il ne démissionnait pas, trouvant que ni le fait de quelques camarades du conseil d'avoir donné leur démission, ni la décision prise par la section dans la séance du 10 août, n'était pour lui une raison suffisante pour démissionner. A déclaré en outre qu'en tous cas, s'il avait à démissionner, ce ne serait pas pour se représenter.

NOVINCE (conseiller) a déclaré qu'il avait déjà remis sa démission entre les mains du Maire, qu'il l'enverrait sans tarder au Sous-Préfet, mais qu'il se réservait néanmoins le temps nécessaire pour expédier quelques affaires encore en cours à la Mairie.

VIBERT (adjoint) a déclaré qu'il ne démissionnait pas — que ce n'était pas à la section de décider si le Conseil municipal devait rester ou démissionner — que c'était aux élus eux-mêmes à trancher cette question qu'ils auraient ensuite portée à la connaissance du parti.

Où est le temps où la discipline était observée ?

Et voyons, maintenant, quelle situation municipale bizarre, comique, extravagante, va résulter de cette scission parmi nos excellents socialistes.

Il est probable que nulle part ailleurs il n'en fut, il n'en sera jamais de plus abracadabrante.

Tout compte fait, il ne reste guère à la mi-septembre qu'une douzaine de conseillers. Que va-t-il se passer ?

La municipalité n'est plus représentée que par un adjoint au lieu de quatre — mais ce maire et cet adjoint tiennent bon. Ils paraissent encouragés dans leur résistance par l'administration préfectorale désireuse de prolonger les choses, et ce dans un but électoral difficile à saisir.

Le plan des socialistes démissionnaires est simple. Ils veulent obliger la préfecture à convoquer les électeurs de façon à ce que les républicains d'ordre, s'ils sont élus, se trouvent dans l'impossibilité d'accomplir aucune des réformes de leur programme et avouent, en présence du gâchis complet où sont tous les services, leur impuissance financière et administrative.

Au surplus, et afin de dégoûter d'avance les « bourgeois » assez audacieux pour accepter le combat, les socialistes vont user d'un moyen canaille : ils annoncent dans leur petite feuille hebdomadaire, et cela avec une impudence extraordinaire, qu'ils guettent, au coin du bois, les futurs candidats et que tous ceux qui se présenteront seront fusillés à bout portant, dans le dos, avec l'arme perfide du chantage et de la diffamation.

C'est ici le lieu de parler de l'usage que les municipaux collectivistes font de la liberté de la presse.

A tout bien considérer, la loi du 29 juillet 1881 sur la presse assure l'impunité à peu près absolue

aux diffamateurs, du moins quant à l'amende, peine
le plus généralement appliquée en l'espèce. Les municipaux collectivistes le savent bien. Ils se réunis-
sent cinq ou six et fondent un journal ; le gérant est
un homme de paille quelconque, choisi parmi les
« sans travail » et autres loqueteux du Bureau de
bienfaisance. Le titre de la feuille et le nom de son
gérant sont déposés au parquet. Voilà le journal en
règle au point de vue de la loi. Désormais, sous le
voile d'un anonymat impénétrable, les associés dif-
fameront leurs adversaires de la façon la plus
odieuse.

Ils étaleront les ordures les plus nauséabondes.
Livrez-les au tribunal correctionnel. Bien qu'ils n'aiment pas les procès dits « de presse », les juges sont
parfois, devant l'énormité de la diffamation, con-
traints de pousser l'héroïsme jusqu'à prononcer des
condamnations pécuniaires assez fortes. Que se passe-t-il ? Le lendemain de la condamnation, le gérant
disparaît ; il se fait remplacer par un camarade. Et
la manœuvre déloyale recommence après chaque procès perdu. De sorte que le citoyen diffamé par tel
syndicat d'anonymes plumitifs, alors même qu'il gagne son procès, le *perd toujours*, paie les frais de procédure et n'a même pas la satisfaction de tenter les
chances d'un duel pour châtier les coupables, car ces
messieurs, en vertu de leurs principes humanitaires,
dédaignent d'en découdre.

Le législateur devra, un jour ou l'autre, se préoccuper de cette lacune de notre code. Pour tout dire,
la loi de 1881 n'est applicable qu'aux journaux qui
ont une caisse, une administration et une rédaction
honnêtes et responsables. Elle n'atteint en aucune fa-

çon les feuilles dans le genre de celle où, chaque semaine, les adjoints collectivistes, aidés par quelques
camarades conseillers, répandaient à foison sur les
familles brestoises l'injure et la diffamation.

C'est là, n'est-ce pas ? un moyen comme un autre
d'éloigner de la vie politique les gens tranquilles et
amoureux de la paix ?

— Si vous avez le malheur de vous présenter à tel
ou tel scrutin, infâme capitaliste et bourgeois igno-
ble, gare à vous ! Nous vous assommons...

Nous voudrions pouvoir mettre sous les yeux de
nos lecteurs quelques échantillons de ces polémiques
méprisables — mais à côté du lecteur, il y a la lec-
trice, et, vraiment, on hésite à remuer devant les dames certaines malpropretés.

Nous allons, cependant, en gazant le plus possible, comme il convient, essayer de donner quelque
idée de cette littérature.

Tantôt, c'est le directeur du théâtre, M. Melchissédec, qui, pour avoir interdit l'entrée des cou-
lisses et des loges d'actrices à certains conseillers irrésistibles, est abominablement diffamé. M.
Melchissédec s'en va sous les fenêtres des insul-
teurs, les interpelle et les provoque. Mais c'est l'in-
sulté qui, en fin de compte, paie : ses diffamateurs
l'assignent devant le juge de paix et il est condamné
à l'amende.

Tantôt, c'est le lieutenant des pompiers, l'honorable M. Muracciole qui, publiquement traité d'incen-
diaire, provoque son insulteur en duel — et est tra-
duit par celui-ci devant le tribunal correctionnel
qui, en bonne justice, condamne le diffamé.

De très respectables jeunes filles sont traînées dans la boue d'une prose ordurière pour avoir prêté leur concours à une représentation théâtrale où les municipaux étaient assez gentiment caricaturés.

Mais ce sont surtout les familles d'officiers de marine qui, dans la feuille pornographique, fournissent aux diffamateurs les sujets de potins immondes dignes de la cravache ou du revolver...

Le vice-amiral Péphau, préfet maritime, ayant donné une soirée, la feuille municipale dont tous les collaborateurs sont des employés ou des ouvriers de l'arsenal, publie une grotesque et indigeste tartine sous le titre : *Un bal chez M. Faupais*. Goûtez ce style.

> Le bon papa Faupais et sa charmante épouse ont besoin de distractions. Ils offrent ce soir, en leur superbe hôtel de l'Ancre, un grand bal...
>
> L'argent que la Gueuse met à sa disposition pour cette fête servira à amuser les ennemis de la République...

Suivent quelques saletés impossibles à reproduire, avec des noms d'officiers et de fonctionnaires, femmes d'officiers ou de femmes de fonctionnaires, noms dont l'orthographe est à peine modifiée de façon que l'on puisse reconnaître facilement ceux et celles qui les portent.

Le bal de M. Faupais servit de thème à des plaisanteries, dont la lecture eut pu faire rougir un grenadier.

Peut-être eut-il été utile de réimprimer ici quelques-unes de ces ignominies, — le ministre de la Marine eut pu de la sorte connaître l'emploi du temps de certains de ses commis d'arsenal, entretenus ainsi aux frais des contribuables pour ridiculiser et diffamer leurs chefs jusque dans leur vie privée.

On conçoit l'effroi du bourgeois paisible, à qui, pour soutenir la lutte contre le collectivisme municipal, on vient demander son nom, sa collaboration, son argent. Candidat, il devient aussitôt le point de mire des *condottieri* de la presse anonyme, irresponsable, insolvable. Désormais, il est surveillé étroitement dans ses moindres actes, dans ses promenades, dans ses plaisirs. S'il s'aventure au café, il sera dépeint, en quelque fielleux article, comme un ivrogne incorrigible, pilier de cabaret. Qu'il passe, le soir, un peu tard, après le couvre-feu, sous les ormes du mail local, le voici transformé en satyre, à la recherche d'équivoques distractions. Est-il commerçant ? Rien ne sera facile comme d'insinuer sur l'état de ses affaires les bruits les plus fâcheux. Rentier ? C'est un parasite, nourri de la sueur du peuple, ayant fait fortune en une exploitation honteuse et criminelle des travailleurs.

Ces procédés de polémique sont assurément la honte de la presse. C'est le chantage dans toute son horreur, mais, ainsi que nous le disons plus haut, la loi de 1881 favorise le chantage et la justice n'est pas assez armée pour châtier les diffamateurs et les maîtres chanteurs.

Les terreurs bourgeoises sont donc compréhensibles. Il ne faut pas demander à des commerçants, à des industriels, soucieux avant tout, et avec raison, d'assurer la réussite de leurs affaires, un héroïsme dont les grands chefs de la marine n'ont pu ou n'ont su, en des circonstances critiques, se cuirasser.

Toutefois, et comme il s'agit, en l'occurrence, d'une question de vie ou de mort, il est à croire que, le moment étant venu d'ouvrir le feu, les forces du parti de l'ordre anticollectiviste sauront se grouper en un solide faisceau et que ceux qui auront accepté de soutenir le bon combat n'hésiteront pas à mettre l'intérêt général au-dessus de ces misères.

Recevoir des coups et en distribuer le plus possible, c'est la guerre politique. Celui qui n'a pas le courage de l'attaque et qui redoute la riposte, même celle qu'envoie de main traîtresse le lâche anonymat, — celui-là doit rester sous la tente et laisser à d'autres l'honneur et le bénéfice de la lutte.

En attendant le jour de la grande bataille décisive, la cité sainte du collectivisme se trouve dans la situation municipale la plus invraisemblable.

A la suite des démissions survenues après les élections cantonales de juillet 1907, il s'agissait de savoir s'il y avait lieu de compléter le conseil municipal, de boucher les trous.

Le citoyen-maire Aubert continuait de faire la sourde oreille et de ne pas écouter ses amis.

Les conseillers démissionnaires tentèrent, par tous les moyens, d'entraîner le maire dans leur retraite. Les écrivains les plus autorisés du parti adressaient au citoyen Aubert d'éloquentes et suggestives suppliques :

En vous refusant à démissionner, qu'allez-vous faire à la Mairie ? lui dit-on. De quel crédit, de quelle autorité y jouirez-vous ? Qu'y représenterez-vous désormais ? Vous servez peut-être les desseins de la préfecture qui ne veut pas d'élections complémentaires, dans la crainte qu'elles ne contribuent à éclaircir une situation confuse, qu'on fausse à plaisir. Vous servez aussi les desseins d'un gouvernement hostile à l'émancipation ouvrière et qui espère secrètement, par votre indiscipline, briser le vigoureux effort du parti socialiste à Brest. Voilà le plus clair et le plus sûr résultat d'une faute qui sera grave. Croyez-moi, Aubert, il y a autour de vous des agents provocateurs ou des mauvais conseillers, dont la besogne sera d'exploiter votre lassitude ou d'ulcérer vos rancunes.

Puis, sur le ton de la persuasion affectueuse, le camarade continue ainsi son plaidoyer :

Et pourquoi nous trahiriez-vous, nous qui avons été vos bons et fidèles compagnons ? Pourquoi sortiriez-vous de l' « Unité socialiste », qui est la forte armature qui nous lie, par laquelle nous défions les attaques, les mensonges, les calomnies de la presse bourgeoise ? Cette bourgeoisie dont vous serviriez inconsciemment les desseins et les intérêts n'a eu et n'a pour vous que mépris, dédains, sarcasmes. Elle est peut-être ingénieuse à vous flatter en ce moment, parce qu'elle a besoin de vous ; mais rappelez-vous toutes les injures dont la presse bourgeoise vous a couvert, toutes les amertumes dont les hautes administrations bourgeoises vous ont abreuvé. En vérité, est-ce qu'un vieux militant comme vous peut oublier ces injustices et ces haines de classe ? Est-ce qu'il peut accepter de faire volontairement, contre ses camarades, le jeu de la classe ennemie ?

Vous ne ferez pas cela, Aubert.

Or, Aubert le fit.

Le vieux militant resta sous sa tente.

Il demeura, stoïque, et pour bien montrer son désir de continuer, il se mit en devoir de convoquer les débris épars de son conseil à une séance publique.

Trois convocations successives, trois appels désespérés, parurent, qui aboutirent, le jeudi 26 et le vendredi 27 septembre, à la réunion pénible de quatorze édiles.

Ce conseil, ainsi réduit à sa plus simple expression, délibéra en paix, dans le vide.

La délibération était-elle valable ?

L'article 50 de la loi du 5 avril 1884 dit ceci :

Le conseil municipal ne peut délibérer que lorsque la majorité de ses membres en exercice assiste à la séance.

Quand, après deux convocations successives, à trois jours au moins d'intervalle et dûment constatées, le conseil municipal ne s'est pas réuni en nombre suffisant, la délibération prise après la troisième convocation est valable, quel que soit le nombre des membres présents.

La Préfecture ne voulait pas d'élections complémentaires. Elle trouvait ainsi dans la loi même l'excuse formelle de sa tactique de temporisation.

Du même coup, les démissionnaires de l'Hôtel de Ville, qui avaient cru embarrasser l'administration et jeter dans l'embarras leurs ennemis les « bourgeois » s'apercevaient, mais un peu tard, que le grand coup qu'ils avaient voulu frapper n'était, en somme, qu'un mauvais coup d'épée dans l'eau.

Du reste, leurs camarades non démissionnaires, et bien qu'en minorité, allaient continuer avec ardeur la politique collectiviste. On le vit à la séance du 27 septembre, où les quatorze conjurés supprimèrent, sans discussion et avec enthousiasme, la formalité nécessaire de l'adjudication pour les travaux communaux.

L'adjoint Vibert — le seul membre de la municipalité demeuré, au milieu de la désertion générale, aux côtés du maire — prononça à ce propos un petit discours exquis :

Considérant, dit-il, que le rôle d'un conseil municipal ouvrier et socialiste doit être de favoriser les associations ouvrières qui, par leurs travaux, par leur organisation, sont les pionniers de la formation sociale ;

Considérant que toutes les tentatives ouvrières de ce genre doivent être favorisées ;

Votre commission des travaux compte que le conseil municipal sera heureux d'accorder un nouveau témoignage de sympathie aux associations ouvrières en adoptant les conclusions du rapport, qui consistent à passer un marché de gré à gré entre la ville et la coopérative ouvrière pour les travaux d'entretien des premier, second et cinquième lots, aux prix des bordereaux et sans rabais.

Et les quatorze fidèles votèrent, comme un seul homme, les conclusions de ce rapport phénoménal où les principes les plus élémentaires du droit industriel sont foulés aux pieds avec une inconcevable désinvolture.

Le syndicat des entrepreneurs du bâtiment, dont nous connaissons les malheurs et dont l'industrie fut si gravement atteinte par les grèves de 1904 et de 1905, rédigea immédiatement une protestation contre cet abus de pouvoir « lésant d'une part la corporation des nombreux entrepreneurs qui auraient pu participer à l'adjudication, et, d'autre part, les contribuables brestois qui auraient pu profiter d'un rabais possible ».

Les contribuables brestois, nous l'avons vu, ne comptaient guère pour leurs administrateurs collectivistes.

Et, dans la même séance où ce vote scandaleux

fut émis, le conseiller Martin, ouvrier de l'arsenal, proclamait cyniquement l'utilité de la Bourse du Travail, « organisation qu'il faut soutenir parce qu'elle représente la population qui *charivera* la société actuelle, cause de misère ».

On le voit, si le nombre des conseillers a diminué, l'esprit révolutionnaire est resté aussi fort, aussi violent, aussi menaçant.

Divisés, en apparence, sur une question de tactique électorale, les collectivistes sont dans le plus complet accord lorsqu'il s'agit, par quelque moyen que ce soit, d'écorcher vif le contribuable, le patron, le propriétaire, le commerçant et l'industriel.

Une assemblée composée d'éléments révolutionnaires et anarchiques ne pouvait aboutir qu'à la débandade finale — à la dispersion de ses membres.

Dans les derniers temps de leur règne éphémère, les collectivistes se traitent mutuellement de faux-frères, de renégats, de traîtres.

Le citoyen-maire Aubert est couramment assimilé à un vil suppôt de la réaction — alors qu'il n'est, en réalité, que le suppôt de sa propre situation grassement rémunérée et dont il lui coûterait de se séparer pour la gloire d'une lutte difficile contre les forces de l'ordre.

De trente-six conseillers entrés à l'Hôtel de Ville le 8 mai 1904, il ne reste plus que quatorze survivants qui, dans le naufrage du régime collectiviste, surnagent désespérément sur le vaste gouffre de la ruine et du déficit qu'ils ont creusé de leurs mains barbares.

C'est bien la débâcle prévue, dès le début.

C'est la démonstration de cette vérité économique que le collectivisme qui sème la misère porte en soi les germes de décomposition et de mort et succombe, à la fin, victime de ses propres manœuvres.

CONCLUSION

Nous voici au terme de cet ouvrage.

Nous le disions dès les premières pages, nous le répétons en ces dernières lignes : ce livre n'a pas été écrit seulement à l'usage des Brestois qui, du reste, n'ont pas besoin de le lire pour connaître les résultats de quatre années de régime collectiviste appliqué à une grande ville, — il est publié surtout pour mettre sous les yeux de tous les citoyens français le tableau exact, la peinture réaliste du Collectivisme en action.

Par ce qui s'est passé à Brest, chacun peut se faire une idée de ce que serait la France le jour où elle aurait été livrée tout entière au Socialisme collectiviste et révolutionnaire.

Le péril est-il imaginaire ?

Devons-nous considérer comme simple et pure utopie l'avènement du Collectivisme, se substituant à l'organisation actuelle de la Société, supprimant la propriété, la famille, l'armée ?

Et, enfin, le Spectre Rouge restera-t-il toujours Spectre ?

Nous pensons que, loin d'être une chimère négligeable, le Collectivisme révolutionnaire prend de plus en plus de force ; que, d'année en année, il gagne du terrain électoral, séduisant le prolétariat, captant la confiance des masses ouvrières.

Plusieurs grandes villes sont acquises au Socialisme-Collectiviste ; beaucoup sont sur le point d'être conquises.

À chaque renouvellement de législature, le nombre des députés socialistes-collectivistes augmente ; ils forment déjà, à la Chambre, un appoint sérieux avec lequel la majorité radicale doit compter et sans lequel — si tant est que la fameuse *coupure* doive se faire — cette majorité se trouvera à la merci des incidents, des imprévus, et pourra être, à chaque instant, amoindrie, disloquée par des combinaisons éphémères entre les partis extrêmes de gauche et de droite.

Le Collectivisme révolutionnaire, doublé d'internationalisme et d'hervéisme, porte ses ravages non seulement dans le domaine politique, mais, nous l'avons suffisamment démontré, jusque sur le terrain de la défense nationale, dans ces grandes usines militaires où se construisent les vaisseaux de guerre et les canons. Les arsenaux de Brest et de Toulon — sans parler de ceux de Rochefort, de Lorient et de Cherbourg — sont, à chaque instant, le théâtre de scènes scandaleuses. Tout récemment encore, le 21 septembre 1907, en pleine cérémonie officielle du lancement du croiseur cuirassé *Edgar Quinet*, en présence de milliers de spectateurs accourus pour saluer le vaisseau livré à son élément, un groupe d'ouvriers de l'arsenal entonnait vigoureusement l'*Internationale* au moment où le vice-amiral **Péphau** arrivait dans la tribune du commandant en chef et recevait ses invités.

Ce fut un nouveau scandale ajouté à beaucoup d'autres, mais tel est le laisser-aller, telle est l'apathie générale, que personne ne songea à rechercher les auteurs de cette inconvenance de gros calibre.

Le mot d'ordre est de ronfler...

N'est-ce pas le même jour qu'un autre préfet maritime, celui de Toulon, était informé de la disparition des clefs de certains magasins d'approvisionnement et que des cambriolages se perpétraient à l'intérieur même de l'arsenal ?

Comme celle du vice-amiral Péphau, l'autorité du vice-amiral Marquis est vouée à l'impuissance — toujours parce que l'esprit d'indiscipline, de révolte, de sabotage trouve sa naturelle excuse dans la faiblesse de la direction suprême.

Les récents événements du Midi, la mutinerie du 17ᵉ de ligne capitulant devant l'émeute, bien plus, prenant parti pour elle, n'est-ce pas la démonstration, malheureusement trop éloquente et trop concluante, de la généralisation du mal ?

Les ouvriers des arsenaux en grève et les soldats levant la crosse en l'air, c'est, au point de vue de la défense nationale, le même effet provenant de la même cause. Ce que dit le général Coupillaud dans son remarquable mémoire publié au *Journal officiel* sur les incidents d'Agde et de Béziers, c'est la reproduction à peu près textuelle des rapports confidentiels adressés depuis quelques années aux ministres de la marine par les amiraux préfets maritimes. M. Camille Pelletan n'a jamais tenu aucun compte de ses avertissements ; il s'est toujours efforcé, au contraire, de diminuer le plus possible le légitime prestige du « galon ».

Son successeur, M. Thomson, animé pourtant de meilleures intentions, n'a pas su prendre encore la mesure radicale et décisive qui fera quelque jour comprendre aux perturbateurs des arsenaux qu'ils n'ont plus à compter sur les complaisances politiciennes et que le premier devoir d'un militant socialiste et antimilitariste est de ne pas rester au milieu des ouvriers de la défense nationale, d'aller porter ailleurs, sur la place publique ou dans les comités électoraux, l'exercice de ses talents précieux, ainsi que ses pernicieuses hâbleries.

Nous avons pensé que le pays tout entier devait être averti, mis en garde, afin que sa confiance en l'avenir ne soit pas illimitée.

Il importait, à notre sens, de placer en lumineuse évidence les désastres matériels causés par le régime collectiviste dans l'industrie, dans le commerce, dans la vie même de l'un des principaux centres de la patrie française.

Il nous a semblé également nécessaire de décrire les ravages moraux produits par l'antimilitarisme révolutionnaire pénétrant jusques au fond des larges flancs cuirassés de nos vaisseaux de guerre, cultivé, entretenu avec amour dans les ateliers où se construisent les unités de la flotte nationale et recrutant en ces milieux, où le culte du drapeau devrait être jalousement préservé de toute atteinte, ses champions les plus ardents, ses propagandistes les plus agités.

Et nous avons voulu que cette anomalie monstrueuse fût connue, que cet illogisme stupéfiant fût dévoilé et placé dans la claire lumière du débat public, afin que chacun puisse, à l'examen des faits, tirer quelque utile moralité.

Il semble que, depuis quelques mois, se manifeste un réveil du sentiment national.

Le thème des discours de nos hommes politiques est devenu celui-ci : guerre à l'Hervéisme, guerre au Collectivisme ! On entend les républicains les plus avancés, comme M. Camille Pelletan, repousser avec indignation toute alliance avec les internationalistes et proclamer leur foi patriotique.

C'est simplement le retour au sens commun.

Le fléau collectiviste-révolutionnaire et antimilitariste n'est plus seulement à nos portes. Il est entré dans l'enceinte sacrée, et les consuls, qui dormaient d'un sommeil lourd et profond, se sont réveillés en sursaut au bruit de l'invasion des barbares.

Brest, 20 octobre 1907.

Table des Matières